"十四五"大学生创新创业规划教材

# 互联网社群运营

苏 博 万应捷 编著

中国铁道出版社有限公司
CHINA RAILWAY PUBLISHING HOUSE CO., LTD.

## 内 容 简 介

本书根据“互联网 +”时代的社会经济发展需要和教育部部署推动的大学生“互联网 +”创新创业教育、新文科教育的目标编写而成。全书共分 9 章，首先厘清了社群的定义和本质；在此基础上，有效回答了“社群为什么越来越重要？”阐述了社群构建、治理和运营的基本思维、基本战略和基本操作策略，并详述社群运营的“五化”操作策略之下的具体运营方法、策略和工具；最后，通过拆解几个社群运营实操案例，将方法、策略和工具与实践融会贯通。

本书适合作为高校市场营销、电子商务、互联网运营、数字媒体等新文科专业或大学生创新创业教育课程的教材，也可作为大学图书馆“互联网 +”普及系列的馆藏书籍，还适合想从事社群运营岗位，或者进行个体创业和品牌运营的零基础人群作为系统化入门社群运营的工具书，同时还可供企业的运营负责人、中高层管理者作为运营业务思维革新的参考书。

**图书在版编目（CIP）数据**

互联网社群运营 / 苏博，万应捷编著 .—北京：中国铁道出版社有限公司，2021.5

“十四五”大学生创新创业规划教材

ISBN 978-7-113-27600-3

Ⅰ. ①互… Ⅱ. ①苏…②万… Ⅲ. ①网络营销－高等学校－教材
Ⅳ. ① F713.36

中国版本图书馆 CIP 数据核字（2020）第 273217 号

**书　　名：互联网社群运营**
**作　　者：**苏　博　万应捷

---

**策　　划：**汪　敏　　　　**编辑部电话：**（010）51873628
**责任编辑：**汪　敏　包　宁
**封面设计：**王镜夷
**封面制作：**刘　颖
**责任校对：**苗　丹
**责任印制：**樊启鹏

---

**出版发行：**中国铁道出版社有限公司（100054，北京市西城区右安门西街 8 号）
**网　　址：**http://www.tdpress.com/51eds/
**印　　刷：**北京柏力行彩印有限公司
**版　　次：**2021 年 5 月第 1 版　2021 年 5 月第 1 次印刷
**开　　本：**787 mm×1 092 mm　1/16　**印张：**11.25　**字数：**264 千
**书　　号：**ISBN 978-7-113-27600-3
**定　　价：**39.80 元

---

# 前 言

## 为何写作本书

“社群”、“社群运营”以及“社群经济”等词汇，已经成为人们工作、生活中的热门概念。工作中，众多的企业都在试图通过社群运营获得更多的客户，实现更高的增长；生活中，人们被各种各样的社群招揽并置身于各种社群之中。可以说，随着移动互联网、智能终端的普及，社群已经成为人们在社会经济生活中绕不开的话题，社群以及由此衍生的社群经济，一时间似乎也成了个人创富和企业创收的新风口。

于是，社群运营团队成了当下企业的标配，社群运营岗位也成了热门职业；社群经济更是被宣扬成为人人都可驾乘的、可以让个体迅速崛起的“东风”，一大批达人个体，摇身一变就转型成为社群经济的弄潮儿……毫无疑问，社群无论是对企业组织还是个体角色，都意味着一种新的机遇，而且正变得越来越重要。

然而，仔细观察当前社群经济大潮中的社群运营实践，会发现大多数社群和社群运营实践，实质上成了一种“新瓶装旧酒”式的流量获取与转化促销的花样。在越来越多的社群中，当人们发现自己被“套路”之后或是新鲜劲一过，就沦为一个名义上被称作“社群”的群组软件圈起来的虚拟市场而已，身在这些社群中的人，有的不堪各种广告的烦扰一退了之，有的顺手设置一个“消息免打扰”从此成为僵尸粉。长此以往，很多社群实则成了僵尸群，这样就更别提什么盈利、增长、创富的美好期待了。如此这般，不由得让人疑惑：社群错了吗？社群经济要凉了吗？但另有一些因社群经济而异军突起的案例（比如小米手机、拼多多、茑屋书店等），却并不支持这样的结论。

仔细分析就会发现，大多数社群做成僵尸群，不是社群经济的方向偏了或是错了，而是大多数人对社群本身的理解一开始就是片面和肤浅的，进而导致后续运营社群的思维、逻辑和方法都免不了“南辕北辙”。在对社群的认知上，大多数社群运营从业人员乃至于很多企业高层决策者，几乎把基于移动社交应用软件的群组管理等同于社群运营，甚至在很多人的印象里，将微信群直接与社群划等号；在对社群的构建和经营上，大多数人还是局限于用流量逻辑下的“拉新—活跃—留存—转化”漏斗思维做运营，殊不知这是完全违背社群的本质以及社群经济的底层逻辑的。在一个错误的逻辑起点上，必然是无法达到理想的彼岸的。

这就要求我们对社群及社群运营的底层框架进行一个体系化的梳理，系统回答有关社群运营的一些基本问题。比如，什么才是社群的本质？为什么说社群对于商业经济乃至个体生活越来越重要？社群运营的底层思维和逻辑到底是什么？如何才能搭建和运营一个真正的社群从而实现新的商业增长和个体成长？并在此基础上，构建社群运营的基本思维框架和操作策略。市面上虽然已经有一些探讨社群运营的书籍，但大多数要么是基于作者自身社群运营实践案例的总结和集成，扩展性和普适性不够；要么就是内容偏重于借社群的概念而玩流量运营的套路和技法，两者都缺少对有关来龙去脉的体系化阐述。因此，本书致力于从“是什么”、“为什么”和“怎么做”三个认知事物的基本问题出发，尝试从底层构建社群及社群运营的系统化方法论，并结合相关案例通过理实结合，让本书内容既具理论体系性，又具实操应用性，旨在消除社群运营思维上的混乱和实践上的“新瓶装旧酒”式的路径依赖，从而为广大社群运营的决策领导者、实操从业者打造一本社群运营的基础性、导引性的参考工具书。

## 本书主要内容

本书首先厘清了社群的定义和本质，明确指出社群不能与社交软件的群组管理功能划等号，并辨析了社群与各种软件工具的关系。在此基础上，分析了商业和生产组织发展变革的趋势，由此揭开了社群及社群经济诞生和发展的背景以及未来必将走向繁荣的趋势，有效回答了“社群为什么越来越重要？”。在理清社群的基本概念之后，阐述了社群构建、治理和运营的基本思维、基本战略和基本操作策略，并详细介绍社群运营的“五化”操作策略之下的具体运营方法和工具。最后，对几个现实中的社群运营案例进行了拆解，分析了其成功之道在于遵循了社群构建和运营的基本逻辑。

## 本书特色

在内容价值方面，本书系统分析社群的本质，并创造性地提出构建和运营社群的一套框架体系和策略方法，让读者能够对社群及社群运营建立系统思维，致力于让读者知其然也能知其所以然。因此，系统化、体系性的知识体系是本书最大的特色。

在写作手法方面，本书致力于论证严谨，理论与实践相结合，在说明底层原理的基础上，更注重具体的操作方法指引，始终以实操应用为主要导向来进行谋篇布局。另外，本书通俗易懂、图文并茂，便于读者理解。

## 本书适合谁

本书适合作为高校市场营销、电子商务、互联网运营、数字媒体等新文科专业或大学生创新创业教育课程的教材，也可作为大学图书馆“互联网 +”普及系列的馆藏书籍，还适合想从事社群运营岗位，或者进行个体创业和品牌运营的零基础人群作为系统化入门社群运营的工具书，同时还可以供企业的运营负责人、中高层管理者作为运营业务思维革新的参考书。

## 致谢

本书由苏博经过近两年的潜心研究和梳理，拟定了大纲并负责最终的内容统筹和审定。全书共分 9 章，其中第 1、2、3、8、9 章由苏博撰写；第 5、6、7 章由万应捷撰写；第 4 章由苏博和万应捷共同撰写。在本书即将付梓之际，对写作过程中所参考的一些文献资料的作者及给予我们极大鼓励和帮助的家人和朋友表示由衷的感谢！

## 勘误与支持

由于作者水平有限，加之时间仓促，本书的内容又是全新的主题，尚未形成共识，书中难免会出现一些值得商榷的地方，恳请广大读者批评指正。为了能够更好地对社群运营的理论和方法进行系统的完善，读者可以关注微信公众号（搜索 ID：NBisN01 或扫描下方二维码）与本书作者互动，同时还可以获取本书配套资料及其他实时更新的有关社群运营的学习资源。

作　者

2021 年 2 月

# 目 录


第1章　到底什么是社群……1

1.1　对社群的认知误区……2

1.2　社群的精确定义是什么……4

1.3　社群与社交软件等工具是什么关系……9

1.4　社群的发展演进……11

第2章　社群为什么越来越重要……18

2.1　社群是适应商业演变的产物……18

2.2　社群是新商业的终局……32

第3章　社群运营的基本概念和逻辑……40

3.1　社群运营的基本概念……40

3.2　社群运营的基本逻辑……46

第4章　社群价值产品化的方法与工具……66

4.1　产品的基本概念……66

4.2　社群产品的常见类型……68

4.3　产品化的基本过程……69

4.4　知识型产品打造的方法与工具……70

4.5　服务型产品打造的方法与工具……89

第5章　社群内容稀缺化的方法与工具……91

5.1　内容内在价值稀缺化的方法与工具……91

5.2　内容外在形式稀缺化的方法与工具……101

第6章　社群活动游戏化的方法与策略……108

6.1　游戏化的理论基础……108

6.2　游戏化的起源及其在社交中的应用……110

6.3　活动游戏化的设计原理和框架……113

第7章 社群文化仪式化的方法与策略 ........ 127
7.1 社群文化构成三要素 ........ 128
7.2 仪式化的设计 ........ 130
7.3 社群文化仪式化的方法 ........ 135

第8章 社群运营数据化的方法与工具 ........ 142
8.1 数据规划与指标体系搭建 ........ 142
8.2 数据的获取 ........ 150
8.3 数据分析与应用 ........ 156

第9章 社群运营之商业应用实践案例 ........ 166
9.1 “钱大妈”社群运营案例 ........ 166
9.2 “霸蛮社”社群案例 ........ 168
9.3 去中心化社群运营案例 ........ 170

# 第1章　到底什么是社群

社群是当下一个十分热门的概念，同时它又是一个比较新的概念，在百度的搜索指数系统中，“社群”一词甚至都还没有被收录（截至 2019 年 3 月），如图 1-1 所示。

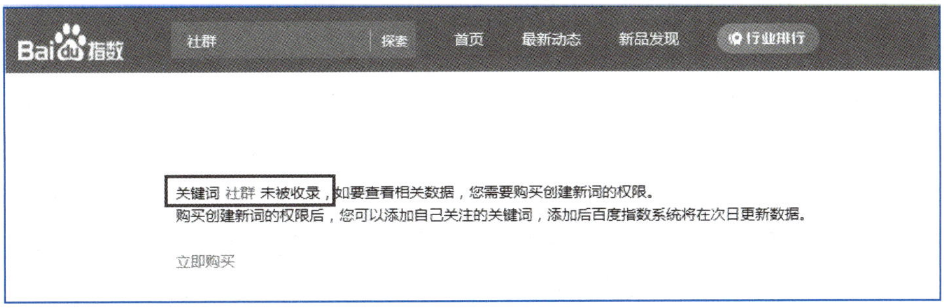


图1-1　社群一词尚未被百度指数收录

既然没有被最大的中文搜索指数系统收录，为什么又说它是一个热门的概念呢？这是因为社群这一概念是近几年伴随着移动互联网的发展而逐渐被人们津津乐道，尤其是移动通信应用微信的诞生和普及，让社群在社会大众之间迅速变得耳熟能详了。所以，在微信生态的关键词指数系统中，“社群”一词在 2016—2019 年期间的日均热度超过 35 000，接近 40 000，如图 1-2 所示。

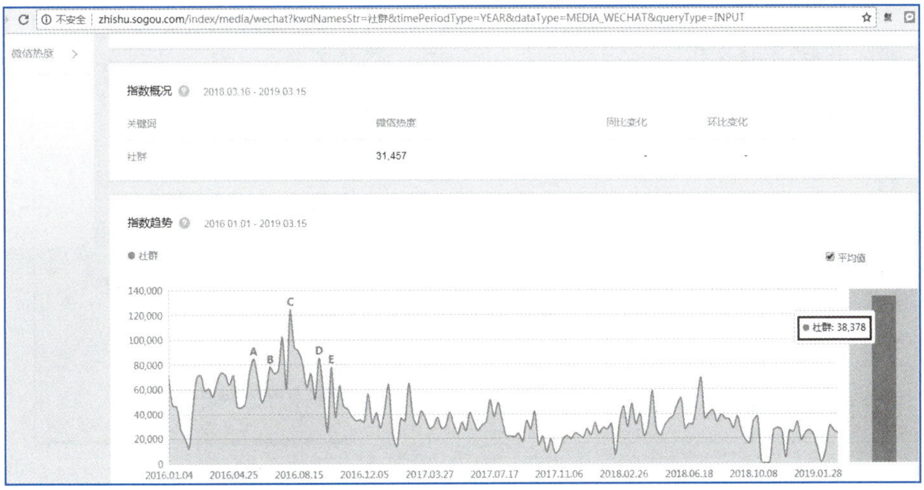


图1-2　社群一词在2016—2019年期间的日均热度

毫无疑问，社群在大众认知里已经普遍流行，只要是上网的人，几乎没有对社群陌生的。然而，当你抛出一个问题：什么是社群？恐怕没有人立刻可以给出一个精确有共识的答案，多半都是一些五花八门的见解。这就是当前人们对社群的认知状态：既熟悉又陌生，整天似乎都挂在嘴边、见在眼前，但认真考究起定义来，似乎又说不清道不明。

## 1.1 对社群的认知误区

实际上，人们对社群已经有一些片面的、似是而非的认识，但这些认识并不足以概括社群的本质特征。在给社群进行精确定义之前，我们不妨对这些片面的认识加以剖析和排除，先明确社群不是什么，再探讨社群是什么。

### 1.1.1 社群不是社交软件里的一个群组

提起社群，第一时间浮现在绝大多数人脑海里的就是微信群，紧接着联想到的可能就是QQ群，如图1-3和图1-4所示。所以，在相当一部分人的印象里，社群和微信群、QQ群是划等号的。在此基础上进一步延伸，有人就把社群定义为互联网上具有社交功能的软件中能让很多人（一般是三人以上）相互之间以文字、图片、语音和视频等多种形式进行同步或异步跨时空交流的群、小组。除了微信、QQ这些通用社交软件，其他具有社交功能或性质的软件也都提供了类似的群聊功能，比如社交媒体软件微博、职场社交软件脉脉等，都附带有供多人组成群进行聊天交流的功能。

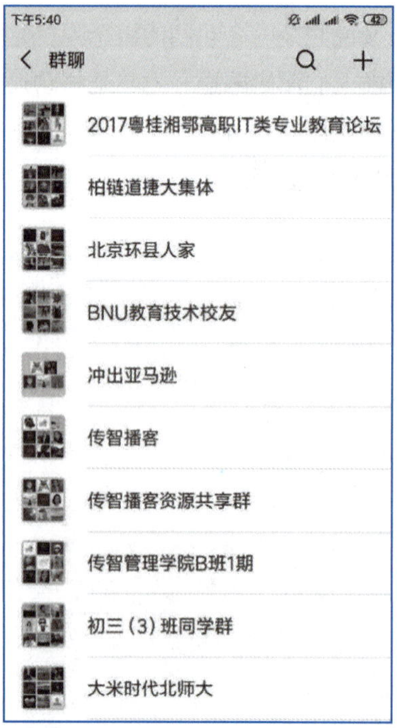


图1-3 微信群

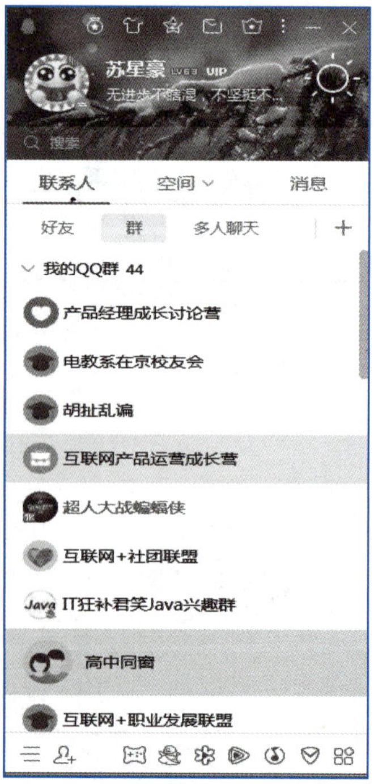


图1-4 QQ群

上述对社群的界定，主要还是从技术发展和工具论的视角，从社群的直观功能表现出发，对社群进行的诠释。虽然很直观，也符合大众的一般认知，但深究起来，它还远不能称之为社群的定义，因为它并没有概括出社群的本质特征，即区别于他物的独有特性。实际上，能够让多个人同步或异步进行跨时空交流，并不是社交软件群组的独有功能，网络诞生后，通过电话会议系统、视频会议系统等，都可以实现跨时空的多人交流。不仅如此，早在社群的概念诞生之前，基于互联网的被称为 BBS、论坛、社区等形态的系统同样可以实现多人聚集、交流的功能和目的。所以，社群并非是基于网络的一个应用或是社交软件的一个群组，也就是说社群不是一个网络工具或是软件功能这么简单。这也就是为什么凡是提及社群，大家都会拿“罗辑思维”“樊登读书会”以及“碳 9 学社”等知名的社群举例，而不是随便拿自己微信里加入的任意一个微信群来举例。

既然微信群、QQ 群等交流群组不能与社群划等号，那它们与社群有没有关系、是什么关系呢？待下文对社群的精确定义做出界定之后，在 1.3 节会进一步揭示它们之间的关系。

### 1.1.2　社群不是具有相同标签的人的集合

既然不能从技术视角和功能上去定义社群，于是有人就开始关注组成社群的人的特性，试图从组成社群的人群的共有属性方面找到社群的本质特征。通常在人们的普遍印象中，绝大多数加入的或是碰见的微信群或 QQ 群，都具有以下一些特点。

（1）具有相同身份标签。比如年轻妈妈群、学生家长群。

（2）具有相同经历标签。比如中学同窗群、某某公司同事群。

（3）具有相同兴趣标签。比如机器人爱好交流群、猫狗宠物养育交流群。

（4）具有相同地域标签。比如甘肃人在深圳群、北京老乡群。

（5）具有相同目标标签。比如减肥姐妹群、考研备考互助群。

由于组成社群的人往往都是因为具有某个共同标签而聚集在一起的，所以有人把社群定义为一群具有共同标签的人的集合。

乍一看，这个定义似乎抓住了社群的要义，能够让人们明确社群往往都具有某个共同的标签，社群里的成员也是因为这个标签而聚集在一起的。但是，这还是一种从现象归纳得出的结论，并不严谨和全面。诚然，只要是社群，必然都拥有一个或几个共同的标签，但反过来，拥有共同的标签的集合却未必是社群。比如，具有“化学专业”这个标签的人群可能由分布在不同大学的学生以及不同企业、研究机构的化工研究者、工程师组成，他们相互之间如果是在同一个单位还有可能聚在一起，但他们整体上并不相互联系，现实中往往也不会随意聚集在一起，那就谈不上他们可以成为一个社群了。当然，通过现在的互联网通信条件也是可以把这些具有“化学专业”标签的人利用微信群或 QQ 群聚集在一起的，但问题是把他们无缘无故聚在一起，大家如果漫无目的、自说自话、……这样的“社群”又有什么意义呢？

由此可见，具有相同标签只是构成社群的必要条件，并非充分条件。我们更应该关注的是社群中的人们为什么会因为某个或某几个标签而聚在一起？这些具有相同标签的人们在什么条件下才会聚在一起？聚在一起做什么？弄清楚这背后的原因和逻辑，或许也就抓住了社群的本质。

# 1.2 社群的精确定义是什么

1.1 节中说明了微信群、QQ 群不等同于社群，具有相同标签的人的集合也不一定是社群。那社群究竟是什么呢？

社群如果翻译成英文，一般会被翻译为 community，而我们非常熟悉的另外一个概念社区也是用 community 表示，都是指社会团体的意思。但实际上，在中文的语境里，尤其在网络世界里，社群和社区是有明显的区别的。所以本节从社会学和网络技术发展两个视角，梳理和剖析社群的本质特征和精确定义。

## 1.2.1 社会学视角下的社群

在社会学视角下，提到社群，实际上很容易联系到另外两个概念，那就是社会和社区。在探讨社群的概念之前，有必要先对社会和社区的概念进行一番梳理。

现代通常意义上的“社会”一词来自于日本，对于英文“society”一词，近代中国学者严复先生曾将其译为“群”，日本则将其译为“社会”，因双音节词比单音节词更适合于口语，故而并不太严谨的“社会”一词反而击败了更为准确的“群”，牢牢地扎根于汉语中，流传至今。

人们对社会最为普遍的定义是：社会是由人与人形成的关系总和。显然，这是一个比较高度概括的抽象定义。具体而言，社会指在特定环境下共同生活的人群，能够长久维持的、彼此不能够离开的一种不容易改变的结构。局部看，“社会”有“同伴”内涵，为共同利益而形成的人与人的联盟。整体上看，社会是由长期合作的个体，通过发展组织形成团体，一般指在人类社会发展中形成的小到机构、大到国家等组织形式。总之，社会主要表征的是具有一定稳定关系的人们的集合，在这个概念里主要强调了人与人之间的关系属性。

接下来再看社区这个概念，在汉语里，社区其实是个外来语。20 世纪 30 年代中国社会学家在翻译英文学术著作时，把英语单词 community 翻译成“社区”，从此汉语里有了这个词语。

一般而言，社区是指若干社会群体或社会组织聚集在某一个领域里所形成的一个生活上相互关联的大集体，是社会有机体最基本的内容，是宏观社会的缩影。社会学家给社区做出的定义有 140 多种。社区是具有某种互动关系的和共同文化维系力的，在一定领域内相互关联的人群形成的共同体及其活动区域。尽管社会学家对社区下的定义各不相同，在构成社区的基本要素上认识还是基本一致的，普遍认为一个社区应该包括一定数量的人口、一定范围的地域、一定规模的设施、一定特征的文化、一定类型的组织。社区就是这样一个“聚居在一定地域范围内的人们所组成的社会生活共同体”。由此可见，社区的典型特点是：有一定的地理区域；有一定数量的人口；居民之间有共同的意识和利益；有着较密切的社会交往。

相比社会的概念而言，社区同样是具有一定社会关系的人群的集合，只是在社区的概念里，社区中的人们的关系更为具体，尤其强调具有一致的文化特征，相互之间的交往更加紧密，相对社会中的人们之间的关系而言，社区是一种强关联关系；同时，社区在社会的基础上，更加具体地、突出地强调地理关系的属性，而且这种地理关系在距离感上也更加邻近和紧密，在规模上比社会更加具象和狭小。

总体而言，无论是社会还是社群，在这两个概念里，我们可以简化地认为它们具有三个共同的界定维度或关键点：一个是看不见、摸不着的精神文化关系，一个是看得见、摸得着的位置距离关系，还有一个是联结的人群的规模。两者的区别在于，在这三个维度上它们的特征各有侧重和不同，从社会到社区，精神文化关系更加具体和紧密，位置距离关系更加贴近和紧凑，群体规模逐渐缩小，总体上是一种弱关联关系到强关联关系的差异。

同样，社群其实是和社会、社区一脉相承的概念，也是指具有一定关系的人们的集合。我们照例可以从精神文化关系、位置距离关系以及人群规模这三个维度，对社群的特征加以分析。从精神文化关系上来看，社群比社会所指代的关系更为紧密和具体，接近于社区中人们的关系强度，甚至在新的互联网条件下，这种关系会比社区组织更强（或者可以说，在互联网条件下，反而使得原来基于物理位置关系的社区的联结关系变弱了，通过互联网联结的关系变得更强了）；从位置距离关系上来看，社群中人们之间的位置距离并不如社区中人们的距离那么贴近，但也不排斥在位置距离上很贴近（或者可以说，位置距离关系对社群的影响不再那么重要）；从人群规模上来说，社群的规模可大可小，既可以是如社区那般的规模，也可以是较大的规模。

那么问题来了，社群中的人们位置距离关系并不一定紧凑，而且规模有可能还比较大，为什么还能维持一种强关联关系呢？答案就是互联网技术的发展，这也是为什么社群的概念主要在近几年互联网充分发展后才出现的原因。互联网尤其是移动互联网的普及，为人们提供了新的参与互动、发展关系的环境，相比以往强烈依赖于地理位置的实体环境，这种基于互联网的新环境的最大的特色就是可以跨越时空的限制。

综上所述，在社会学视角下，社群是同社会、社区一脉相承的概念，是在互联网环境下超越时空限制而聚集在一起的人们的集合，其精神文化关系具体而强烈，交往互动频繁而紧密，其规模可大可小，位置距离关系不再成为互动交往、发展关系的障碍。简而言之，社群就是基于互联网环境的一个强关系集合体。

### 1.2.2　网络技术视角下的社群概念

正如上文所分析的，网络技术提供了人与人之间互动和发展关系的新工具和环境，搭建了人们进行聚集的新空间。实际上，网络技术的发展和普及，也使得原来关于社会、社区等概念的含义产生了诸多变化。

从网络技术的视角来看，社群其实就是在互联网条件下衍生的一种新的人群聚集方式，它丰富和发展了人们原来主要依赖物理位置环境聚集的方式。在这种新的聚集形式下，原来跨时空、跨距离就会弱化人们之间联结关系的困境被打破，原来很多受限于时空而不能开展的群体活动现在基于网络可以轻松开展。这将带来两个好处：一是跨时空的大规模互动和协作在社群形态下得以实现，使得互动和协作的效率得以提升；二是因为互动和协作效率的提升而带来价值创造活动的活跃，社会总价值不断增大。

追溯互联网的发展给人们带来的改变，可以发现互联网首先为人们带来了信息获取效率的提升，比如电子邮件让大家通信更快捷、门户网站让消息传播更丰富和更快捷；紧接着产生的是以博客、社交网络等为代表的 Web 2.0 技术，让人们之间的信息共享和交互更加便捷；然后 21 世纪第二个十年以来兴起的移动互联网应用的发展，又进一步为人们的生活与工作协同交互带来了巨大便利。

在没有互联网时，人们要发展关系、形成文化、开展交往、合作开展生产活动，统统都依赖于物理空间位置这个基本的条件。所以，那时人们只能以实际居住生活的社区或以一个工厂、公司的厂房办公室等空间为环境，开展上述社会化活动。有了互联网之后，使得有些活动即便不组织到一个特定物理空间里，也可以顺利开展了。这其实是创造了一种新的群体交往与协作模式或形态，这就是社群。过去群体交往和协作的模式是高度依赖于物理位置关系的社区或公司，有了互联网又增加了一种新方式。

当然，这个发展过程是循序渐进的。其实仔细回想就会发现，社区这个概念除了前面讲的基于物理区域的含义，在互联网发展到 Web 2.0 的时候，社区在互联网语境下还指代另外的事物。在互联网的语境下，社区是一个网络版块，指不同的人围绕同一主题引发的讨论，如天涯社区、猫扑社区，类似具有社区性质的网络产品还有论坛、贴吧、看吧、知乎等。国内规模最大、话题最丰富的当属百度贴吧，如图 1-5 所示。

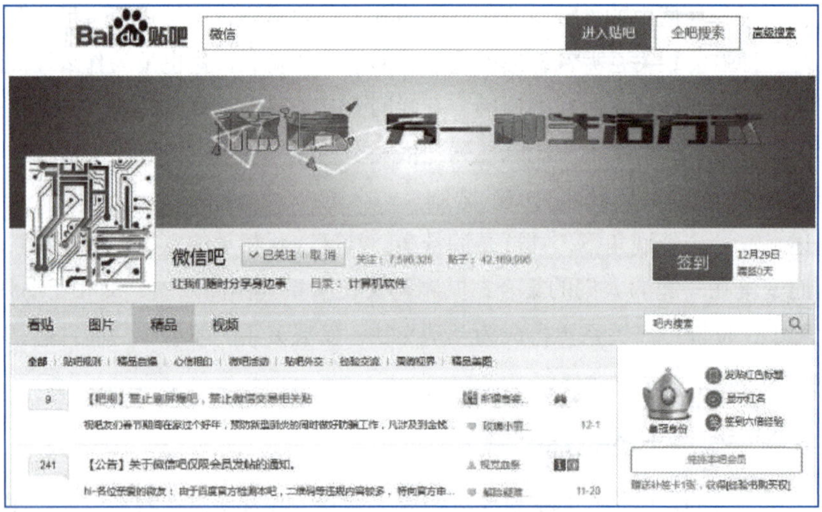


图1-5　百度贴吧

网络社区实际上为分布在不同时空下的人们提供了一种就相同主题进行内容创作和消费的互动协作功能。没有互联网的时候，这种讨论与协作必须聚集到同一个物理空间来开展，有了互联网就打破了这个局限。

社群延续了网络社区的这种促进人与人互动协作的意义，而且提供了更加广泛领域和形式的协作，因为互联网进一步发展出了更为便利高效的沟通工具、生产工具和协作工具等超越时空限制的工具。比如，企业组织可以使用“钉钉”“企业微信”等办公协同应用软件进行日常生产协作过程中的沟通以及财务、业务等流程的推进，如图 1-6 所示。

图1-6　协作工具示例

有了突破时空限制的工具，就可以自然而然地促进交往和协作吗？答案显然是否定的。互联网只是像过去的社区楼房一样提供了基本的网络环境设施，同过去基于物理空间的社区概念一样，社群也是只有形成统一的精神文化价值观、一致的目标、共同的利益诉求的一定数量的人聚集起来，才能成立。

过去基于物理空间的社区形成的协作群体，人们面对面，是比较具体和形象的，这有利于增进人们的互信；但基于互联网的社群，人们相互之间只有间接的身份、角色信息共享，这使得社群方式的协作群体给人的印象是抽象和虚拟的。这种虚拟和抽象似乎提高了人们相互信任的门槛，但当互联网技术渗透到生产生活的各个层面和环节，使得信息高度透明、实时共享时，加之一些第三方如政府等权威机构及时适应网络发展形势提供的监管跟踪和立法保障，降低了人们之间的信任门槛，所以基于互联网的社群具备了发展和壮大的基础。尤其是随着未来基于区块链技术的去中心化的、防篡改、加密的互联网的发展和普及，在没有第三方中心权威介入的情况下，人们也将通过加密协作网络实现互信，相信社群这种对等的、强关联关系的互动协作体将更加广泛地被人们所接受。

与此同时，基于互联网的社群比起以往的社会组织或是社区组织，相互之间的交往和互动关系更加频繁和紧密了。或者说，由于互联网的超越时空的信息、价值传递特性，使得原来的物理空间里社区组织中的人们不再主要依靠面对面的沟通交流方式，而换做使用互联网工具来互动和协作。也可以说，基于物理位置的社区发生了向基于互联网环境的社群的异化。从这个意义上说，这时社群和社区、社会并非并列的概念了，社群实际上是在互联网条件下对原来社会、社区这些概念的继承和发扬。在互联网时代，凡是具有稳定精神文化共识、追求共同目标的、具有稳定结构的人群集合都可以用社群来概括。

### 1.2.3 社群的本质及精确定义

上一节从社会学和网络技术两个视角分析了社群的概念。在社会学视角下，社群是同社会、社区一脉相承的概念，是在互联网环境下超越时空限制而聚集在一起的人们的集合，其精神文化关系具体而强烈，交往互动频繁而紧密，其规模可大可小。进一步，当把互联网这个因素不再与物理世界割裂开来，而是把其当作渗透到现实物理世界本身的一部分时，时下的社群概念其实是囊括了原来社会学意义上的社会和社区等组织概念的所有含义的。也就是说，社群是对加装了新的设施（互联网）之后具有新的特征的社会和社区概念的概括，其本质和过去社会、社区的本质是一脉相承的，都是一种人的组织形态，目的都是凝聚和发挥由个人组成的集体的力量。这就像从燃油车概念到电动车概念，由于新的技术条件（电能）的发展，概念上发生了异化，但并不能改变两者的本质都是交通工具。相信当有一天所有车都变成电能驱动时，人们将普遍地只用电动车这个概念指代车这种交通工具；同样的道理，当互联网具有足够的覆盖度和支撑度的时候，人们将只会用社群的概念，而不再提及原来语境下的社区或社会的概念。况且前面提到，最早严复先生也是把 society 翻译为“群”的，也可以说是社群的简称了。

那么社群的本质特征是什么呢？接下来将对此进行分析和梳理。

#### 1. 社群是一个价值共鸣体

我们在分析社会、社区和社群的概念时，其实都提到了具有共同的精神文化关系是社群所概括的人的集合体的首要特征。所谓共同的精神文化关系，主要是指社群里的人要具有共同且一致的价值观，而且这个价值观是能够引起社群中所有成员的共鸣的，大家对此具有高度的信仰和尊重。共同的价值观是社群中的参与者串连彼此唯一的精神纽带，是凝聚大家同心协力的根本动因。这跟过去基于位置距离关系的社区、企业等组织形态的要求是一致的，即只有具有共同的价值主张和追求，才会有形成社群这种组织形态的需要。所以社群的本质特征之一就是：社群是一个价值共鸣体，这是判断一个群体是否构成社群的最根本的前提。

#### 2. 社群是一个协作共生体

有了共同的价值信仰，人们聚集在一起践行共同的信仰，是需要一种组织方式的。在过去的奴隶、封建社会中，人们之间的互动模式是具有等级性的，在这种等级制度下，人们在其中的地位是不对等的，人们的生存关系是压迫与被压迫的关系，这时人们有高低贵贱之分；到了资本主义社会，变成了雇佣与被雇佣的关系，人与人之间的地位等级性逐渐削弱，但等级并未完全消除，人们的关系依然是博弈、对立的。而随着科学技术和人类文明的演进，人类的组织方式进一步演进，越来越强调合作共赢，这时人们开始追求和崇尚一种更加对等和公平的组织方式。当互联网技术深刻地对世界的方方面面产生革命性影响后，随着信息处理、传播技术的飞跃式发展，信息不对称的陷阱逐渐被填平，信息高度透明、实时共享成了现实。在此基础上产生社群这种新的组织方式，它讲协作、求共生，使人们的关系变成一种对等状态，在这种情况下人们只有在共同的价值观下，通过协作把蛋糕做大，从而求得共生。协作共生的意义还在于，可以改变过去博弈状态下人的积极性不足的问题，在社群组织中由于人们是协作共生关系，所以每个人的源动力和积极性被激活，这将极大地释放人们的潜能，提高了社群组织的生产力和生产效率。所以社群的另一个本质特征就是：社群是一个协作共生体。在社群发展的不同阶段或者不同诉求的社群中，协作共生的特征体现是有程度强弱的，程度弱一点并不妨碍将其定义为一个社群。

### 3. 社群是一个利益共通体

社群作为一种新的组织方式，身在其中的人们凝聚在一起，并不只是聊聊闲天、沟通感情的，更为重要的是基于互动交往的便利性，加强协作，开展价值创造活动。在过去无论是奴隶、封建社会还是资本主义社会的组织形态下，在对于人们创造的价值如何分配的问题上，一直以来都存在着剥削与被剥削的现实，只是在程度上不同而已。但随着技术的发展和时代的变迁，这种不公平的利益分配方式已经越来越难以为继，人们越来越希望得到更公平的对待。之前所有的不公平分配实际上是建立在信息不对称和权力不对称的基础上的，但以互联网为代表的科技水平打破了这一切，使得垄断难以为继，将世界变成了“平”的。所以，在此条件下诞生的社群中的人们，要求对社群利益进行公平分配，要求基于高度透明的利益共通，而不是原来那样基于各种不对称来榨取剩余价值。由于社群中人们的关系是协作共生，产生的利益公平分配，更加保障了社群中每一个个体的活力和积极性，使得社群必然是一种效率更高、价值更大的先进组织模式。所以，社群的第三个本质特征就是：社群是一个利益共通体。需要指出的是，利益有显性和隐性之分，也有程度强弱之分，有些情况下社群的共同利益可能是隐性的，也可能是比较弱的，这同样不影响将其定义为一个社群。

综上所述，基于对社群本质特征的概括，可以梳理总结出社群的精确定义。我们认为，社群是基于互联网环境的一种新型组织形态，本质上它是基于高度共识凝结的价值共鸣体以及在此基础上以互利共赢为导向的协作共生体和以公正透明为特点的利益共通体。价值共鸣是社群的精神内核，协作共生是社群的组织方式，利益共通是社群的分配方式。在社群组织中，人们有超强的价值观共识，超强的协作关联关系，超强的利益绑定以及超强的信任关系。当然，这种理想境界的实现，背后必须有技术演进的支撑才行。尽管这种理想境界在今天难以完全实现，但已呈现出无限逼近的状态，相信随着技术的进一步突破和人们观念意识的进一步迭代，社群所描述的理想组织形态最终必将实现，因为社群演进的现实和趋势已证明了这一切，在后续章节中将会逐渐展示这方面的证据和材料。

## 1.3　社群与社交软件等工具是什么关系

在 1.1 节中曾指出，社群不是社交软件里的一个群组，但一个不容置疑的事实是，社群的兴起和发展，天然地是和社交软件的出现密切相关的。那么，社群与社交软件等工具是什么关系呢？实际上，根据前面在对社群的本质特征及定义的梳理中已经知道，以社交软件等工具为代表的移动互联网应用为社群提供了基础设施，正是这些基础设施，为社群这种新的组织形态搭建了环境。具体而言，软件工具对社群的支撑作用主要发挥在以下几个方面。

### 1. 软件工具是社群关系链接的媒介

社群说到底是人与人基于互联网环境的关系的联结。基于互联网尤其是移动互联网的社交软件工具的发展和普及，成为联结具有相同价值观的人群的媒介。社群中的人们只有互动交往才能形成关系，交往越密切关系才会越深切，过去要想进行更为实时连贯而高效准确的互动交往只能通过面对面完成，而到了互联网时代，人们基于社交软件就可以随时随地和他人互动，这为社群的关系建立与管理提供了极大的便利。目前，微信是常用的社群关系建立和沟通的工具之一，通过微信，社群中的人们可以随时进行沟通交往，也可以进行各种信息的分享。除此之外，基于各种场景的应用软件，都具备了实时沟通交流的联结和管理功能，甚至一些大型互联网组织还专门开发了自己独属的交流协作工具，比如，京东有咚咚，美团有大象，今日头条有 lark 等。

### 2. 软件工具是社群内容沉淀的空间

社群中的人们相互之间会进行讨论、分享等活动，而这必将产生各种各样的信息内容，这些信息代表的是社群集体的经验、知识和智慧的凝结。为了使这些信息内容能够传承，被更多的人看到，需要被结构化地梳理和存放，当有足够多的信息内容被沉淀下来之后，就形成了一个宝贵的社群知识库。在过去的传统社会组织中，主要利用书籍、图书馆、博物馆等方式整理、记录和传承这些内容。而在社群这种新型组织中，基于互联网的软件工具为社群内容的沉淀提供了记录和传承的空间，使得信息内容的沉淀更加轻松和方便。比如，基于微信平台，可以借助其提供的公众号功能，组织和发布社群形成的内容，发布之后这些内容就被永久地沉淀下来了，如图 1-7 所示；基于 QQ 平台，可以使用 QQ 空间来沉淀社群形成的内容，如图 1-8 所示。

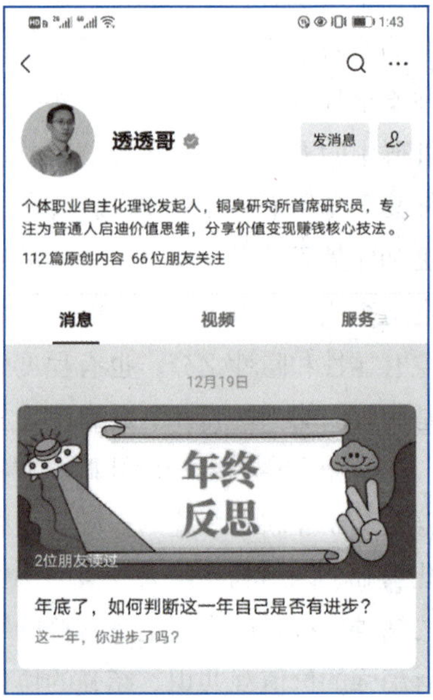


图1-7 利用微信公众号沉淀社群内容

图1-8 利用QQ空间沉淀社群内容

而且需要指出的是，在过去的组织环境下，信息内容的生产和整理记录实际上是存在脱节的，主要表现为主体的脱节和时间上的脱节。所谓主体的脱节是指信息内容的生产者和记录者往往不是同一个人；而且生产和记录传承往往是具有时间差的，即先有生产，再有整理记录。而基于互联网的新组织环境下，信息内容可以是即产即存的，即信息内容在生产的同时，就可以被记录保存下来。

#### 3. 软件工具是社群活动开展的平台

不管是什么组织里的人群聚集在一起，要践行组织的价值观、完成组织的目标，必然要开展这样或那样的活动。比如，在过去的基于位置关系的社区里，人们可能需要不定期开会，每天开展健身运动，这就需要在社区里建立会议室、运动场及运动器材等支撑工具。同样的，在社群组织里，也会开展丰富多样的活动，包括会议、投票、讲座分享，等等。这时，也需要一些工具设施予以支持，这就产生了基于互联网支撑的人们开展活动的各种工具，比如视频会议工具、直播分享工具、投票工具，等等。实际上，很多综合性的应用软件都集成了可以开展各种各样的活动的工具，所以说软件工具为社群活动的开展提供了平台。

由此可见，各种基于互联网的工具尤其是它们所附带的群组功能，并不是社群本身，它们只是构成社群赖以存在的新环境的基础设施。只有有了这些工具设施的支撑，社群这种新组织形态才能够赖以存在，反过来，社群组织发展的各种需要是这些工具软件设计和开发的依据。

## 1.4　社群的发展演进

在 1.2 节中给出了社群的精确定义，即社群是基于互联网环境的一种新型组织形态，本质上它是基于高度共识凝结的价值共鸣体以及在此基础上以互利共赢为导向的协作共生体和以公正透明为特点的利益共通体。该定义是我们拨开表象基于对社群本质的认识而做出的，是社群发展的终局。在到达终局之前，社群的发展经历了一个循序渐进的阶段性过程。在不同发展阶段表现出不同的侧重点，归结起来社群的发展演进经历了三个主要阶段。

### 1.4.1　社群 1.0：以情感沟通为核心

在社群概念流行之前，我们更熟悉的概念是“群”，以网络即时通信软件 QQ 推出的群聊天功能为起始。实际上，QQ 群就是社群最早的发端和前身。在刚刚进入 21 世纪的头几年里，QQ 推出了群聊功能，首先诞生的 QQ 群是同学交流群、亲友交流群等。这些群的主要特点如下。

（1）群里面的组成人员都是熟人关系，即原来在现实生活中有过共同的学习、工作等经历，彼此相互熟悉、相互了解。也就是说，这时的 QQ 群更多的是线下原有熟人关系的聚合、连接，使得原有的关系进一步便于沟通和加强。在线下大家原来彼此是什么关系地位，在线上依然如此，可以说就是线下关系的线上化复制。

（2）群里的成员沟通的话题更多还是基于其原有的关系场景而衍生出来的，比如共同回忆美好的同窗时光、分享彼此时下的生活状态以及相互间的嘘寒问暖等情感沟通。

（3）除了沟通感情、巩固友情，基本没有其他功能。

这时的群可以定义为社群 1.0，此时社群的典型特征是以熟人关系链上的人们加强情感沟通为核心诉求。

如果用社群的定义对此时的社群进行对照检查，可以发现以下信息。

(1) 社群 1.0 的共同价值观实际上是源于原有基于位置距离关系而形成的价值观，也就是说是对原有线下已经形成的价值观的复制和加强。所以，社群 1.0 依然是符合价值共鸣体的特征。至少此时的社群成员都具有“维护好原有的熟人关系”这个共同愿望。

(2) 社群 1.0 的成员之间的组织方式还是沟通交流为主，尚未表现出“协作共生”的特征，但在线下空间里，社群成员是存在一定程度的依存关系的，这是迈向“协作共生”的基础。

(3) 社群 1.0 主要是以情感沟通为主要诉求，尚不涉及太多的利益分配问题，虽然在利益关系上表现还比较弱，但基于社群的交往并不会损害其原有利益，而且对潜在的共同利益具有促进作用，所以用利益共通概括并无相悖。

通过以上分析，可以说社群 1.0 是绝对符合价值共鸣的核心特征的。毫无疑问，社群 1.0 已经是我们所定义的社群的雏形。

### 1.4.2 社群 2.0：以需求满足为核心

随着 QQ 等社交软件工具的群组功能进一步丰富和加强，人们除了把 QQ 群作为交流沟通的空间之外，逐渐开始将其用于辅助日常工作协同，这时企事业单位中的同事都会建立以其组织结构为蓝本的大大小小的工作交流群，在这些工作群中，群的管理者一边可以基于社群进行日常工作信息的通知发布，还可以利用其进行一些文件资料的传输和共享。这相当于社群被应用在组织内部工作关系协同中，以满足提高组织内部工作效率的需要。

紧接着，社群被广泛地应用于组织外部的客户关系维护和售后服务上，最为典型的做法是由运营销售人员围绕其产品和服务建立客户群，对客户提出的针对其产品和服务的问题和困难进行解答和帮助，及时处理客户的意见和建议，并结合节假日等特殊时间节点，对客户进行情感维系。不管是将社群用于组织内部协同增效，还是将其应用于组织外部客户运营和维护，这时的群都具有以下特点。

(1) 这时群里人们的关系往往是一个科层式的关系，群里的成员个体与个体之间未必相互熟识，但所有普通成员都会熟悉一个中心节点，这个中心节点要么是一个管理员，要么是某一项产品或服务，所有的人都围绕这个中心节点聚集在一起。

(2) 这时社群建立，除了进行日常的情感沟通，还有更为实际的目的，那就是提高工作效率或服务效率，更好地满足群成员更好地工作或更好地使用产品的需要。

(3) 此时社群还是依附在原有的线下组织关系之下的，只是为了辅助和进一步加强原来已经联结起来的人群。

可以把具有上述特点的社群称为社群 2.0，此时社群的典型特征是依附于原有组织围绕一个中心节点进行组织，社群以满足其成员围绕某个主题的具体需求作为其核心诉求。比如一个组织中的个体为了满足提高工作协同效率的需求，或是一个产品或项目的客户群为了更好地被服务。也就是说，个体加入社群，是为了满足其自身的需要。

如果用社群的定义对此时的社群进行对照检查，可以发现以下信息。

（1）在社群 2.0 中，由一个中心节点赋予了它非常明确的价值观，加入社群的人们都是同意并认可该价值观的，所以社群 2.0 具有明显的价值共鸣的特征。

（2）社群 2.0 在组织方式上主要以科层化的结构为主，即由一个中心节点进行引领和统一组织管理。但这种组织的目标在于通过协同共享的方式提升效率和效益，包含了协作的基本要义，也有“共生”的意味，只是这种共生更多的是一种二元的共生，比如管理者和成员的协作共生（成员提高效率获得绩效，组织获得效益和利润），产品方和客户的协作共生（产品方获得利润，客户获得产品提供的价值）。相比社群 1.0，其协作共生的意义进一步增加，还不是任意点对点的普遍意义上的协作共生，但这与社群的协作共生特征是相向而行的。

（3）社群 2.0 中的成员主要是二元化的关系，他们之间存在着明显的利益关联，虽然这种关联的博弈性比共通性要显得强一些，但已无法忽略其中已经蕴含的利益共通的要义，所以这与社群的利益共通特征并不相悖。

通过以上分析，可以说社群 2.0 是符合价值共鸣的核心特征的，而且表现出明显的协作共生和利益共通趋势。社群 2.0 已经是我们所定义的社群的中间态。而且社群 2.0 的形态是目前最常见、最常用的社群形式，可以预见在未来相当长的一段时期内，多数社群也都将处于社群 2.0 的形态。

### 1.4.3　社群 3.0：以价值创造为核心

到了 2010 年前后，微信等代表移动应用的社交软件工具诞生，尤其是微信推出群聊功能后，社群的概念逐渐流行起来。熟悉微信群功能的人都知道，利用微信建群非常方便，每个人都可以发起建群，在某个微信群的每个成员也都可以向群中添加新成员，整个步骤不超过 3 步，如图 1-9 所示；同时，移动互联网的便利让这种行为可以随时随地进行。到了这个时期，社群除了用于沟通情感和辅助增强原有线下关系之外，开始被应用于更广泛的用途。这时出现了大家都耳熟能详的许多经典的社群案例，比如像罗辑思维、碳 9 学社等，如图 1-10 所示。仔细观察，这些社群具有以下主要特点。

图1-9　利用微信拉群

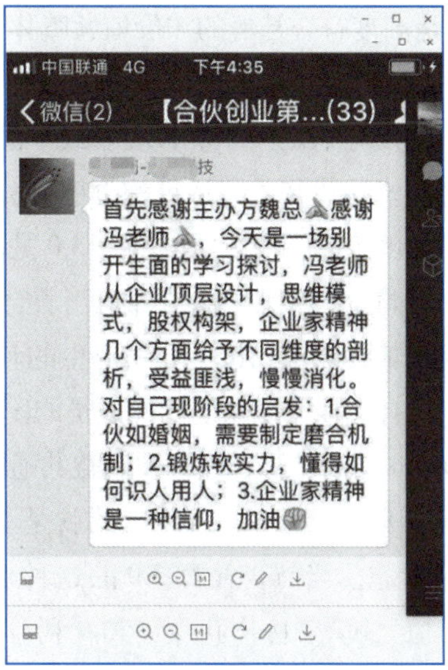


图1-10　碳9学社学习社群

（1）社群成员之间的关系不再依附于原有的线下组织，而是基于共同的价值追求和目标，超越原有世界中的身份角色关系，重新组成新的共同价值目标的协作体。这种关系隐含着对等、协同的意义，比如这时的社群成员并非一定是由一个处于中心地位的创始人去全部招募，而是所有人都可以引导、邀请符合社群价值定位和对此认同的人加入。

（2）此时的社群成员原先在线下有可能是毫无关联、互不相识的，仅仅因为当前社群所设立的价值定位而聚集在一起。比如，加入罗辑思维社群的人来自五湖四海，但都有一个共同的价值追求，就是听罗辑思维的导师给他们讲更多知识。此时，社群建立的最根本动因就是每一个社群成员的自主意识和明确价值追求。

（3）此时的社群还隐含着分工与协作，比如在一个以学习为价值追求的社群中，有班委、有导师，还有纪律规范制定者，大家分工协同，保证代表大家共同价值追求和意志的社群目标能够很好地达成。

（4）此时的社群，人们不仅仅是为了联结或是沟通，更多的是开展丰富多样的活动，大家分工协作完成一些具体任务，比如持续地输出知识，就每一个主题进行讨论，或是集体讨论建构一个方案。也就是说，此时的社群不再是原有线下组织形态的附庸，而是具有自主、独立使命的新的组织形态。

可以把具有上述特点的社群称为社群 3.0，此时社群的典型特征是它不依附于原有世界里的关系联结，而是由强烈的共同价值目标驱动的、具有自组织特征的全新关系联盟，其核心诉求是通过分工协作，达成某个共同的价值目标，从而使每个组成个体实现自我满足和自我成就，总结起来就是以价值创造为核心诉求。社群的这种形态和效用，正是当下人们开始越来越关注和重视社群价值的原因。

如果用社群的定义对此时的社群进行对照检查，可以发现以下信息。

（1）社群 3.0 完全是由共同价值观驱动建立的全新组织形态，共同的价值追求是社群 3.0 得以创建和发展的唯一缘由，也只有对社群价值观高度认同和共鸣的成员才会加入社群，所以社群 3.0 是高度符合社群的“价值共鸣体”特征的。

（2）社群 3.0 中的成员，不再是依附于原有的线下世界的关系地位，加入其中的成员也不再是被动的或是只是当一个旁观者或“潜水”者，而是都有着自己明确的使命和职责，大家通过分工协同，达成其共同认可的价值目标。而且社群发展的好坏对社群所有成员来讲都是一荣俱荣、一损俱损的事情，所以社群 3.0 是高度符合“协作共生”的特征的。

（3）社群 3.0 中每个成员都担当着自己独有的角色，都为社群价值目标的实现贡献自己独有的力量，最终创造的价值和所产生的利益，在社群中也是通过透明、公平的方式进行共享和分配的，只有这样才能保证社群成员的团结和精诚一致的力量，从而实现社群的最终价值目标，所以社群 3.0 是高度符合社群“利益共通”的特征的。

由此可见，社群 3.0 所代表的就是一种全新的组织形态，是最符合我们所定义的社群本质的社群形态。当然，社群 3.0 的这种形态，目前只是出现了一些个案，而且这些个案表现出了“价值共鸣”“协作共生”和“利益共通”的理念，但还并不完美，因为在人们对社群这种新组织形态充满美好憧憬的同时，还经常会出现一些社群只是把这些理念当做幌子，而大行“集权”“欺诈”和“黑箱操作”等行为。这需要技术的进一步发展，来逐渐为这种新形态的社群组织的发展保驾护航，比如，用区块链技术解决人们协作过程中的信任问题。有理由相信，我们所定义的社群这种先进的组织形态，必然会成为更适应时代和人性的人类协作新范式。

需要指出的是，虽然在介绍社群发展演进时，为了叙述和理解的方便，总是以技术工具作为线索来梳理和展开，但这并不代表社群是这些软件工具本身。我们再次强调，社群更多的是在“价值共鸣”“协作共生”和“利益共通”理念下的新的组织形态和协作模式，软件工具在这其中只是提供支撑环境的基础设施。未来的社群组织，其价值创造活动也将不仅仅局限于在线上进行信息内容、知识学习等价值的创造，而是基于线上协同、连接的便利，开展丰富多样的协同创造活动，尤其是当物联网技术发展和普及之后，这种先进协同模式所创造价值的想象空间将是巨大的。

### 1.4.4　社群将代表未来组织新范式

组织只有适应时代要求，不断自我变革与创新，才能不断创造更大的价值，获得可持续的发展。组织是人的联结与集合，人是组织的核心资源，组织始终围绕人来定义能力与价值，围绕人与组织关系的重构来提升组织效率与价值创造活力。

技术在发展，时代在变化。以互联网为代表的新兴前沿科技的发展，使得信息的容量和传播效率都极大地提升，人与人之间的信息不对称性越来越少。这为人们快捷沟通和协作提供了极大的便利，各类组织要敏锐地意识到外部环境和条件的这种快速变化，并付诸行动，着力变革自己的组织，使其能够适应这种变化趋势。

在实施组织变革之前，一定要明确当前社会环境下未来企业组织的核心特征。我们认为，基于互联网技术由信息互联网向价值互联网的发展，将会带来人类协作和组织的新范式，即大规模跨边界强协作组织。与此同时，由于社会的发展，也带来了社会物质、精神和文化财富的丰富，使得整个社会氛围也发生了改变，也就重新塑造了生活在其中的人们的价值观。比如，在信息化和智能化时代，人们越来越追求实现自由、个性的价值。具体而言，我们认为未来组织变革将会呈现出以下一些主要特征。

#### 1. 生产方式转向分布式

在工业文明时代，企业的生产组织方式主要体现为集中化、规模化、标准化，而在信息和智能化时代，企业组织日趋平台化，这表现为内部和外部两个方面，内部表现为经营单元日益项目化、团队化，如海尔近年来的“人单合一”组织变革，就是在推进整个企业逐步走向平台化、分布式的生产。不仅如此，未来企业组织的员工未必都处于同一物理空间进行协作，而是通过网络平台进行分布式协作。中国著名的网络众包平台——猪八戒网，就是通过互联网将超过 1 000 万个服务商连接在一起，为不同类型的客户提供了超过 600 万项服务，如图 1-11 所示。

图1-11 猪八戒网

所以说，分布式会进一步使得更大规模的人的协作成为可能。在以往的公司制组织形态中，最大组织的人员规模可以达到几十万人；而未来在以区块链、人工智能等技术支持的价值互联网平台的环境条件下，可以组织更大规模的协作，大大突破现有组织的规模，这种新形态的组织就是社群。这在互联网条件下的一些企业中已经有所展现，比如腾讯开发打造的微信平台，通过该平台，已经连接了几亿用户通过微信平台开展沟通、内容创作、内容传播以及服务供给和服务消费的工作，而腾讯公司本身运维此平台的员工也就只有几千人，而它却用微信平台调动了近10亿公司之外的人——用户，在进行创作内容、传播内容、小程序开发等价值创造活动，使得腾讯通过微信平台获取了巨额的商业利益。

### 2. 组织边界不断被打破

当前在信息社会环境中，行业与行业、组织与组织、生产与消费的边界都逐渐变得模糊，不断被打破。未来组织边界的打破将主要从四个方面进行：一是围绕用户打破组织内外边界，形成重构客户价值的产业生态圈，价值不仅来源于组织内部价值链的活动，而且来自企业与产业边界之外的客户、合作伙伴等所构成的生态圈，最典型的例子就是一些平台型互联网公司所打造的商业模式；二是围绕员工打破领导与被领导的边界，人人都是自己的价值运营者，都是创新创造主体；三是围绕组织扁平化与网络化，打破科层边界，不断对业务单元进行精细化分工，不断将经营责任落实到个人和小团队，推倒决策墙，协作关系多元化；四是围绕组织氛围，打破沟通边界，实现零距离、无边界的即时沟通。

### 3. 协作方式转向自我驱动的强协作

所谓强协作是指组织成员基于强大的共识机制，将个体紧密地统一在同一个愿景目标下，为了实现愿景目标，大家愿意自我驱动、付出努力从而获取价值。传统组织的内在驱动机制主要是权力驱动、权威指令式驱动，而未来的组织将是由共识、愿景和价值观驱动。组织要激发人才价值，创造活力，驱动员工创造价值，不再依靠简单的指令、严格的制度约束和标准化行为规范来驱动员工，而是通过文化价值观管理，依靠人才对组织使命与愿景的认同，使员工朝着一个共同的目标而奋斗。通过唤醒人才自我开发、自我提升与自我管理意识，激发员工价值创造潜能，使人才从“要我干”转向“我要干”“我们一起干”。随着社会物质财富的不断丰富以及年轻一代对美好生活追求的需求越来越强烈，强制指令式组织协作方式越来越难以运行，人们越来越以自己的兴趣和意愿为依据付出行动，这就要求组织必须变革人们的协作方式。人们越来越不能接受不是基于自愿和自我实现的强制性、命令式的工作方式，过去组织和个人的对立、博弈关系越来越不能适应时代，人们越来越要求与组织处于对等、合作共赢的关系之中。

### 4. 组织会更加灵活

在传统组织中，个体在同一个时间周期里只能属于某一个组织，并按固定的职责，发挥固定的一个方面的能力。在未来的组织中，基于价值互联网的组织使人们的协作可以更加灵活，协作可以是围绕一个长期目标展开，也可以是短暂的、临时性的协作，围绕协作可以建立长期、稳定的组织，也可以是召之即来挥之即去的临时协作体；一个个体可以打破边界同时参与在不同的协作体中，而不是仅仅局限在一个固定领域、行业的一个固定协作体中，他也可以发挥其多方面、多维度的能力，使人力资源的潜力得到最大化的发挥。

综上所述，种种迹象表明，新环境下组织的发展和演变必将迎来新的范式，这种具备上述四个主要特征的新范式可以用“大规模跨边界强协作”来做总体概括。而这恰恰就是前文所描述的社群这种新型组织形态的特征，通过前面对社群本质特征及其定义的梳理，可以明确地知道社群是基于不断发展的互联网等信息技术环境下的一种新型组织形态，它是由高度共识凝结的价值共鸣体和在此基础上的以互利共赢为导向的协作共生体和以公正透明为特点的利益共通体。基于社群的“价值共鸣”“协作共生”和“利益共通”的本质特征，可以提供能够组织起大规模跨边界的人群在一个共识价值观的统合下开展超强协作，所以社群代表了未来组织变革的终局和趋势，是未来组织的新范式。

# 第2章　社群为什么越来越重要

打开任何一个商业资讯平台，或是参加一些商业大会，都会看到人们在频繁提及和讨论社群的概念。尤其是在近年社会经济发展进入到一个新的周期之后，人口红利退去、互联网流量见顶，社群越来越被提升到关乎未来经济发展的高度，经济专家、商业领袖等都开始将目光投向社群所带来的新机会和新模式。总之一句话，人们普遍认为社群对未来的商业、经济甚至是生产、生活将会带来越来越重要的影响，需要给予足够重视。这背后到底发生了什么？社群为什么会越来越重要？接下来，将就此进行梳理和分析。

## 2.1　社群是适应商业演变的产物

新事物从来都不是凭空产生的，在分析新的事物为什么会发生并替代旧事物之前，我们有必要先梳理一下，旧事物本身发生了什么或者正在发生着什么。既然社群被认为是未来新经济的希望，那我们有必要先对商业领域正在发生的变化做一个梳理。仔细观察会发现，在当前的商业领域，无论是从商业增长模式到企业与客户关系，还是从商业信任关系到用户需求，都发生了或正在发生着演变，而且这种演变是源自底层逻辑的演变，最终都指向一种新的组织范式——社群的诞生，其威力所向披靡，势不可挡。

### 2.1.1　商业增长模式演变

增长是所有商业的基本要求。没有增长，生产组织就无法雇到更好的人才、升级更好的设备，无法不断提升产品的质量和市场竞争力，从而使产品慢慢被市场淘汰，使组织遭遇衰败甚至消亡，所以增长是所有商业组织赖以发展的生命线。

#### 1. 传统商业增长的逻辑和模式

顾名思义，所谓增长，直观地从财务角度讲就是商业组织的营收和利润不断取得突破和增加的意思。长期以来，增长主要依靠将更多的产品或服务销售出去，这就意味着一个商业组织要获得增长，就要找到足够多的对其所经营的产品或服务有需求的客户，所以增长常常被简化为市场拓展和客户规模扩大，这就是过去很长一个时期以来人们所直观认识的关于商业增长的基本逻辑。事实上，许多曾经坚持此逻辑的商业组织，也的确获得了强劲的增长和繁荣，获得了十分可观的商业成功。尤其是在互联网产品上，增长几乎等同于用户的增长，只要用户保持快速增长，随后的盈利就是水到渠成的事情了。

按照不断扩大客户规模的增长逻辑，商业组织要获得增长，就需要加大市场宣传和推广的力度，更多地曝光自己经营的产品或服务，吸引和说服受众做出购买其产品或服务的决策。而市场宣传和推广的手段是随着媒体技术的不断发展而更新升级的，效率也是随着媒体传播技术的提升而提高的。

在信息传播技术还十分有限的时代，商品宣传推广的手段极其有限，只能通过诸如摇着拨浪鼓“走街串巷”这种严重依赖人力的低效方式进行推广和销售，如图 2-1 所示。这决定了此时商业组织的市场推广和销售活动只能局限在很小的范围内。后来，最早的媒体——报纸出现了，报纸通过专门的发行渠道，能够快速发布到大众手中，这为商业组织宣传其产品或服务提供了新的方式，如图 2-2 所示。而且这种方式更节省人力、效率更高，能覆盖的人群更大。但是，这其中还隐藏着一个问题：只有客户购买了某个商业组织的产品或服务，其市场拓展才算真正完成闭环，虽然报纸这种媒体技术让宣传的覆盖面扩大了，但客户购买还存在距离和物流上的障碍，于是就出现了渠道商，即从生产厂家到消费者终端中间的若干层商品代理节点，简单说就是多级批发商，最终一级的批发商就是遍布在广大客户身边的商店、小卖部或者集市，如图 2-3 所示，这就解决了最终完成销售闭环的问题。

图2-1　走街串巷做市场推广

04/05 新经济

数字类、服务类是中国跨境出口越来越活跃的品类，PayPal发布《第四届全球跨境贸易报告》

中国已超美国，成为成熟及新兴海淘市场的最大目的地

9.21-10.8

满一万送五千

好阅者智
善读者慧

“孔子”起舞

图2-2　报纸上的广告

图2-3　集市售卖点

由此可见，渠道和媒体传播技术的结合，成了不断扩大商品市场规模的有效手段。事实上，过去一个时期的商业增长实际上就是由媒体和渠道的不断升级改造驱动的。

从媒体技术发展的角度来看，继报纸、杂志之后，又经历了广播、电视，直到 20 世纪 90 年代开启的互联网，这带来了信息的传播容量和速率一次又一次地成倍提高。尤其是互联网技术的诞生和发展，让信息的数量和传播速度急速提升，信息的形态极大丰富，信息的互动感、体验感和沉浸感进一步增强，信息的覆盖范围和强度也极大地得到扩大和增强。这也为商业组织的产品或服务的市场推广带来了空前的利好，使得商品的市场宣传和推广速度更快，可以覆盖的范围更大，可以支持更为丰富的广告形式，可以产生的宣传效果更好，如图 2-4 所示。可以说，媒体技术尤其是互联网技术的发展进步，带动了一个时期以来经济的全面增长和繁荣。

图2-4　互联网门户网站上的广告

从渠道网络发展的角度来看，从范围上，渠道从城市走向农村，数量不断扩展，同时伴随物流技术的发展，渠道的运行效率也进一步提升。从渠道形态上来看，随着互联网技术的发展，渠道网络经历了由线下到线上的扩展，形成了与传统商品市场并驾齐驱和双向互动的电子商务市场。

## 2. 传统商业增长遭遇的困境

过去在互联网信息技术的推动下，在市场推广技术和渠道网络发展两股力量的助力下，商业社会获得了空前的增长和繁荣。但是，到了 2018 年前后事情发生了一些变化。这时候人们发现，通过现有技术手段，不管是信息流还是商品流，能覆盖到的潜在人群都覆盖到了，几乎只要具备消费能力的人群都囊括在商业推广的覆盖范围之内了。在商业市场领域，把这种现象叫人口红利消退，也就是说，过去因为人口基数和规模比较庞大，但这些人群所处的地理位置不同，所具备的通信条件不同，只要通过技术手段覆盖到更多的人就能带来增长，但人口的数量毕竟是有上限的，当他们全部都被覆盖时，这种红利就消失了。人口红利的消失，带来了一系列的问题，首当其冲的就是过去依赖拓展市场获取更多的客户带动增长的模式逐渐开始失灵。这主要表现为以下几个方面的问题。

（1）宏观市场上的流量见顶。所谓流量是指网站的访问量，是用来描述访问一个网站或APP的用户数量以及用户所浏览的页面数量等指标。而流量见顶就是指访问互联网的用户规模达到了一个极限，换句话说，就是利用互联网能触达覆盖的人群数量到达了天花板，其实这是从互联网的角度，对人口红利消退的另一种解释。流量见顶，意味着过去设法通过覆盖更多的人群的方式获得增长越来越不现实了，因为没有更多的人能被覆盖了。而过去基于互联网条件下的经济增长主要是依靠流量的扩大，流量的扩大意味着可以有更多的人看广告、更多的人购买商品，而当流量见顶之后，这种逻辑就不存在了，这是从互联网条件下的宏观市场逻辑上进行分析得出的结论。相关统计数据也证明了这一点，据统计，国内移动互联网用户规模增速在2018年6月已下降至5%以下，2019年2月用户数量达到11.38亿，但较2018年同期仅仅增长700万，流量竞争越发激烈。

（2）微观市场主体的流量变贵。从微观市场主体来说，过去通过互联网获取一个用户，只需要花费较低的成本，而现在这个成本越来越高，甚至到了难以承受的地步。因为流量越来越被一些头部的巨型互联网公司所掌握，比如腾讯、阿里巴巴和百度，他们通过自己独具竞争力的“杀手锏”级产品，像微信、淘宝等，将绝大多数网民都变成他们的用户，用户的时间和注意力花在他们产品身上的时候，那么花在其他产品上的注意力就会减少。这时其他市场主体想获取这些用户对自己产品或服务的关注，就需要去这些拥有大流量的平台打广告。但因为流量已越来越稀缺，他们已经形成了垄断地位，这就导致在这些平台上打广告的成本也水涨船高。过去从互联网获取一个用户可能只需要几角钱、几元钱，现在获取一个用户动辄成百上千元，低成本、低利润的产品或服务，根本不敢轻易在互联网上打广告了。

（3）广告推广模式转化率降低。以广告的方式获取流量的成本越来越高，还进一步表现为推广效果越来越不尽如人意。随着互联网信息技术的普及，越来越多的人置身于互联网中，人们花越来越多的时间在互联网上。于是，人们见到的广告形式、品类越来越多，对广告越来越熟悉。随着竞争的加剧，广告无处不在、无孔不入，这一方面引发了人们对广告的厌烦，产生逆反心理；另一方面导致人们对广告越来越无感、越来越习以为常，广告在人们眼中越来越被忽略不计，也就是说人们逐渐地产生了对广告的免疫力。这带来的直接后果是，商业组织利用广告扩大市场规模的效果越来越差，即投入产出比急剧下降。投入很多广告费，却没有带来十分理想的效果，这标志着以往的这种以广告带动的推广模式逐渐失效。这一点从各大流量平台的广告业绩上也能看出端倪，2019年5月发布的腾讯2019年一季度的财报显示，其广告业务同比增速进一步下滑，导致其整体增速也比2018年同期明显放缓。同样以广告为主要营收方式的字节跳动公司（今日头条、抖音母公司）披露的2018年营收同样与以往的强劲增长相比明显放缓，处于市场预期区间500～550亿元的下端。这一切都表明，在流量见顶的情况下广告效果颓势明显。

### 3. 新商业增长模式的萌发

传统的商业增长模式遇到瓶颈，商业经营主体遇到增长成本高、获客难、销量少的难题，必须探索新的增长模式。这时候，一种新的尝试拉开了帷幕，一个全新的概念映入了人们的眼帘，这个概念就是微商。提起微商，想必只要使用过微信的人都不会陌生。根据相关预测，目前中国微商从业者人数已超过 5 000 万。由此可见，在 14 亿中国人中，每 30 个人中就有一个从事微商，微商已快速渗透到社会大众的身边，几乎每个上网的人都在微信上看到过做微商的朋友发广告、卖商品的情况，如图 2-5 和图 2-6 所示。

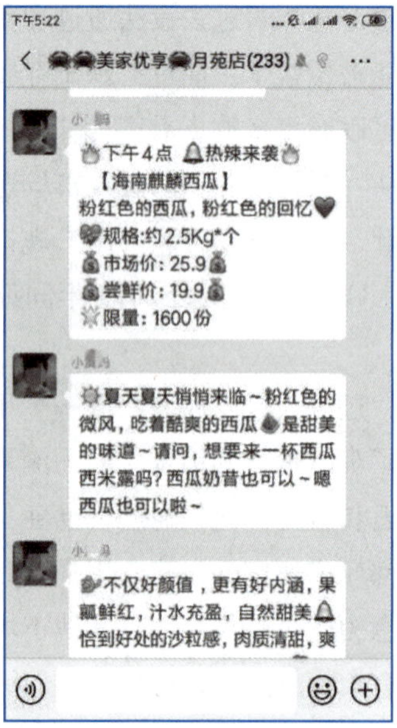


图2-5　微信群卖货

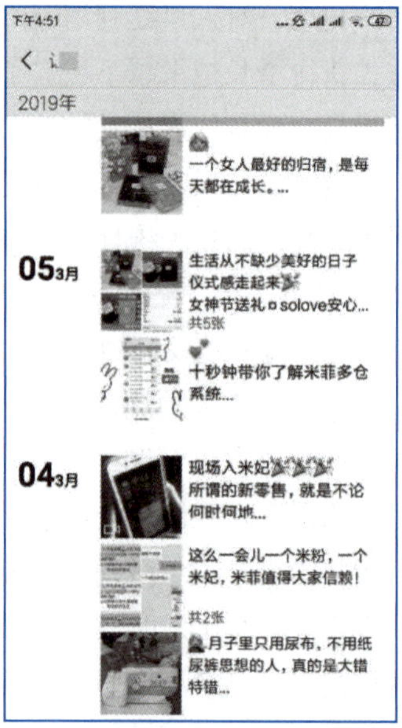


图2-6　微信朋友圈卖货

所谓微商，就是在移动互联网兴起和普及之后，企业和个人借助社交软件工具，从事商品的代理和销售等商业活动。微商通常会通过微信私人聊天、朋友圈和微信群，广泛而大规模地建立粉丝群，从而进行商品品牌、性能和老客户案例展示，达到推广和销售商品的目的。这些粉丝群经常也被称为社群，这些群的经营者经常也会把他们所从事的商业活动称为“社群经济”。根据之前对社群的本质性定义，虽然微商建立的粉丝群未必一定就可以定性为社群，但社群的概念切切实实有一大部分是由他们普及的。

根据前文的梳理我们知道，在没有互联网时代的商业世界里，商品被生产出来后，被推向各级渠道代理商，然后由最终端的代理商在一个固定的集市进行最终售卖成交，这中间要经历相当长的一段时间和空间距离。但移动互联网社交工具改变了这一现状，微商实际上通过微信等工具将渠道搭建和集市销售合二为一了，微信等于给大家提供了一个人人都可以当渠道、人人都可以拉集市的工具。通过微信等社交工具，每个人都可以很方便地去对接商品生产者承担商品的代理工作，很方便地拉起一个微信群或是广泛地添加一些目标客户，这就相当于把线下的商品推广和销售搬到了线上，快速地建立了一个虚拟集市，再辅以社交工具方便的线上支付功能以及当前发达的物流技术，改变了大家非得在一个特定的集市面对面才能成交的历史，也改变了商品通过很多层代理才能最终到终端用户的流程，直接缩短了生产者和消费者之间的距离，这样在时间和空间两个维度上都提升了商品的流通和交易效率。

所以早期我们看到的微商，其本质是企业或个人通过微信、微博等互联网社交平台进行商品线上分销的商业活动，即采用新的超越物理空间的渠道进行商品推广和销售，它在根本上还是只关注怎么把货卖出去。在这个过程中所建立的那些粉丝群，只是用于经营商品和用户的关系，本质上是一种电子商务的新模式，其中的商业主体和客户还是零和博弈的交易关系。这样的群里的成员之间还是一种松散的弱关系，大家主要还是利用信息不对称进行谋利博弈，并没有什么统一的共识目标和忠诚度可言，所以它跟我们所定义的社群的“协作共生”“利益共通”等特征相比还有一些距离。

由于早期微商在本质上并未脱离传统的卖货模式，为了卖货而建立的各种群也就不能称为真正的社群了，但我们不能绝对否定微商这种探索和实践所带来的进步意义。虽然这种纯粹以推销为主的微商形态实际上已经日渐式微，但这种实践却给商业市场带来了启发，正是基于对微商的实践和摸索，进而进化出了以会员制、社交裂变等为主要特征的全新电商模式——社交电商，最为典型的代表就是发展三年即成功上市的拼多多，如图2-7所示。

图2-7　社交电商代表——拼多多

社交电商是利用人们的社交关系而推动商品销售获得增长的方式，在内在逻辑上，它改变了过去以广告带动客户获取的方式，取而代之的是利用熟人社交关系所拥有的价值取向趋同、兴趣相投、利害一致等便利去拓展客户，这为新的商业增长模式的探索提供了启示，标志着新的商业增长模式正在萌发。与此同时，这些基于价值取向、兴趣、利益关系的便利恰恰是人们所描述的社群所天然具备的特征，所以社交电商可以被视为是基于社群的新商业模式在初级阶段的表现形式。但是，目前的社交电商模式还并未彰显社群商业的全貌，还只是局限在获客模式创新的单一环节上，真正的社群商业将会是从生产源头到销售终端全流程模式的颠覆性改变，具体细节后续章节将会陆续揭晓。

不管怎样，新的大幕已经开启，商业增长模式的演变已经走在了路上。而种种迹象表明，社群将在其中扮演重要作用，可以说社群是适应商业增长模式的产物。

### 2.1.2 企业与客户关系演变

长久以来，在人们的印象中，企业生产和提供产品或服务，客户购买并消费产品或服务，这是企业与客户之间关系的基本逻辑。但企业与客户的关系并非这么简单，随着科学技术的发展对社会生产力和生产关系的影响和变革，企业与客户的关系一直发生着演变，接下来进行简单梳理。

#### 1. 传统企业与客户的关系

在最早开始有商业生产和消费活动时，由于社会生产力水平不高，市场上的商品十分稀缺，处于供不应求的状态。这时候企业提供的商品一上市就被抢购一空，所以基本上是企业提供什么，客户就买什么，客户基本没有什么发言权，甚至无法要求企业提供质量更好的产品。随着技术的进步和生产力水平的发展，更多的企业加入生产提供产品或服务，企业的产品生产规模和数量提升起来了，这时市场上供不应求的局面得以改善，市场上的产品数量和客户的需求数量基本上是匹配的。于是企业为了提高竞争力、卖出更多自家的产品，开始注重改进生产线，提升产品质量，以求获得更多的客户，赚得更多的利润。不管怎样，在这个阶段，企业与顾客交易的主动权和交易利益大部分甚至全部被企业掌握，企业处于“卖方市场”的地位。所以，企业与客户的关系是：企业处于绝对强势的地位，客户处于弱势地位。

技术继续进步，生产力水平继续发展，企业竞争进一步加剧，市场上不可避免地出现供大于求的局面，即各家企业生产的产品数量总规模超过了市场上客户的总需求数量，市场进入由“卖方市场”向“买方市场”过渡的阶段。这时候企业开始思考和反省：不能在由着自己的性子想生产什么就生产什么、想生产多少就生产多少，转而开始关注客户的需求，使得生产的产品种类更贴近用户的需要。对于这时的顾客而言，不仅关注产品的质量和价格，还关注产品的一些非价格因素，经常将不同企业的产品放在一起进行比较，选择更有利于自己利益的产品。为了争夺客户，企业开始引入推销手段，研究客户的需求和购买行为，针对性地向客户介绍和宣传自家产品的特色，说服顾客购买自家产品，这就印证了前面讲到的传播技术对企业产品销量影响的逻辑。这种趋势进一步发展后，企业开始注重建设自家产品的品牌，因为顾客购买产品不仅仅因为产品的使用价值，还注重产品的附加价值，比如同样买一辆汽车，在同等条件下人们更倾向于选择有品牌知名度的汽车。所以，企业开始越来越重视市场品牌建设以及宣传推广。到了这个阶段，企业与客户的关系发生了反转，客户处于绝对强势的地位，而企业处于弱势地位。

重视客户需求、品牌建设和营销推广的商业逻辑一直延续到互联网信息化时代，在互联网时代，客户不仅关注产品质量、价格和品牌，更进一步还越来越注重在购买使用产品前、使用产品过程中以及使用产品之后的感受，即互联网时代普遍强调的用户体验。这时，以客户为中心的理念在商业世界被进一步强化和实践，每个企业都极尽所能地围绕客户进行生产和营销。毫无疑问，此时企业与客户的关系愈加不对等，客户的地位得到了空前的强调和保障。

然而，不管是以企业为中心的时代，还是以客户为中心的时代，企业和客户的关系实质上一直都是处于不对等、博弈对立的交易关系之中。即便企业变着花样去服务客户，其目的还是为了从客户身上赚取利润，这使得顾客对企业始终都抱着一种警惕、防范的心理。所以，在这种情况下，企业和客户的利益是对立的，相互的接触也只是为了进行价值交换，在行为过程中各自都想尽办法，尽量保证自己的利益最大化。显然，这是一种零和博弈的关系，在这种关系处理中，不管是企业一方还是顾客一方，都要耗费资源去维持自己的利益不被侵夺。

### 2. 新型企业与客户关系的萌芽

当人们认识到问题的时候，就开始思考如何解决问题，扭转这种局面。在 21 世纪第一个 10 年即将结束、移动互联网大行其道的时候，我们就看到市场上开始流行这样一些说法和理念：私人订制、参与感、C2M（即 Customer to Manufactory, 中文译为由消费者到制造，即消费者导向的制造）。强调企业在组织生产计划的时候，要特别注重满足客户的个性需求，甚至于让客户直接参与到产品或服务的设计、开发之中，以针对性满足客户的个性化和参与性需求。在此过程中，互联网扮演了关键的作用，这些变化也是在互联网充分发展对社会环境产生变革性影响之后产生的。在这种理念下，一场关于企业的生产方式、组织方式的变革拉开了序幕，这个时期最为典型的代表就是海尔公司和小米公司。

海尔提出了“人单合一”模式来适应互联网时代“零距离”和“去中心化”“去中介化”的时代特征。“人单合一”的字面释义 ：“人”，指员工 ；“单”，指用户价值 ；“合一”，指员工的价值实现与所创造的用户价值合一。“人单合一”的基本含义是，每个员工都应直接面对用户，创造用户价值，并在为用户创造价值中实现自己的价值分享。员工不是从属于岗位，而是因用户而存在，有“单”才有“人”。在海尔集团的实践探索中，“人”的含义有了进一步的延伸，首先，“人”是开放的，不局限于企业内部，任何人都可以凭借有竞争力的预案竞争上岗；其次，员工不再是被动执行者，而是拥有“三权”（现场决策权、用人权和分配权）的创业者和动态合伙人。“单”的含义也进一步延伸，首先，“单”是“抢”来的，而不是上级分配的；其次，“单”是引领的，并动态优化的，而不是狭义的订单，更不是封闭固化的。由此可见，为了适应企业与客户关系的变化，在企业组织内部，组织和成员原来金字塔、科层化的关系已经发生了改变。

“人单合一”模式颠覆了企业、员工和用户三者之间的关系。在该模式中，企业与客户的关系不再是二元对立，我们看到了一种开放、参与、共享、共赢的理念，在这种理念指导下，既不是客户绝对服从于企业，也不是企业绝对服从于客户，而是在一种开放系统中各方进行合作，最后创造的价值由各方进行共享。

小米公司是第一家把客户参与其产品生产设计视为其核心竞争力和特色的一家企业。在该公司创立之初，其手机操作系统 MIUI 的设计、开发就是充分发动用户一起参与的。小米建立了小米社区，如图 2-8 所示。通过该社区与热心用户深度互动，每天有成千上万的用户参与试用、体验 MIUI 系统，提出意见和建议，而小米开发团队对于这些意见进行归类分析，快速采纳和响应，以周为单位，迅速将其在迭代的产品中体现出来。在这个过程中，用户实际上不仅仅是产品的使用者、消费者，而且充当了一部分产品的设计角色，甚至有些极度热爱产品的积极分子，最后干脆被小米吸纳成为员工。小米通过这种模式聚集了大量忠诚的用户，被称之为“米粉”，这些“米粉”具有共同的关于小米产品的信仰和追求，对小米产品具有共同的喜爱和维护，实际上这个群体已经形成了一个社群。每年小米还发起“米粉节”活动,每年定期组织这些“米粉”参与互动狂欢，不断加深了企业与客户的深度链接关系。

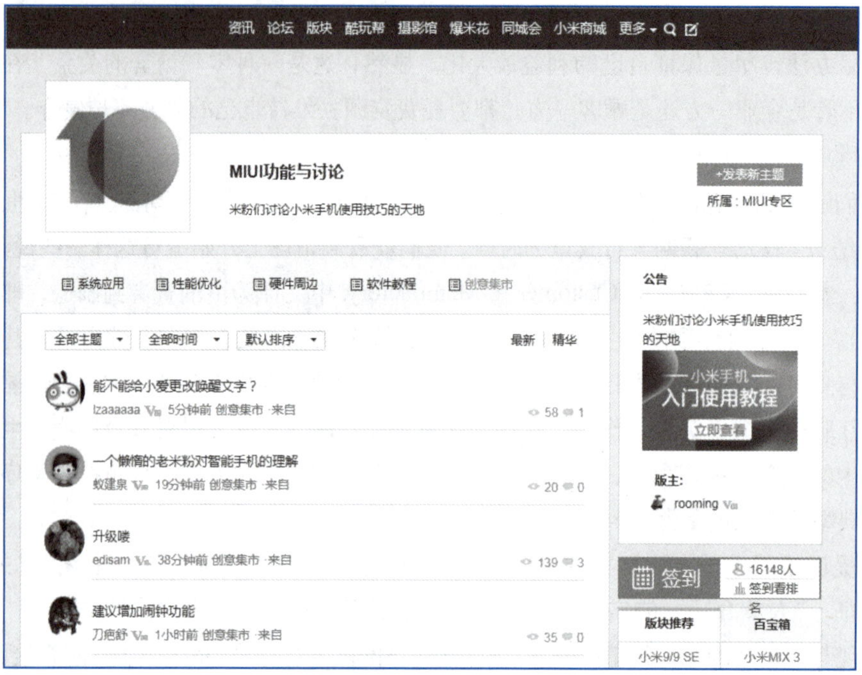


图2-8 用户通过小米论坛对MIUI建言献策

所以，企业和客户的关系不可避免地发生了演变。随着互联网等前沿科技的进一步发展，企业与客户的关系越来越开始突破对立、博弈的局面，开始强调开放对等的互动参与和合作；越来越由过去的“一锤子买卖”的交易性弱关系开始向一种深度多层次协作性强关系转化。这种转化，已经逐渐淡化或模糊了生产者和消费者的界限，他们的角色分工也已处于一种动态变化之中，某个个体时而充当着生产的一分子或是一个环节上的贡献者，时而又是产品的使用者、推广者。总之，这是一种更为深度、更为紧密的强链接关系，而这种强链接关系集合而进行协作生产的特征，正是社群组织的应有之义，所以社群是适应生产者和消费者关系演变的产物。

### 2.1.3 商业信任关系演变

在长期以来的商业活动中，要使交易能够发生，是需要信任的。信任度越高，交易的速度就越快，交易的额度就越大。所以，从某种意义上来讲，从事商业生产和推广的主体，不管是引进新科技不断提高产品质量，还是利用新传播手段打造品牌，目的都是更好地取得顾客对其所经营产品的信任。

不同的商业时代，人们的信任对象和信任关系是不同的，可以说商业的信任关系随着技术的进步、时代文化的变迁不断发生着变化。截至目前，商业的信任关系的演变大致呈现“由远到近”“由垂直到水平”和“由从众到个性化”的特征。

首先，我们说“由远到近”。这主要是指人们的信任对象和自己的关系上发生了由远到近的变化。回顾历史，最早人们买东西要买有过国家、政府认证、背书的，或是由国营厂生产的。只有国家做担保的东西，人们才买的放心。

再后来，随着市场的开放和市场规模进一步增大，市场经济空前繁荣，市场上的商品五花八门，这时候为了买到更好、更实惠的产品，人们在决定购买时要看品牌，谁的品牌知名度高，谁的品质好，就更信任谁。

于是，所有企业都开始重金投入，注重品牌的建设和打造，终有一天大家的品牌都被广为流传、颇具影响力。仅基于品牌，人们又不知道该选择信任哪一个了，这时候人们开始从使用过某产品的过来人那里“取经”，优先信任那些被大多数使用过的人给出积极评价的产品，即优先选择口碑好的产品。这一点在电子商务时代得到了最明显的体现，每一个电商平台都可以引导购买产品的用户留下对该产品的评价并永久保留，供后续的潜在客户进行浏览、参考，如图 2-9 所示。

再后来，技术继续进步，信息更加透明。人们发现，商品口碑数据也并不那么可信。于是，人们对这些所谓的大众口碑也有了警惕之心。这时候为了解决信任的问题，人们只能信任那些身边人的经验，这些人和自己有着比较深度的关系，要么是亲朋好友，要么是同事、同学关系，对于他们体验过说好的产品人们更容易选择相信，这就是社交电商出现的背景和逻辑：相对陌生大众的经验，人们对身边亲近的、熟悉的人的经验更为信任，于是基于社交关系链的商品推广方式开始流行起来。

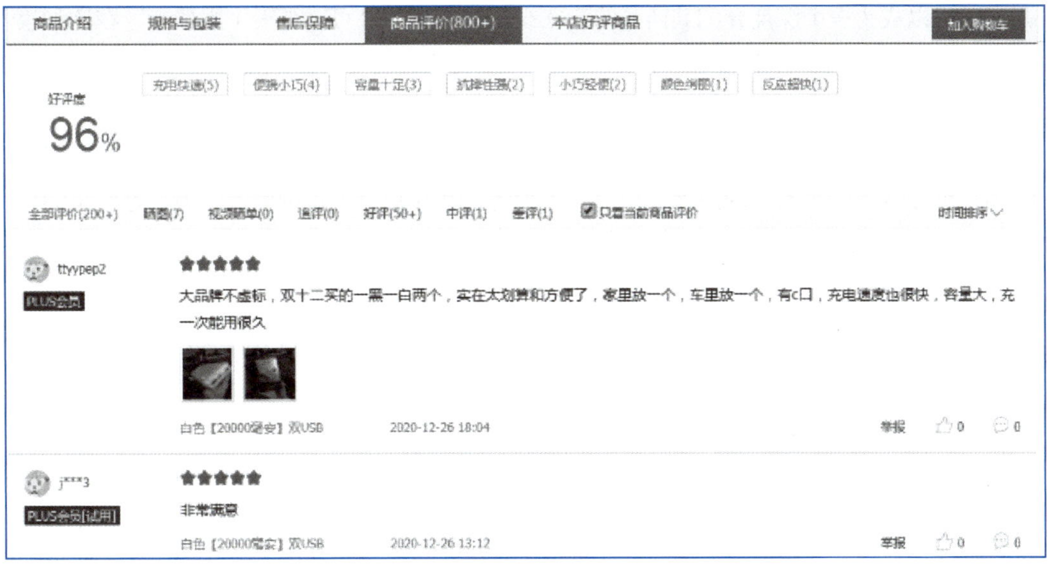


图2-9　商品购买评论示例

纵观上述过程可以发现，在商业活动中，人们的信任对象最早是国家、政府和知名品牌；再后来人们信任的是过来人，最终越来越只信任自己的同圈层中的人或是亲近的人的“亲眼所见”或“亲自所试”的经历，表现出的是一种信任关系由远及近的一种演变，这种由远及近既是客观距离上的，也是主观情感上的。

同时，在由远及近的信任关系中，也具有“由垂直到水平”的信任以及“由从众到个性化”的信任的演变过程。最早人们信任的对象都是在地位上比自己高，慢慢演变到信任的是和自己具有共同经历、经验的同圈层人群，这些人虽然与购买者的关系具有远近之分，但在身份、地位上基本上是平等的水平关系。所以，商业信任关系的“由垂直到水平”的特征，就是指人们的信任由“信权威”到“信同类”的转变。而这背后的驱动力就是移动互联网技术支持下的社会化媒体的兴起，社会化媒体让每个人都成为信息生产和传播的节点，空前地打破了之前中心化媒体的垂直传播体系造成的信息不对称，而是将所有的信息传播活动推成了平行网络，而且传播速度空前提高，信息的扩展半径得以百倍、千倍的增长，这为水平化信任关系的建立提供了基础。

更进一步，在“信同类”这个维度上又发生着“由从众到个性化”的演变，在上文中我们提到，电子商务平台通过收集和呈现老客户的口碑数据来获取潜在客户的信任。但这种浅层次的、大众化、概括性的体验数据，越来越不能满足人们追求个性化需求的需要，人们需要的是更深层次的对商品的全方位的、精细化的真实使用体验信息，从而判断该商品是否存在某个特性能够满足自己的个性化喜好。于是，便出现了社交化的内容互动电商模式，在这种模式中，卖家通过图文、视频甚至直播等方式，全方位、深层次地对其所售卖的商品进行展示，介绍其使用或评测的经验，甚至使用过程的实时体验都动态地在社区里同步显示，从而达到与消费者进行充分互动，将消费者的需求与商品的特性进行匹配，建立信任。

在内容互动电商平台中，卖家和买家的角色是并不是一成不变的，而是动态转换的，即一个用户既可以成为一个深度介绍某商品的卖家或是推荐者，又可以是一个消费者。在这种模式中，不仅仅是满足消费者个性化的需要，也集中体现了买卖关系的“近”和“水平”的特征。很显然，图文、视频、直播等沉浸式的互动方式，让消费者感觉离商品更近，几乎要接近于过去在物理世界中的集市的近距离体验了；而在这种模式中，充当卖家的人本身并不是专职的商业主体，可能就是某个商品的深度使用者、体验者，其在身份上跟消费者的关系是水平的，一切都是以商品的事实说话，并不掺杂任何宣教的意味。

目前支持这种模式的平台最典型的有小红书，如图 2-10 所示。当然，一些传统的电商巨头也在不断改进，向这个方向靠拢，比如淘宝、京东引入直播卖货，使得买卖互动更加紧密和真切，如图 2-11 所示。从本质上讲，这也是由商业信任关系引起的商业模式的演变，即由以商品、货架为中心向以用户为中心转变，后文会对此进一步阐释，这里暂不赘述。

通过上述梳理，我们认识到商业信任关系的演变过程和趋势是更亲近、更趋同，追求分享、合作以及紧密互动，而且还呈现出由信任“主观故事”到信任“客观过程”的转变，尤其是未来区块链技术发展普及之后，人们的信任再也不依赖于任何主观个体，而是信任基于共识的机器算法。这一切都将驱使着商业活动中各角色的地位、关系以及分工发生变化，这也预示着必须有新的组织方式来适应这些变化。而社群毫无疑问正是适应这种变化趋势的组织形态，社群的核心逻辑和价值取向都将为这种变化提供强有力的支撑。

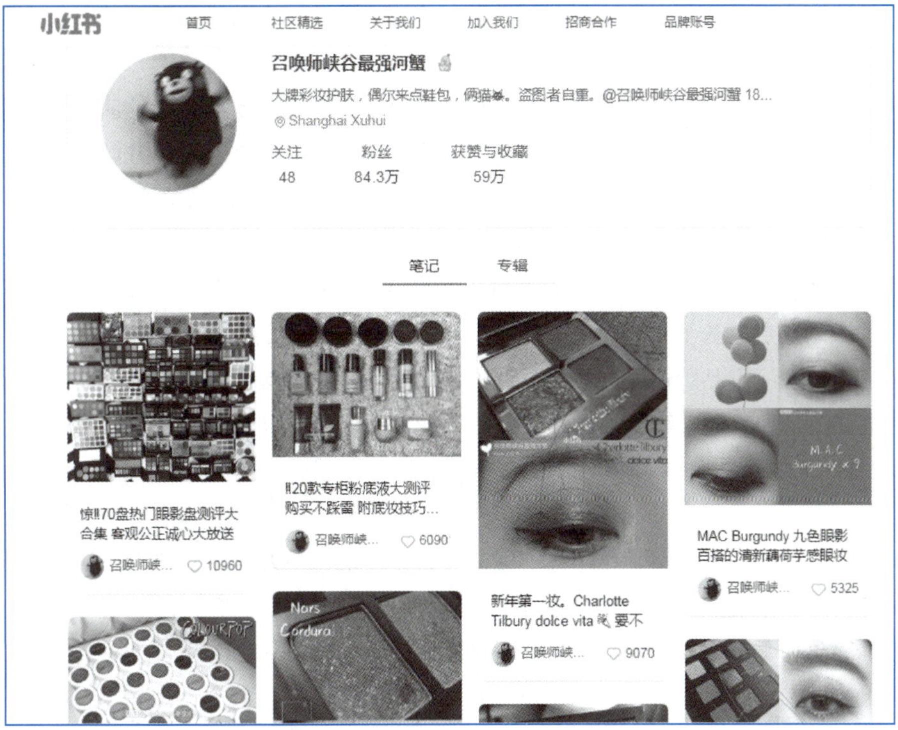


图2-10 小红书的产品推荐

图2-11 京东直播页面

## 2.1.4 用户需求演变

一切商业活动主要是围绕用户需求展开的，尤其是当社会生产力极大提高、社会商品极大丰富的时候，谁将用户需求把握得好，谁就将取得商业上的成功。而用户需求的侧重点也是随着时代的发展而不断演变的，这直接影响着商业活动取向、方式和路径。

在物质匮乏的年代，人们购买一件商品的关注点是其功能和实用价值，即它是不是好用，能不能很好地解决自己的某个现实问题。比如，当用户购买一台收音机的时候，什么品牌的并不重要，重要的是能清晰地收听各个频道的节目。

随着社会技术的进步和生产力的提高，商品的种类和数量日益丰富，这时候用户需求侧重点就发生了变化。正如在 2.1.2 节里提到的，到了这个时期，企业是要想方设法去说服用户选择自家的商品。所以，广告行业在这个年代崛起，因为此时用户的需求关注点不仅是商品功能，在此基础上他们更关注谁的品牌比较知名。谁的品牌有影响力，就选择谁家的产品。更为重要的是，选择有品牌影响力的商品，还能给用户带来除了功能之外的其他附加价值。所以，这时候用户需求的侧重点是基于功能之上的品牌，品牌是影响用户购买决策的核心因素。在此情况下，企业开始特别注重品牌运作和打造，获取市场占有率，最为典型的例子就是保健品，有些保健品在电视上全天候地进行广告轰炸，如图 2-12 所示。甚至于一些品牌把广告刷到了全国的每个县镇乡村，很多房屋上都刷着他们的广告，如图 2-13 所示。

可以说，在当时品牌的知名度给他们创造了丰厚的商业回报，但没有“一招鲜吃天下”的永久美事，当信息进一步消除了不对称的壁垒被拉平之后，单纯相信品牌的逻辑渐渐变成了历史，消费者需求的侧重点又发生新的变化。随着商业竞争的进一步加剧，光靠广告也难以取得用户信任，这时候用户需求的侧重点又转移到了体验上，决定是否选择某个商品，除了功能、品牌，关键看自己使用过程的体验好不好，是不是能和自己的个性化需求相匹配。所谓体验，就是购买、使用商品的一系列环节中都觉得适合自己，并能获得省心、愉快的感觉。于是，商业活动的方式也发生了改变，大量的经营场所都向便于用户体验的方式改变，超市等便于体验的开放式卖场取代了传统的封闭式的百货商店，像经营家居商品的宜家，其主要特色就是布置各式各样的开放式样板间，可以让用户先进行充分的体验再选择适合自己的商品，如图 2-14 所示。与此同时，企业在商品包装、售后等环节，也越来越重视提高用户体验，商品经营者越来越重视商品包装箱便不便于拆卸，售后支持服务是否到位等。尤其是到了移动互联网产品大爆发的时候，强调体验已成为产品设计的核心原则，这带动了一个讲求体验的商品时代的来临。

图2-12 脑白金品牌广告

图2-13 农村里的品牌广告

图2-14 宜家体验样板间

随着体验式商业的深入发展，各家企业都在想方设法提高用户体验。为了让用户有深入的体验，在互联网的内容型 UGC（用户产生内容）模式的产品中，比如百度贴吧、知乎（图 2-15）等产品，通过聚集和引导用户创作内容、传播内容并进行评论和再创作，使得用户深度参与其中，维系着产品的运转，这是一种更为紧密的、模糊了生产者和消费者界限的深度互动关系，能够形成一种文化价值观和独有的话语体系。后来，以小米为代表的企业，将这种用户深度参与的模式延伸到了互联网内容产品之外的软、硬件产品上，开始让用户参与到小米手机操作系统和小米手机产品的研发过程，甚至参与到其市场运营过程中。这种让用户深度参与的方式，不仅加深了用户对产品的体验，更多的是让用户有一种“介入感”，甚至给用户提供了一个展现“影响力”的机会。这是在互联网等技术充分发展为用户参与提供了有力条件之后，对用户需求的进一步挖掘和释放，从此开始用户的需求侧重点又深入一步，开始追求一种参与感。这就要求生产者和消费者要密切地互动，深度地合作，能够提供这种便利的社群也是在这个时候应运而生的。

图2-15 用户参与产品示例

纵观用户需求一路以来的演变，可以发现这样一个迹象，那就是一开始用户需求主要集中在功能点上，逐渐地开始叠加追求诸如影响力、情感愉悦以及基于参与的满足感和成就感，也就是说，用户的关注点逐渐从物质、功能性需求，向情感、精神性需求转变。这符合马斯洛的需求层次理论，当人们关于物质、生理、安全的底层需求得到满足之后，就开始追求归属、自我实现等精神层面的需求。所以，从商业需求的历史发展轨迹来看，用户需求的侧重点正在向精神性需求演变。近年来一些精神文化产品的爆发与流行，正是这一趋势的例证，比如抖音、快手等短视频产品主要满足的就是人们的休闲、娱乐的精神性需要。而我们前面已经明确得出结论，社群是一个基于精神文化链接的价值共鸣体，可见社群本身也是人们需求转向精神层面的必然产物。

综上所述，我们看到了商业世界在以互联网为代表的信息技术的驱动下，在增长模式、产消关系（生产者与消费者关系）、信任关系以及用户需求等诸多方面都发生着演变。从用户需求来看，人们的需求越来越由功能性需求向精神性需求转变，人们购买某个东西不再只是因为缺这个东西，而有可能就是因为喜欢这个东西；从商业信任关系来看，人们从垂直的信任权威向水平的信任同类转变，而且体现出由远及近、由大众化到个性化的特征；从企业与客户关系的角度看，过去的对立、博弈关系开始向协作、共赢的关系转变。

实际上，这些转变是相互联系、相辅相成、一脉相承的，用户的需求转向精神性需求，驱动和引领了其他诸如产消关系、信任关系等方面的转变。正是这些转变导致了过去的以用户规模带动增长的商业增长模式遭遇困境，难以为继，迫切需要另寻出路，转变成以用户质量而带动增长的模式。所有这些演变，都呼唤着新的商业模式、新的产品模式、新的生产组织形态、新的增长模式，甚至进而引发人们需要有新的生存方式，而这恰恰都是社群的基本要义。所以，社群是适应商业演变的产物，在新商业时代愈发重要。

## 2.2 社群是新商业的终局

由上一节的分析可以知道，传统商业活动遇到了空前的困境，主要表现为市场需求日趋饱和和商业竞争白热化，用户对琳琅满目的功能性商品审美疲劳，对商业广告产生免疫力，无所适从，而开始对精神性商品充满兴趣。进而导致功能性商业产品过剩、成本剧增、增长困难等一系列问题。但困境中也孕育着新趋势、新希望，那就是基于社群的新商业、新经济。可以预见，新商业的终局就是社群，所以每一个置身其中的人都要对社群足够重视，尤其是拥抱新商业、想抓住社群新风口的人们，更要充分认识社群的本质及其重要性。

### 2.2.1 社群孕育新的产品逻辑

在技术和需求的双向驱动下，商业活动中的产品逻辑不断发生变化。不管是在过去的工业时代还是 PC 互联网时代的大部分时期，产品从生产者一端到消费者一端，都大致遵循着同一个过程：企业生产产品，然后利用报纸、广播、电视、互联网等不同时期的不同传播媒介和技术进行品牌营销和宣传，扩大产品覆盖潜在客户的范围，再基于一定的转化率实现产品的销售。在这个过程中，企业通过对潜在客户需求大致的调研了解之后，就进行大规模的标准化产品生产，然后把产品推到用户面前方便其对产品进行选择，到达消费者手中之后的体验反馈很少能够得到。

在这种方式下，用户基本上是被动在推到自己眼前的“货架”中进行选择，其购买决策高度依赖于广告效果，所以导致决策成本居高不下。随着“货架”上的商品越来越丰富，于是互联网技术开始介入，出现了搜索技术辅助用户提高选择效率，在百度上人们可以自主搜索需要的信息，在淘宝上可以自主搜索需要的商品。

不管怎样，工业和 PC 互联网时代的产品的根本逻辑只有一个，那就是人找东西。人找的或许是以淘宝为代表的平台上的商品，或许是以百度为代表的平台上的信息，或许是以 QQ、微信为代表的平台上的人。与此相对应的，所有的技术引入和产品模式的创新，其实都是围绕怎么更好更快地让人找到其需要的东西。但这背后有一个根本的悖论是，由于产品的生产并没有很好地基于用户需求开发，都是大批量的标准化产品，即便穷尽所有商品目录，可能都无法找到匹配用户个性化需求的完美产品。

然而，到了 2010 年之后，随着移动互联网的普及和人工智能、大数据甚至是区块链等新兴前沿技术的发展，从根本上开始改变了商业活动中的产品逻辑，新的产品逻辑应运而生。这个逻辑就是东西找人，即只有适合你需求的相关商品自动找到你。最为典型的代表就是今日头条，如图 2-16 所示，今日头条通过大数据和智能算法分发技术，可以对每一个用户推送匹配其需求的信息，从而实现千人千面，就是一千个人打开今日头条，呈现在每个人面前的信息都不同。这得益于移动互联网普及后用户账户的普及，即每个人使用一个 APP 都需要登录，登录就需要填写用户的基本信息。这使得企业能够比较全面及时地记录和掌握用户的个体信息和行为数据并对其进行用户画像，从而可以为其产品设计与推送提供依据。这个逻辑在其他产品中也迅速得以普及，比如淘宝等电商平台也一改过去的“以货架为中心”的商品展示模式，也可以做到根据用户特性推荐不同的商品，做到“以用户为中心”的商品展示模式，如图 2-17 所示。

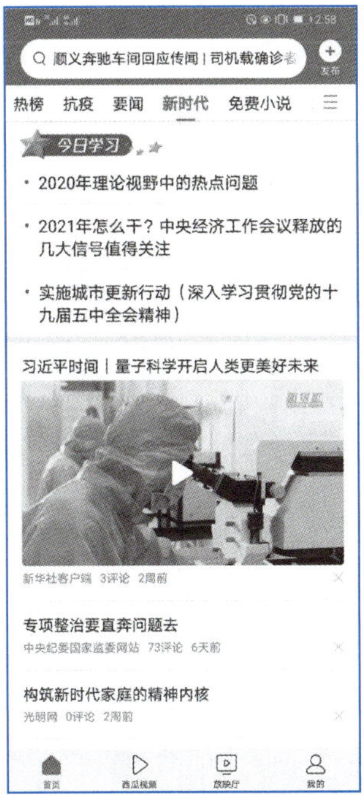


图2-16　今日头条个性化信息展示

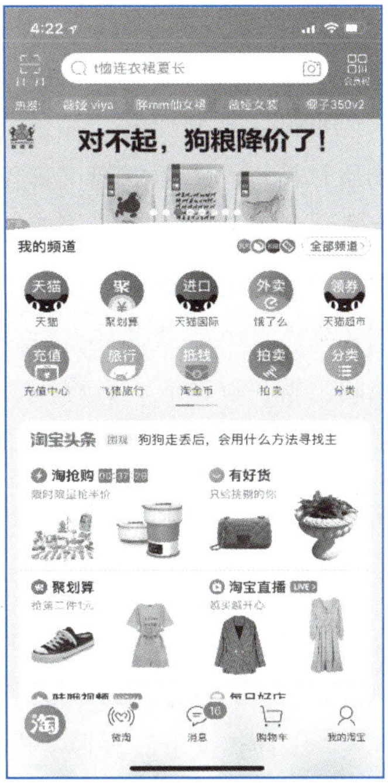


图2-17　淘宝个性化商品展示

然而，基于大数据的算法虽然智能，它提高了供需匹配的效率，但并未达到对人们个性化需求的绝对的精准化匹配的要求。自动找到人们面前的所谓个性化商品也并非那么精确，即匹配度上还是因为对人的理解不够而存在差距，毕竟算法、机器对人的理解还差火候，尤其是机器算法对人的情感、精神性需求的理解还存在巨大困难，人们个性化诉求的实现仍然存在鸿沟。所以，东西找人的逻辑还存在进一步朝精准化、即时化的方向优化的需要。

既然过去一路走来的技术支持下的中心化节点的解决方案总是无法将此解决好，于是便产生了将颗粒度打细、通过“发动群众”消除中间环节方式解决问题的方案。这种方案最为典型的代表是前文提到的拼多多，如图 2-18 所示。拼多多的商品分发是通过社交关系链完成的，即发动广大“群众”去向身边的熟人推荐商品，这可以实现商品的精准匹配，因为再也没有比熟人更理解他、更了解他的需求了。而且为了使得这种分发效率更高，达到即时响应、快速交易的要求，拼多多改变了过去 PC 互联网时代的以搜索和购物车为特征的开店、卖货的方式，大大简化了开店、卖货和买货的环节和流程，比如在卖家端极大降低了开店门槛，拍个照片就是商品，上传一个商品就是一个店铺；用户端也大大简化流程，一键下单全部包邮。并且借助微信平台，使用小程序等便捷分发技术，拼多多基于社交分发、精准匹配的新模式，迅速获得用户青睐，在阿里巴巴和京东两大电商巨头中间撕开了一道口子，迅速占领一席之地，并在发展三年之后即在美国纳斯达克上市。一时间，社交商业大幕被掀起，各种基于社交分发和裂变逻辑的商业产品不断被推出和崛起。

图2-18 拼多多

由此可见，新商业的产品逻辑所要求的是基于东西找人基础上的精准匹配，全面地满足人的物质和精神两方面的精准匹配，这是要依赖于社交关系链形成的群众联盟来完成的。那么，这其中的关键就在于运营和凝聚这种关系联盟，否则社交分发既无动力也无效率，更无精准度可言。而这恰恰就是社群的功能，社群是具有高度共识的价值共鸣体以及在此基础上的协同共生体和利益共通体，社群中的成员彼此具有高度一致的价值观和深度紧密的互动关系，彼此了解、互通有无，这是社交化的快速分发和精准分发的基础前提。所以，从这个意义上讲，社群是为新的产品逻辑而生，也是因新的产品逻辑而生，社群本身孕育着新的产品逻辑。

### 2.2.2 社群支撑新的生产方式

在商业历史上，人们对一个产品的需求总体上呈现出“从无到有、从有到优，从优再到个性化、精准化”的趋势。为了顺应这种趋势，适时提供能够满足需求的产品，就必须不断创新生产方式，以便扩大生产规模、提高生产质量和实现定制化生产。商业产品的生产方式大体上沿着组织形态和协作关系两个方向在革新，两者相互交织、相辅相成。一定的组织形态就决定了一定的协作关系，反过来新的协作关系呼唤新的组织形态。

从组织形态的演变来看，最早的商业生产是从手工业者的小作坊开始的，这样的小作坊里他们只占有少量手工工具、作坊、原料等生产资料，所以只能开展有限的生产活动，只能产出小规模的产品。小作坊的成员多是来自于同一家庭或是身边亲朋，相互之间尚不存在十分明确的分工，每个人基本上都是全能手。随着社会化大生产的发展，出现了分工精细化的企业组织，这时候人们分工明确，各有各的角色，各有各擅长的工种和岗位，组织成员彼此按照一个流程化的方式进行配合，共同完成一个产品的生产。这时候组织内的成员相互之间必须通过协作才能完成生产，而这种协作的达成是由一个科层化的管理体系来规定和保障的，即大家通常被划分成不同层次和不同规模的单元，每个层次之间是隶属统辖的关系，每个单元都有一个管理者作为组织的代表来传达和监督执行组织的意志。在这种协作关系中，由于管理者和被管理者存在一些利益冲突，所以相互间的协作并不是十分牢固，经常还会出现一些不和谐现象，影响生产结果。这种科层化的协作称为中心化协作方式，即它是通过一个强有力的中心权威来保证协作活动得以开展。由于天然地存在对立、博弈结构，所以往往这种协作比较松散、脆弱。

随着人们对产品数量和质量的要求不断提升，要求生产必须朝着更加精细化和灵活化的方向转变。于是，在生产端原来由一家企业全套式单兵生产变为多家企业协同式的产业链生产，比如，原来一个生产计算机的企业，就由其最初从 0 到 1 将计算机的所有部件的生产以及组装都完成，后来就变为由多家企业协同完成，即有的企业负责生产芯片，有的企业负责生产硬盘，有的企业负责生产机箱、显示器……最后，再由一家企业负责设计、组装和销售。这种更加精细化的分工，有利于每家企业都专注地把每一个部件做精做深，既保证产品性能质量又提高生产效率，而且也便于基于不同零部件进行灵活的组配，就像搭积木一样，以适应用户的个性化需求。这时完成一个成品，就无法靠一个中心权威来协调了，只能通过整个产业链上的企业彼此深度互动沟通，达成某种共识，共同按照一致的标准和接口进行生产，只有这样才能确保最终各自生产的零部件能被组装成一个成品。这就催生了去中心化的分布式协作，即它是通过一个共同的标准和共识进行的协作，大家此时都是“一条绳上的蚂蚱”，必须心无旁骛地按照共识进行行动，否则就会生产出没用的零部件而被淘汰出局。在这种情况下，大家利益相通，开展的是一种强协作活动。

随着人们对产品的个性化需求越来越旺盛，对精准化即时匹配产品的要求越来越高，这就要求将这种分布式生产的颗粒度进一步打细，以便于更灵活地组配、更快捷地响应，甚至于即便聚焦于产业链上某一个企业内部的协作，也需要以同样的逻辑进一步将颗粒度打细，实行一种基于共识的紧密分布式协同，而不再是基于一个中心权威进行僵化的生产。毫无疑问，这种分布式强协作的方式，意味着必须有新的组织形态予以支撑。仔细对照我们对这种分布式协作中的人们的组织形态的描述，其呈现的恰恰就是社群组织的图景——基于高度共识凝聚、利益共通、协作共生。所以，社群是支撑新的商业生产方式的组织形态。

### 2.2.3　社群催生新的商业模式

商业的本质是价值的交换即交易，所谓商业模式，简单地说就是对“交易什么”和“怎么交易”

的设计以赚取利润的方式和路径。基于这个逻辑，我们不妨可以对商业模式的演变过程做一个梳理。

纵观商业发展历史，围绕“交易什么”这个方向，商业模式的创新主要发力点由交易更多的产品发展到交易更价廉的产品，再到交易更美好的产品，最后是交易更新的东西，简单概括起来就是“多、廉、美、新”。在物质匮乏的时代，只要一个企业能够生产出更多的商品，那它就能获得利润，这时企业的商业模式就是基于不断提升的生产设施和人力资源的投入，将产品数量提升上去；紧接着，当可供给的产品数量提升上去和市场需求数量一致或超过市场需求时，企业要卖出更多的产品获取利润，就得想办法降低产品价格以获得竞争力，于是提升管理、改进工艺流程，提高劳动生产率成为企业关注的重点；当社会经济水平进一步提高，人们的消费能力提高之后，企业要扩大销售规模，就要满足一些先富起来的人群的消费需求，生产更高品质和质量的更美好的产品，以获得利润，这一度被称为“消费升级”，在这种驱使下，企业的商业模式主要围绕提高产品质量、供给更具品质的产品展开。

仔细洞察，可以发现上述过程主要还是基于产品的功能属性展开，企业经营的核心主要是聚焦于产品的功能设计、开发和优化升级。但到了今天，人们所有的物质性需求得到了较好的满足，而且生活也越来越富足之后，决定用户购买一个产品的出发点可能并不一定是因为对产品的功能性的现实需求，而可能仅仅是因为情感上的喜欢、精神上的愉悦，但涉及情感、精神层面的需求是极其个性化的，千人千面，这就要求企业要不断生产出新鲜的产品，以引发用户的精神共鸣，博得其情感上的喜欢而成交，所以生产更新鲜的产品成为新趋势，这时谁更懂更能把握用户的情感和精神世界，谁就能获取更多的利润。

在“怎么交易”这个方向，在相当长的一个时期里，基本上主要是遵循了自上而下的宣传、推广和销售的逻辑，同时，不断发展新技术对这三个环节的效率持续优化提升，在 2.1 节中对此过程有过详细叙述，这里不再赘述。而且在那一节中曾提到，当企业通过技术将宣传和销售能力提升到能将所有人口覆盖之后，以扩大用户规模带动增长的逻辑就失效了，“怎么交易”有了新逻辑，那就是以用户口碑带动，即增加老客户复购和带新。

综上所述，不管是从“交易什么”的角度还是“怎么交易”的角度看商业模式的发展，过去商业模式的本质是经营产品，即围绕“生产什么、怎么生产、怎么销售”展开，核心是卖产品。而新的趋势和逻辑是经营用户，即围绕“聚集用户、洞察用户、服务用户”展开，核心是服务。也就是说，它是通过圈聚一部分固定用户，通过满足其横向全方位和纵向各层次的需求及其全生命周期内的需求来获取利润。所以，未来的模式是经营用户而不是经营流量，就像日本的茑屋书店，拥有 1400 多家店铺，一跃成为日本最大的书店连锁，如图 2-19 所示。在茑屋书店里，卖书并不是卖书籍的本身，而是书籍里的内容，书籍里面所表达的这种生活方式，传统书店是为了很快地卖掉更多的图书，销售的是这个产品本身，而茑屋书店是为了让人们度过一段美好的时光，正如其核心定位就只做三项工作——创造一个平台让消费者快乐；活用数据库让消费者快乐；提供内容让消费者快乐。同样的，像抖音，它也是为了让人们度过一段美好的时光而存在的，满足的是一种精神性的需要。

图2-19　茑屋书店

社群作为一种同圈层、同好聚集的组织形态，提供了一种深入即时洞察用户需求、使产品设计符合“物质、情感和精神”三位一体价值更具新鲜感的方式，也提供了一种经营用户全生命周期需求和进行圈层式运营的支持载体。所以，在社群之上将运行新的商业模式，或者说社群将提供基于“经营用户”逻辑的新商业模式。

### 2.2.4　社群开辟新的增长方式

在 2.1 节里，我们曾梳理了商业增长方式的演变趋势，指出当前商业市场面临的人口红利消失、流量见顶的困境，需要新的增长方式改变现状。

商业的增长本质是卖出更多的产品，过去相当长一段时间里，企业增长的主要方式就是覆盖并获取更多的用户，从而实现卖出更多产品带来增长。以此为逻辑，我们会看到，为了获得增长，需要利用一切有效的技术将产品的推广和供应链的能力增强，更多更快地将产品推向农村、城市，当国内市场饱和后，再推向国际市场。这种方式本质是将一个产品卖给更多的人，是一种比较粗放的增长方式。

而当流量见顶、人口红利消失，人们的需求出现由关注功能转向关注情感和精神之后，上述的增长方式开始逐渐失效了，需要向新的增长方式转变——即从以扩大用户规模带动增长为主转向以口碑复购带动增长。所谓复购有两层含义，一方面是指用户重复购买某个消耗性产品，另一方面是指用户回头购买同一商家的产品。这种方式本质是将更多的产品卖给同一个人。

过去的以扩大用户规模带动的增长，是要到处“攻城略地”，只要交易达成，企业就把精力放到寻找新的潜在交易客户身上。而以口碑复购带动的增长，需要有目的地找到企业愿意和能够服务的一个群体，将他们“圈”起来，持续地对其提供精细化服务，就像是建立起一个城邦，在这个城邦中，所有城民的需求都只由一个企业来提供。这就打破了过去人们对一类产品的需求，可能今天由 A 企业提供，明天由 B 企业提供，这不利于用户体验的连贯性，无形中增加了用户使用产品的成本，包括决策选择成本、学习上手成本等。而基于城邦的产品服务，有利于深度洞察用户需求，精细化地迭代优化产品及服务，满足用户功能性价值的同时，创造更加美好的情感和精神体验。当城邦中的人们被服务的足够好的时候，会产生口碑，即人们对服务的好评，同时还能激起人们对其所在城邦的热爱，自觉地维护城邦的秩序、出谋划策发展壮大城邦的规模，即城邦中的老成员会介绍推荐他身边的新人加入城邦。当然，在现代网络技术手段下，一个现实世界中的人是可以同时存在于多个"城邦"中的。

显然，上述所谓城邦的图景正是社群的要义所在，社群有助于将具有共同价值追求的用户群体组织在一起，将需求与供给打通，实现即时化、精准化、精细化的服务，并以此实现复购及口碑裂变，从而带动新趋势下的商业增长，所以社群将开辟新的商业增长方式。

### 2.2.5 社群创建新的生存方式

社群是一种新的人与人的联合体，是一种新的组织形态，它将不仅深刻影响人与人的关系，而且会影响人们的生活、工作、学习等方方面面。

首先，社群将助力个体全价值的发挥。在传统的公司制组织里，每一个人都有特定的角色和分工，在相同时间周期内，每个个体都发挥着相对固定的作用和价值，在这种情况下，个体只能发挥相对比较突出的单一价值。而事实上，一个人能做出的价值贡献并不是单一的，一个具备销售技能的人，同样可能具备活动策划、文案撰写等技能，但在传统组织形态下，并不能得到全面的发挥。但当社群普遍流行之后，在社群化的组织形态下，每个个体可以很方便很灵活地加入多个社群，分别承担不同的角色，比如在 A 社群承担文字校对职能，而在 B 社群承担培训讲师的职能。这样以来，每个个体可以根据自己在各个方向上的技能特点，寻求加入适合的多个社群，从而承担多重角色、提供多元价值，这使得个体所有维度和层面的价值都得到恰如其分的发挥，并获取对应的价值收益。

其次，社群将助力个体个性化价值满足。在一个社群组织中，每个成员的角色界限也是模糊的，每个成员既可以贡献自己所拥有的价值，也可以从社群中获取自己所需要的价值。由于每一个社群都拥有一个一致的价值观，并且社群所有成员都致力于维护和夯实该价值观，打造精细、极致的能够贯彻社群价值观的产品。由于社群的强价值观导向以及人们的多元文化特征，未来将可能建立体现形形色色价值观的丰富多彩的社群，而每一个社群都将一个微小而具体的价值打造到极致，这为每个个体的个性化需要的实现提供了广阔的机遇。

再次，社群将促进个体的精神需求得到极大满足。在社群组织里，其输出的代表功能性价值的产品只是附带功能，社群更为重要的是一个价值共鸣体和协同共生体。社群最为主要的功能是提供了人们方便地沟通情感、自我实现、获取精神愉悦的空间，是对人们物质功能性需求之上的关于追求进步、提升和自我实现、自我超越的精神性需求的满足。这是区别于传统组织"养家糊口"属性的，社群更强调的是志同道合的一群人共同放飞心声。

由此可见，社群是一个强共识、强链接、强互动、强协作的联盟，这将从根本上改变人们的需求逻辑、价值逻辑、工作逻辑和生活逻辑，所以说社群将创建新的生存方式。

综上所述，社群以其全新的理念和形态正普遍流行开来，这将影响和驱使整个商业经济方方面面的变革。社群将孕育新的"精准匹配、即时响应"的产品逻辑，充分满足人们的个性化需求和精神性需要；社群将支持“分布式跨边界强协作”的生产方式，极大提高生产效率；社群将催生以“经营用户”为主要特征的新的商业模式，彻底变革过去以经营产品为主要特点的商业模式；社群将开辟“以口碑复购带动增长”的增长方式，破解以扩大用户规模带动增长所面临的困境。从个体的角度而言，所有这一切意味着，社群将变革每个个体的生存方式，为人们创建新的以“情感快乐、精神愉悦”为特征的新的生存方式。因此，社群将引领全新的经济时代的到来，会扮演越来越重要的角色，发挥越来越重要的作用，需要给予充分的重视。社群运营也将成为新的商家必争的制高点，将成为引爆下一波商业增长和繁荣的利器。

# 第3章 社群运营的基本概念和逻辑

社群作为在互联网充分发展条件下连接人、聚合人、发动人的新型组织形态，具有价值共鸣、协同共生和利益共通的核心特征，这决定了社群在未来新商业发展中将发挥十分重要的作用，它将奠定新商业的基础逻辑，引领新商业在产品逻辑、生产方式、商业模式、增长方式等诸多方面的创新和变革，也将从根本上为人们创建全新的以满足精神需要为核心价值追求的生存方式。因此，社群将奠定新商业的终局，在下一波经济生活中扮演越来越重要的角色。可以预见，未来所有的商业组织或商业项目都需要创建和经营社群，社群将成为新商业的标配，它将引领全新的社群经济时代的到来。所以,社群运营尤为重要,运营好社群就意味着先进的生产、成功的产品和强劲的增长。从本章开始，详细介绍如何运营社群的基本逻辑、方法和工具。

## 3.1 社群运营的基本概念

在讨论如何运营社群之前，首先要厘清社群运营的一些基本概念，弄清楚社群运营的本质与要求，才能做到有的放矢，探寻通向社群运营成功之路的逻辑和策略。

### 3.1.1 社群运营的本质与定义

运营并不是新鲜的概念，在早期的企业经营实践中，运营通常是一个属于管理范畴的词汇。在现代社会，不断发展的生产力使得大量生产要素转移到商业、交通运输、房地产、通信、公共事业、保险、金融和其他服务性行业和领域，传统的有形产品生产的概念已经不能反映和概括服务业所表现出来的生产形式。因此，随着服务业的兴起，生产的概念进一步扩展，逐步容纳了非制造的服务业领域，不仅包括了有形产品的制造，而且包括了无形服务的提供。西方学者把与工厂联系在一起的有形产品的生产称为 production 或 manufacturing，而将提供服务的活动称为 operations,即运营。后来的趋势是将两者均称为运营。实际上,在当前的企业管理实践中,以“提供服务和产品的活动”作为定义的运营依然适用，即是指企业运营职能，包括企业运转过程中密切相关的一些活动，诸如预测能力、计划、进度安排、库存管理、质量管理、员工激励、设施选址等。所以，现在的公司中也都还有首席运营官（COO)、运营副总这样的职位。

简而言之，运营实际上就是将运作和经营等动作施加在目标对象上，驱使其运转和发展的过程。在社群运营的概念中，运营的目标对象就是社群。实际上，社群和传统的企业概念一样，都是指一种组织形态。所以，可以参照企业运营的定义逻辑，对社群运营这个概念做一个定义，即社群运营就是指驱动社群运转产出共同价值的一切干预活动。

但社群与传统企业的组织形态相比，在价值共识、组织结构、凝聚力、运转动能等方面具有明显区别。传统企业组织更多的是一种基于物理位置的、按照科层式架构组织的中心化组织，其运转往往依赖于中心节点的权威以及法律契约的驱动，其中的成员或多或少地处于一种被管理、被约束的被动地位，他们彼此之间的利益诉求、价值取向常常处于对立、不平等的零和博弈状态之中。而社群是基于强烈的价值共识而凝聚起来的协同共生体和利益共同体，其中的成员在地理位置上呈现分布式状态，但他们基于互联网条件下的工具设施能够进行紧密的互动，而且他们是发自内心的因对某个价值观的认可而主动付出并与其他成员协作的积极分子，他们主动、自愿，具有主人翁意识和协作共赢思维，具有强烈的自我驱动力去主动维护和推动社群实现好、发展好其已达成的共同价值观。所以，与传统企业组织的运营主要由具有管理职能的少数权威人物驱动不同，社群的运营是由所有成员按照自己的能力、特长自我驱动的，大家基于某种共识机制进行民主和平等的协商与决策，共同推动社群目标的达成。在此过程中，可能会涌现出领导者、协调者和执行者的角色，但这种角色更多的是在一种基于协作需要和个人能力结构的状态下形成的，并非是基于某种硬性规定而固定的。因为在不同的协作任务中，每个成员可能担任不同的角色，即领导者、协调者的角色是动态的，而非固定的。由此可见，社群运营的主体不是少数权威人士，而是所有成员都参与其中。

社群运营的本质是建立社群共同价值观的形成及完善机制、社群成员互动协作及利益分享机制，以驱使社群自驱动、自治理的活动过程。社群运营早期的主体是社群价值观的发起者和核心意见领袖，后期随着自驱动、自运转体系的完善，运营的主体逐渐转为社群的全员，他们通过公开、对等、民主的方式参与到社群的运转体系中，既是决策管理者，也是劳作参与者。本书后续所介绍的关于社群运营的理念、方法和工具，主要是偏重于社群早期建立和启动发展时期的策略和方法。实际上当社群进入自驱动、自运转的发展期时，就已经成为一个众智驱动的组织，其所有的事务都由其中的众人的集体智慧决定，每个社群都将走出自己独一无二的道路，拥有独具个性的运转驱动体系，不需要外围力量再去推动和运营。 因此，可以进一步给社群运营做一个精确的定义：社群运营是以构建凝聚了高度共识的共同价值观为目标引领，设计驱动众智众力协同和利益分享的机制，以维系社群组织自运转的所有行为过程及驱动行为过程所需要的智慧性思想理念和策略方法的总和。由这个定义可以看出，社群运营的核心目标是确立旗帜鲜明的共同价值观，关键动作是设计和搭建互动协作和利益分享的机制，典型特征是自组织、自运转。

### 3.1.2　社群运营的三个层次

一个真正具有价值共鸣、协作共生、利益共通三大核心特征的社群并不是一蹴而就形成的，而是循序渐进发展而来的，大致要经历初创期、发展期和成熟期三个阶段，不同阶段的差异主要体现在上述三大核心特征的强度上，初创期社群的三大核心特征最弱，发展期社群的三大核心特征逐渐显现，成熟期社群的三大核心特征最为突出。相应的，社群所处的三个阶段也代表了社群运营的三个层次。

### 1. 初创期社群运营

在初创期社群中，社群发起者初步提出了自己的价值主张，并开始围绕该价值主张进行宣传造势，吸引感兴趣的潜在人群进行关注。此时的社群还未形成统一稳定的一体化组织结构，主要呈现出明显的两层“里核外环”结构，如图3-1所示。一层是居于中心位置的“里核”，即社群创始发起成员；一层是环绕在外围的“外环”，即社群价值主张爱好关注者。这时的创始成员与爱好关注者具有明显的界限。这是一种基于社群价值主张连接形成的松散结构，社群的互动关系比较简单，只是关注与被关注的弱连接关系，尚不涉及比较明显的价值协作与交换活动，社群成员彼此之间也没有太多的物质利益关系，更多的是具有共同价值导向的人形成的初步的虚拟精神家园。

图3-1　初创期社群结构

初创期社群运营的核心目标是树立明确而清晰的价值主张，并不断扩大其影响力，覆盖尽可能多的潜在同好人群，奠定足够广阔的群众基础。为了达到此目的，社群运营的主要任务包括三个方面：第一是遴选和确立具有高度一致价值立场和协调一致行动能力的创始团队成员，并进行合理分工；第二是形成鲜明的价值主张，并进行清晰、具体、易理解的描述和呈现；第三是借助互联网传播手段，将社群的价值主张以各种适合的形式进行广泛扩散和传播。此时社群运营的工作主要围绕两大主题：第一是持续的内容策划、创作与输出，即通过图文、音视频和动画等多种形式，对社群的价值主张进行全方位、多角度的阐释，并对内容进行视觉化、结构化的包装和呈现；第二是充分利用互联网主流自媒体平台，如微信公众号、微信群、朋友圈、今日头条、知乎、微博、抖音、喜马拉雅等，搭建社群自媒体账号矩阵，作为社群价值主张内容宣传输出的节点和注意力的聚拢阵地，通过内容传播，广泛无差别地聚集社群价值主张的爱好关注者。

初创期社群因为主要靠精神性的价值观念作为纽带聚拢人，关注者可能会因一时的热情就决定加关注，由于决策门槛很低，所以形成的关注关系可能并不十分稳固，当真正要付出时间和精力去践行社群价值观时，很多关注者可能也会快速“知难而退”，取消对社群的关注。所以，初创期社群运营的最大特点是数量上的代谢流动，既有大规模的关注者流入的同时，也有一定数量的关注者流出。当总体上流入大于流出时，说明社群的价值主张是有生命力和满足社会需求的，反之，说明社群价值主张是没有市场的。

初创期社群运营的重要意义在于，为社群后续发展期和成熟期奠定种子成员升级及新陈代谢的基础。

### 2. 发展期社群运营

发展期社群是初创期社群的进阶，在发展期社群中，社群的主要活动已不再是停留在价值主张宣传上，开始基于价值主张开展相应的具体价值创造与输出活动。此时社群中的角色结构也不再是松散的关注与被关注的两层弱关联关系，而是进化成“一核两环”的三层结构，如图3-2所示。最里

图3-2　发展期社群结构

层是核心的价值输出者，他们都是深谙社群价值观内涵并具备某种价值输出专长的人；外围最靠近“一核”的“小环带”中是社群价值认同参与者，他们愿意花费时间、精力甚至是金钱参与到社群价值的学习、研讨与扩散活动中；最外层的“大环带”里依然是社群价值的爱好关注者，他们可以免费享受一些社群的公共价值产品，比如一些免费的公共知识、社群动态信息等。

发展期社群是基于具体价值输出与价值享受的单向依赖关系，即外层“双环带”里的人群依赖“一核”中心层的价值输出。这时“一核”的队伍进一步突破创始成员规模，扩大为具有专业价值输出能力的关键意见领袖或某领域专家，外围的参与者和关注者因对核心专业团队输出的具体价值的迫切需求，紧密地被吸附在“一核”的周围。从社群角色关系结构来看，“一核”层的核心价值输出者和“小环带”里的价值认同参与者互动频繁，界限变得模糊，“小环带”与“大环带”之间的流动转化也变得频繁，经常有“大环带”里的人积极通过一定门槛，比如付费，加入“小环带”成为认同参与者，当然也有小部分“小环带”里的人因各种原因而退出到“大环带”里，成为泛泛的爱好关注者。

发展期社群运营的核心目标是打造并提供符合社群核心价值主张的具体产品，吸附认同者，放大产品的价值效应。基于此，此时社群运营的主要任务包括三个方面：第一是基于核心意见领袖和专家打造符合社群核心价值观的IP（知识产权）产品；第二是进行IP产品价值输出；第三是基于IP产品价值进行社群互动。这时社群运营的关键在于聚拢契合社群核心价值观的关键意见领袖和专家，激励他们产出具有原创、个性化特性的优质产品或服务，然后基于具体的价值亮点，从社群关注者中转化筛选出认同爱好者，与关键意见领袖和专家形成价值输出和价值消费的依赖与被依赖关系。

发展期社群主要靠核心价值观引领下持续输出的IP产品作为价值基体聚拢和吸附人，由于吸附凝聚力不仅来自于共同的价值观认可，还来自于具体的价值供给与满足，所以发展期社群成员的关系结构在初创期泛泛关注关系基础上又有一部分人升级为更为紧密的价值输出与享受的紧密关系，形成典型的金字塔结构，越接近金字塔顶端的关键意见领袖、专家和认同参与者之间的关系越紧密，越接近金字塔底部的人群与顶部人群的关系相对比较松散，而且金字塔腰部和底部的人群不断进行着频繁的双向流动。因此，发展期社群运营的最大特点是内部质量上的代谢流动，即一些爱好关注者不断升级为认同参与者的同时，也有一定数量的认同参与者由于种种原因退回到爱好关注者群体，从而使“小环带”里的人始终保持对社群价值认可的纯粹性和强度。

发展期社群的重要特点是已经具备了初步的价值生产与输出交付能力，能够开展日常的围绕价值输出与消费的活动。而且发展期社群最大的意义在于将价值生产者和消费者连接在同一个社群范围内，这为他们之间的直接无障碍深度互动协同奠定了基础。毫无疑问，基于互联网等新技术条件下的基础设施而形成的这种社群化的生产与消费关系，可以算作是商业史上的一次显著变革，对商业产生巨大促进意义。

### 3. 成熟期社群运营

成熟期社群是具有明显价值共鸣、协同共生和利益共通特征的强关系联合体，是基于发展期社群进阶而来的生态体系。在成熟期社群中，社群组织的结构不同于初创期和发展期社群的基于单中心的金字塔结构，而是多元矩阵生态球结构，即在统一的核心价值观统领下，形成多个具体价值生态单元，这些价值生态单元浸润在众多关注爱好者中间，形成“一核一球多元”的形态，如图 3-3 所示。

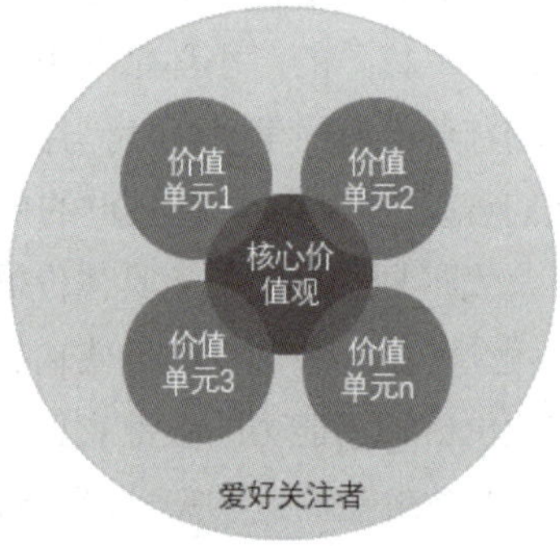


图3-3 成熟期社群结构

在成熟期社群中，社群核心价值观已成为基因一样的东西，成为社群中所有要素的烙印，一切行为和活动都是对该价值观的贯彻、诠释和具体化。在发展期社群阶段中的“一核”层和“小环带”中的价值输出者和认同参与者之间的互动不断加强之后，其相互的关系逐渐摆脱单向的输出与消费、提供与接受的关系，逐渐融为紧密的协同关系，即基于共同价值目标的协作配合与同甘共苦。这其中的逻辑是：由于同处于无交互障碍的同一个社群中，原来的头部核心价值输出者不断吸收来自认同参与者的体验反馈，认同参与者不断深度参与到价值产品的设计和优化迭代之中，共同促进产品价值的进化，此时价值生产和消费的界限变得模糊，一个人有时是一个消费者有时又变成一个生产者，这样原来发展期社群的“一核”层的价值输出者和“小环带”里的认同参与者就逐渐融合为一体，形成一个独立的价值生态单元。与此同时，随着价值创造活动不断向着精细化、个性化的方向发展，社群中就自然分裂形成专注于不同细分维度的垂直价值的生态单元，从而不断形成多元化的矩阵式的生态单元。需要强调的是，不同价值生态单元始终是统一在社群核心价值观之下开展活动的，而且价值生态单元之间也是一种链式协同关系，即价值生态单元 1 可能是提供计算机显示屏产品的，价值生态单元 2 可能是提供键盘产品的，最后多个生态单元的价值协同组合，形成社群的核心主价值——笔记本式计算机成品。

成熟期社群同样基于其价值观和具体价值产品，不断间接吸附和影响着广大的社群价值爱好关注者，作为社群价值生态单元的潜在后备力量和新鲜血液，为社群的发展提供持续动力。这样一来，成熟期社群中的成员角色更多的是一种基于核心价值紧密链接的协同共生关系，此时，他们的关系不再表现出基于某个权威或中心节点的线性或科层式特征，更不是一种单纯追求一方利益最大化的讨价还价式的博弈姿态，而更多地表现出的是一种多点对等的网状链接关系，彼此之间互为需要、深切互动、密切协同，共同促进一致目标的达成，并按贡献分享最终协作成果的价值。这时，社群真正地在个体与个体、单元与单元以及个体与单元之间都形成了鲜明的价值共鸣、协作共生和利益共通的特征，用一句通俗的话讲，此时社群中的每个个体、单元及其联合体都成了“一条绳上的蚂蚱”，这便是我们所描绘的社群的未来图景。

成熟期社群运营的核心目标是构建具有鲜明价值共鸣、协作共生和利益共通特征的生态体系，实现人尽其能、互利共赢的超强协作体。到了这个阶段，真正意义上的社群新组织形态得以显现，社群运营的主要任务将聚焦于构建和完善三个体系：第一是基于社群核心价值观构建产品化的价值及其生产运营体系，形成由一个个具体产品价值构成的价值生态矩阵；第二是构建支撑价值生产与运营体系运转的治理体系，让社群各个成员各尽其职、各取所能，按规章参与社群活动；第三是构建社群激励体系，驱动社群治理结构下的各个角色积极参与、主动作为，齐心协力促成社群价值矩阵不断迭代优化和丰富完善。这也是社群构建的三大支柱，不管是初创期社群还是发展期社群的运营，其实都是在为这三大支柱的构建循序渐进地打基础、做铺垫，是一脉相承、不断促进的过程。

### 3.1.3　社群运营的角色与职责

社群从初创发展到成熟，是需要运营的。实际上，社群最终是一个自组织、自驱动的组织，社群的运转维系都是由社群组织内部成员通过协同合作完成的，但除此之外，还需要有一个角色贯穿于社群从初创到成熟的全过程中，这个角色主要致力于社群的创建引领、服务协调和斡旋把向，支持社群组织从 0 到 1 的构建，并保证社群在后续发展中按照既定的共识方向前进，我们可以把这个角色称为社群运营官。

社群运营官一般就是社群的发起者，在社群初创构建时期，社群运营官就是社群价值观的化身，深度参与社群“一砖一瓦”的搭建。随着社群逐渐构建成型，社群运营官直接动手的工作逐渐减少由社群成员承担，而其本身主要居于价值观完善和引领以及协调把向的地位，转而成为社群的首席代表，代表社群宣布重大法规或对外交往，即社群运营官在社群达到成熟期时，逐渐成为了一个社群最高价值观的象征符号，实际并无太多权力，社群全体成员基于对社群价值观的认可而在行为上时时刻刻、时时处处对社群运营官展现尊重。

社群运营官在社群初创期到成熟期的发展过程中，其职责主要表现为四个方面，分别是登高竖旗、引流活跃、协调服务和斡旋把向。

（1）登高竖旗就是在构建社群伊始，社群运营官主要承担的是在一个高度上提出独特价值主张。前文所描述的社群初创期的主要工作都需要社群运营官亲力亲为，社群的发起者、创始团队核心就是社群的主运营官。既然社群最鲜明的特征是基于高度共识凝聚的价值共鸣体，那么明确有吸引力的社群价值主张是构建社群的第一步。

（2）引流活跃就是在社群核心价值主张确立之后，社群运营官要致力于广泛宣传造势、引导社群价值主张的爱好者进行关注，并与他们广泛互动沟通，促进社群关注者充分认识和理解社群价值主张的内涵以及社群的愿景，从而为社群具体价值体系的打造提供广阔而坚实的群众基础。

（3）协调服务就是在社群进入发展期之后，社群运营官要作为具体价值输出的引领者，带领深度认可社群价值主张并能贯彻、打造具体价值产品的意见领袖或专家成员进行持续的高质量价值输出，为社群中的价值认同者和关注者提供服务，不断放大社群的价值效应，提高社群凝聚力和影响力。

（4）斡旋把向就是在社群逐渐进入多元价值单元矩阵形态的成熟期之后，社群运营官逐渐从具体事务中脱身，成为社群核心价值观的最高象征和代表，主要负责对社群中各生态单元进行巡视检查，对偏离社群价值主张的行为进行及时纠偏指正。同时，对于社群中各角色之间、各单元之间可能存在的争议、冲突进行协调斡旋，确保大家方向一致、利益相通、协作共赢，使社群核心价值观在社群体系内能一以贯之而不走样。

# 3.2 社群运营的基本逻辑

在了解了什么是社群运营以及社群运营的层次及对应的任务、职责之后，接下来介绍社群运营的基本思维、逻辑和策略，从底层体系建立社群运营的认知框架，进而为社群运营的具体方法和工具的设计开发奠定宏观上的指导框架。

## 3.2.1 社群构建的“三体”逻辑

万丈高楼平地起，社群也要从零开始构建。根据前文对社群的本质、特性以及内涵的界定，社群是价值共鸣体、协作共生体和利益共通体，这就决定了社群构建的逻辑就是要以确保价值共鸣、协作共生和利益共通的属性为基本出发点和落脚点。据此，我们提出社群构建的“三体”逻辑，即社群构建主要是构建三个体系，分别是价值体系、治理体系和激励体系。价值体系是社群的基体，治理体系是价值体系运转的保障，激励体系是驱动治理体系运行畅通和放大社群价值的引擎。

### 1. 构建价值体系

社群首先是基于高度共识凝聚的价值共鸣体，这就意味着社群必须具有鲜明的价值主张和贯彻价值主张的具体价值创造活动。社群价值体系是社群设立、存在和发展的根本原因，回答的是“社群为什么要存在”的问题，即社群存在的必要性。所以，构建社群的第一步就是确立社群的价值体系。社群价值体系主要包括三大要素，分别是价值观、价值表现及价值供给。

（1）价值观

价值观是基于人的一定的思维感官之上而做出的认知、理解、判断或抉择，也就是人认定事物、辩定是非的一种思维或取向。简而言之，价值观就是对“什么是有价值”的认定，比如有的人认为“爱护并救助流浪小动物”是有价值的事情，有的人认为“与流浪小动物保持距离防止被攻击”是有价值的。价值观对人们自身行为的定向和调节起着非常重要的作用。价值观决定人的自我认识，它直接影响和决定一个人的理想、信念、生活目标和追求方向的性质。对于社群而言，价值观是社群凝聚同好的根本旗帜，是一个社群区别于其他社群的核心特征，是社群立身的根本宗旨，集中反映了社群的中心目标。社群之所以能够链接和聚合具有相同追求的人群，就是因为社群独特而鲜明的价值观。一个社群只有具有明确的价值观，才能为是否能够引发共鸣提供前提，才能为社群成员的具体选择和行动指明方向。社群成立之后，社群中所有的活动都是要围绕核心价值观来开展。社群价值观还是社群每个成员的精神信仰，每个社群成员因为有效地践行和维护了其共同追求的价值观而感到情感愉悦和精神满足，所以社群价值观还是社群成员情感和精神需要的集中反映。

（2）价值表现

所谓价值表现，顾名思义就是社群价值观指引下的具体价值的表现形式。社群的创立不是为了大家一起聊聊天、扯扯闲篇的，而是要创造符合其价值观要求的具体价值的，社群成员因为价值创造活动而交流、沟通和协作。所以，确定社群价值具体表现形式是构建社群价值体系的重要一环。如果一个社群的价值观是“每个人都要懂经济”，那么其价值的具体表现形式可能就是关于经济学的课程，持续输出相关的课程就是该社群的具体价值创造活动；如果一个社群的价值观是“自律是一种优秀品格”，那么其具体的价值创造活动可能就是持续地引导社群成员参与某种能够锻炼自律性的任务，比如，每天写 200 字心情日记进行分享。一个社群的价值表现形式可以是多种多样的，可以是有形的物质产品，也可以是无形的知识获取、服务提供或精神满足。但无论怎样，社群的具体价值表现要具有稳定性、持续性和发展性，要在社群价值观引领下，能够长期稳定地输出和迭代更新。

尽管目前比较常见的社群价值主要表现为无形的知识获取、服务提供以及精神满足上，但随着信息通信技术支持下的互联网由信息互联逐步过渡发展到万物互联，社群的协作和生产支撑环境和设施将进一步增强，届时有形的价值创造活动将会越来越多地由社群引领和驱动。

（3）价值供给

所谓的价值供给，就是确定上述社群的具体价值由谁创造和怎么创造。社群如果没有稳定而持续的具体价值创造活动，就会陷入坐而论道的虚无境地，就会失去生命力，成为空想国。所以，在社群构建之初，就要系统规划社群价值供给体系，简单说就是要解决社群生产力和生产要素的问题。社群在初创和发展期时，其价值供给的主题主要是社群创始团队和核心意见领袖或专家，社群呈现出比较明显的价值生产者和价值消费享受者的界限；随着社群互动的加强，社群到达成熟期后，就成为一个网状交叉、协作共生的自运转、自驱动组织，社群的价值供给主体呈现“我为人人，人人为我”的格局。明确了供给主体之后，还要规划如何创造和提供价值的问题，这包括价值创造和输出的方式、频率、数量以及规格等。

总之，社群价值体系的构建主要是确立社群价值观以及围绕社群价值观的价值表现和价值供给的确立，呈现出“一个价值中心，两个价值基点”的三角塔架构，如图 3-4 所示。一个价值中心就是社群价值观，这是社群价值体系的魂，也是社群价值体系的出发点和落脚点，是指导社群价值表现和价值供给的启明星，社群价值观决定了社群具体价值表现形式及其供给体系；两个价值基点就是社群价值表现和价值供给，是社群价值观的具体化和支柱点。

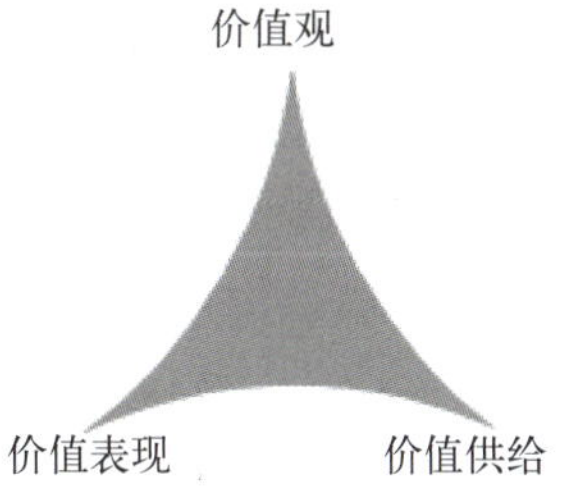


图3-4　社群价值体系构建之三角塔架构

## 2. 构建治理体系

社群是价值共鸣基础上的协作共生体，协作是社群价值创造的基本动力，共生是价值创造的基本目标，只有社群成员形成真正的协作共生状态，才能保障社群价值创造活动源源不断向前发展。协作共生状态，除了基于社群成员对社群价值观的高度共鸣而自发向该目标靠拢外，还必须要有基础的保障和治理机制，约束社群成员按规则和秩序行事，从而确保价值创造活动能够有效而持续地进行。所以，确定社群的治理体系是社群价值体系确定之后紧接着就要进行的第二步。

社群治理体系包括三大要素，分别是规章机制、角色结构和基础设施。

（1）规章机制

规章机制是指社群运转需要依托的准则、规范及机制，是社群成员需要共同维护和遵守的规矩，是确保社群有序运转的基础。具体而言，社群规章机制包括加入与退出机制、互动协作规则规范以及决策协调机制。社群的规章机制必须是基于公开透明、平等协商、达成一致的符合社群价值观的，一旦订立，社群所有成员必须遵守，直至规章机制经过正常程序被修改为止。

① 为了有效贯彻落实社群核心价值观，必须制定严格的社群加入与退出机制，确保社群价值观得到坚决而纯粹的拥护和执行。当然，在社群的发展过程中，先是从关注与被关注的弱关系连接开始的，最后到成熟期才形成强关系链接的紧密互动协作体。所以，这里所说的社群的进入与退出机制，在社群初创期主要就是确定谁可以加入成为创始团队成员以及谁可以成为爱好关注者，在社群发展期和成熟期，就是对价值输出者、价值认同参与者等群体的限定，即规定谁可以加入、需要什么条件才能加入，这个条件是对社群价值观的直接体现，也为社群明确指出了发展对象。比如，一个认可“爱护流浪小动物是美德”价值观的社群，进入或关注该社群的条件可能是“有爱心，必须要收养一个流浪小动物”的人。这些限定条件，还为社群基础支撑工具等基础设施的选择和建设提供了要求和依据。

② 社群最终是要通过互动协作来创造价值的，为了使得互动协作活动得以顺畅、有秩序、有效率地开展，需要对社群成员的互动协作流程、规范以及纪律等做出明确的规定。这样社群成员的行为才能有章可依，共同朝着一致的目标相向而行、合作发力。所以，构建精细完备的互动协作规则规范，是社群治理体系中规章机制的重要组成部分。

③ 社群作为一个协作体，必然涉及人与人之间的关系协调与处理，社群要有明确的决策协调机制，即解决“决策如何达成、由谁最终发出”“遇到冲突和争议如何应对”的问题，也就是社群的治理结构及规则。因此，决策协调机制也是社群规章机制的重要内容。

（2）角色结构

角色结构是指社群成员的角色定位与分布。社群是聚集了深度信仰统一价值观的同好群体，但这并不意味着所有成员都必须是相同特征、相同知识和技能的人。恰恰相反，社群吸纳的是具有共同价值观的多元化的成员，共同价值观说明大家是同频共振的，多元化说明大家是各有所长、各显神通的。他们都认同所加入社群的价值、都喜好所加入社群的具体产品和文化，但又都具有各自非常个性化的其他兴趣和专长，恰恰是和而不同、各司所长的结构构成了社群成员互动交流、分工协作的前提。所以，社群成员的角色结构必须丰富、多元，以便于产生持续的一加一大于二的协同效应，促进社群价值观不断朝着纵深发展。那么，在构建社群的治理体系的时候，就要根据社群的价值观和价值体系要求，规划社群的角色及其分布要求，并体现在社群的规章机制里。不同成员的特质、专长决定着其在社群中扮演的角色和地位，就像前文中介绍的社群发展的三个时期，就会出现创始发起者、认同参与者、爱好关注者、生态单元领袖等角色，这些角色都是基于各成员的技能素质和兴趣特长而产生的，并不是谁绝对指定、分配的。

社群角色结构的规划是构建一个有战斗力、有发展潜力的社群治理体系的关键所在，因为社群最重要的宝贵资源就是可以同频共振的多元化素质和特性的广大社群人才，所有的社群规章机制也都需要靠人去贯彻执行和发展完善。

（3）基础设施

所谓基础设施是指社群运转中所要依赖的环境、工具和条件。社群成员相互之间为了协同工作，需要交流互动，需要内容输出与展示，需要会议讨论……总之，需要各种各样的生产工具和条件，我们把这些统统称作社群赖以存在和发展的基础设施。由于社群主要是基于互联网大环境的分布式协作组织，所以大部分工具都是互联网化的。我们直观看到的微信群、QQ 群，就是社群的一种聚集和交流的场所，是社群的基础设施之一，而群组本身并不是社群，它只是为社群提供了赖以互动沟通的基础条件。社群基础设施体系的规划和建设，主要依据是社群的具体价值体系供给过程以及社群本身的喜好，即为了创造社群的具体价值，哪些、什么功能特性的工具更适合社群的实际情况，就选择或开发什么样的工具。比如，有的社群为了承载和发布社群内容，可以选择微信公众号或是今日头条的头条号作为内容工具，也有的社群直接选择开发自己的内容承载 APP。当然，社群基础设施也可以采取先简后精、先外包后自主的渐进式策略，即先借助低成本的、第三方的工具，再逐渐打造自主工具，一步一步逐渐求精。社群基础设施的完善度以及适合性，决定了社群价值活动运转和治理机制运行的效率和效益，所以在构建社群治理体系时，要对社群基础设施进行精心规划。

总之，社群治理体系的构建主要就是围绕规章机制、角色结构和基础设施三大主题展开的，在这个体系中，规章机制是基于共识的契约，角色结构规定了治理体系的主体及分工配合关系，基础设施为整个规章机制的运行以及角色成员作用的发挥提供基础支撑，三者相互影响、相辅相成，但总体上又呈现出金字塔式的层次化结构，如图 3-5 所示。在该体系中，规章机制是宏观的纲领，角色结构是承上启下的基本力量，对上对规章负责，对下得到基础设施的有效助力，基础设施是底层支撑环境。总体来看，上一层对其下层具有指引作用，下一层对其上层具有支撑作用。

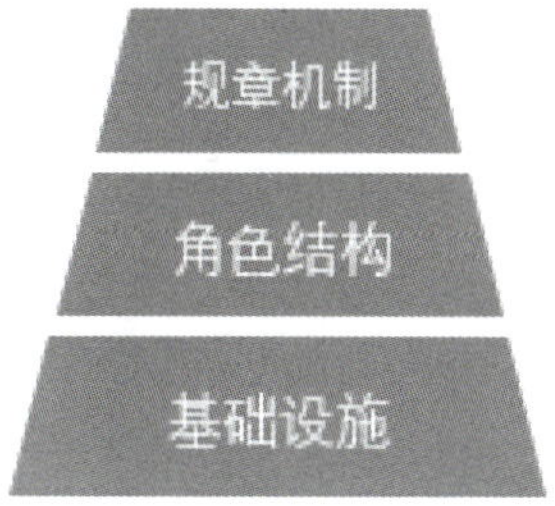

图3-5　社群治理体系构建之三层金字塔架构

### 3. 构建激励体系

社群还是价值共鸣基础上的利益共通体，利益共通是社群的基本分配方式，是社群合作共赢、协同共生的外在表现和必然产物，也是协作共生得以持续的动力引擎。社群确立了崇高的价值观及独特的价值体系，构建了完善的治理体系，并不意味着社群就能自动运转、发展和繁荣。社群终究还是人的集合，社群运转和发展的动力主要还是来自于人，即社群的成员。人只有有动力才会不懈付出和努力，而动力来自于激励。所以，社群需要构建的另外一个重要体系就是激励体系，激励体系为社群价值体系和治理体系的运转提供引擎。激励体系设计得好，将使得社群组织内成员的积极性被极大激发，从而创造出更优化的价值。反之，激励体系设计得不好，则有可能给组织运转造成巨大的损害。

激励体系的设计，就是要用激励的手段，让社群整个生态圈的每一个人、每一个角色尽可能行善事（即符合社群价值观要求的事）、不作恶（即损害社群价值观的行为）。为此，在设计时要回答这几个核心问题：社群中的成员分成哪几类角色？他们的利益诉求各是什么？什么是对社群生态有益的行为？什么是有害的行为？怎样激励每一个用户做好事？怎样说服每一个用户不作恶？

总结起来，社群激励体系包括三大要素，分别是激励目标、激励措施和激励数量。

（1）激励目标

所谓激励目标，就是要规划和设定社群角色结构中各角色的理想行为，即社群期望各角色做出什么样的有益行为，以有助力社群价值观的贯彻和价值体系的运转，一旦这些角色做出符合期望的行为，则给予正向的强化激励。同时，也要明确划定禁止各角色做出的行为，一旦有谁做出了明确禁止的行为，则给予负向的惩罚。对于激励目标的设置，要遵循 SMART 原则，即要具体、可衡量、达成一致、与角色匹配在力所能及范围内和具有时限要求。

根据洛克 (Edwin Locke) 提出的目标激励理论，明确而清晰的激励目标本身就具有激励作用，目标能把人的需要转变为动机，使人们的行为朝着一定的方向努力，并将自己的行为结果与既定的目标相对照，及时进行调整和修正，从而能实现目标。目标是引起行为的最直接的动机，设置合适的目标会使人产生想达到该目标的成就需要，因而对人具有强烈的激励作用。

目标有两个最基本的属性：明确度和难度，它们都会对绩效产生直接影响，如图 3-6 所示。

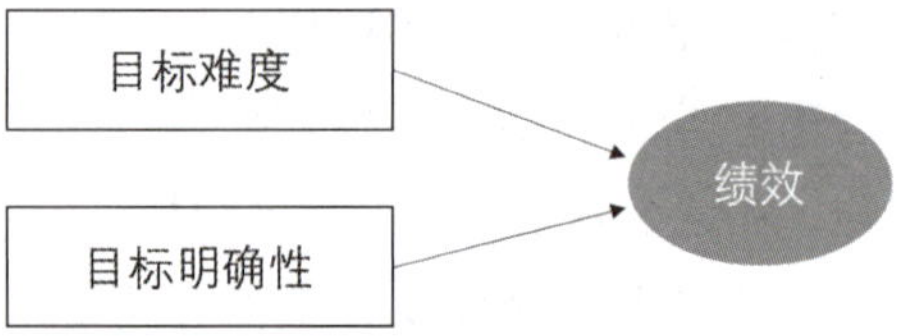


图3-6　目标对绩效的影响

从明确度来看，目标内容可以是模糊的，如“请你做这件事”；目标也可以是明确的，如“请在十分钟内做完这10题”。明确的目标可使人们更清楚要怎么做，付出多大的努力才能达到目标。目标设定得明确，也便于评价社群成员个体的能力。很明显，模糊的目标不利于引导个体的行为和评价他的成绩。因此，目标设定得越明确越好。事实上，明确的目标本身就具有激励作用，这是因为人们有希望了解自己行为的认知倾向。对行为目的和结果的了解能减少行为的盲目性，提高行为的自我控制水平。

除此之外，明确的目标也是实施激励的评估依据，当社群成员达到或超越目标时，就要相应地给予与目标价值所匹配的激励，包括有形的激励和无形的激励。

从难度来看，目标可以是容易的，如 150 分钟内做完 10 个俯卧撑；中等的，15 分钟内做完 20 个俯卧撑；难的，15 分钟内做完 30 个俯卧撑，或者是不可能完成的，如 15 分钟内做完 100 个俯卧撑。难度依赖于人和目标之间的关系，同样的目标对某人来说可能是容易的，而对另一个人来说可能是难的，这取决于他们的能力和经验。一般来说，目标的绝对难度越高，人们就越难达到它。有 400 多个研究发现，绩效与目标的难度水平呈线性关系。当然，这是有前提的，前提条件就是完成任务的人有足够的能力、对要完成该目标有足够的承诺。在这样的条件下，任务越难，绩效越好。一般认为，绩效与目标难度水平之间存在着线性关系，是因为人们可以根据不同的任务难度来调整自己的努力程度。

（2）激励措施

所谓激励措施，就是规划和设定针对社群成员行为的激励方式和手段。激励的手段总体来分就分为两种，一种是有形的物质激励，一种是无形的精神激励。虽然两者的目标是一致的，但是它们的作用对象却是不同的。前者作用于人的生理方面，是对人物质需要的满足，后者作用于人的心理方面，是对人精神需要的满足。随着人们物质生活水平的不断提高，人们对精神与情感的需求越来越迫切。比如期望得到爱、得到尊重、得到认可、得到赞美、得到理解等。在社群组织中，因为社群是基于高度共识凝聚的价值共鸣体，所以社群中成员的精神激励主要来自于对社群核心价值观的信仰以及彼此之间协同互动时相互尊重和认同带来的情感愉悦和精神满足。所以，社群激励体系的激励措施规划主要侧重于对有形物质激励的策划设计。

有效的激励措施设计要具有重要性、可视性和公平性等三大基本特征。所谓重要性，就是激励措施对被激励对象而言是有用的、有价值的、重要的，对其有向往和期待，比如，金钱对每个人都是重要的。所谓可视性，就是激励的措施要有足够的展示宣扬，这样有利于增强措施的有效性。比如，颁发给某个人一个奖杯要在一个万人瞩目的场合，比如在社群的聚集地公开举办一个线上颁发仪式的激励效果，要比私下偷偷将奖杯颁发给他要有效得多。根据亚当斯的公平激励理论，报酬、奖金等权益分配的合理性、公平性及其对组织成员将会生产积极性的影响，反过来，则会降低组织成员的积极性，在设计社群激励措施时，要知道绝对的公平是不存在，公平是对比出来的，最重要的是激励措施能带给激励对象带来公平感。

（3）激励数量

激励数量是对激励措施的价值大小的量化界定，主要规定的是针对某个行为或结果的激励措施的强度、范围和频率。激励数量的设计要体现适度、及时的原则。

所谓适度原则，就是对于某个行为或结果的激励数量要与该行为或结果的价值相匹配，不能过大也不能过小，过小没有正向激励效果，反倒给人带来委屈、反感、怨恨的情绪，形成负向激励；太大的话，一来容易调高被激励对象的胃口，下次的激励措施如果不能更高，则对其失去激励效果，二来会让周边人不满，认为有偏袒或不公平存在，从而对周边人形成负面激励。所以，激励数量的设置要兼顾对激励对象本身的激励性和周边影响的公平性，既让激励对象感觉到付出就有回报，又让周边人看到榜样和希望。

所谓及时原则，就是对于被激励目标的激励措施要及时，不能滞后。根据强化理论和归因理论，对于社群成员做出的行为要及时予以反馈，或是予以正强化，或是予以负强化，并将行为的结果进行明确的原因分析和反馈，这样能够给社群成员一个明确的信号，始终让其明确什么是正确的前进方向。

总之，社群激励体系的构建，主要就是围绕激励目标的设定、激励措施和激励数量的设计而展开的，社群的价值创造活动因目标而引领，目标因激励而更好地达成，激励数量则是由激励措施导致激励目标实现过程的催化剂，如图 3-7 所示。激励措施越得当，激励目标就越容易达成，在此基础上，激励数量越让激励对象和围观者能感受到“付出多少就得到多少回报”的公平感和成就感，激励效果也就越好，社群的价值体系和治理体系就运转的越好，社群的价值目标也就更容易达成。

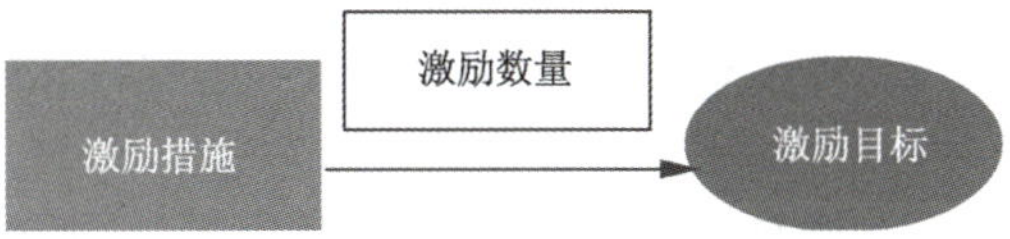


图3-7　社群激励体系要素架构

### 3.2.2 社群运营的思维逻辑

社群是互联网条件下全新的组织形态，更是在全新组织形态基础上的新商业模式，将催生新的产品逻辑、生产方式、增长方式甚至生存方式。因此，社群运营不同于以往传统的互联网产品运营或是新媒体运营，这种不同首先表现在指导社群运营的思维逻辑的不同。要做好社群运营，必须透彻理解和掌握社群运营的三大独特思维逻辑，分别是价值思维、留量思维和裂变思维。

#### 1. 价值思维

社群首先是一个价值共鸣体，这意味着社群运营的出发点和落脚点，都是促进共同价值观的贯彻、落实和具体化，促进价值创造活动的协同一致和有效运转。所以，社群运营的战略、方法和手段的策划与运用，都要围绕价值的创造、输出和分配进行，促进价值创造与价值交换活动有效运转是社群运营的核心目的，这就是社群运营要遵循的价值思维。

所谓价值思维主要包含两层含义：用户视角和即时响应。

（1）用户视角

价值思维的首要含义是用户视角，这是异常激烈的竞争驱使下不同价值创造主体——社群，所做的必然选择，也是互联互通时代技术发展对人本理念的贯彻和发扬所带来的积极红利。所谓用户视角，就是在整个价值提供过程中的各个环节都站在用户立场上考虑问题，这是价值的最基本要义。作为社群运营官，要具有能够站在用户视角看问题的能力，就要牢固树立“以用户为中心”的思维意识和习惯。以用户为中心，既是社群具体的价值产品得以产生的出发点，也是其以后持续运转的立足点。

坚持用户视角，主要应做到以下三点。

① 要尊重用户的价值评判主体地位。在移动互联条件下的社群经济时代，价值供给已不再像计划经济那样，由价值提供者自己主导价值的功能、质量、数目等各个方面，用户只是单纯地去适应甚至是去讨好价值提供者。现今的状况是，社群所提供的产品或服务是否有价值、价值有多大，都是由作为用户的社群所有成员说了算，用户是唯一权威的价值评判者。所以，社群所提供的价值要想有立足之地，首先在产品或服务规划之初，就要牢固树立以用户为中心的思想，打心底里尊重用户在价值创造中的评判主体地位。只有一开始从骨子里尊重用户的这种地位，才有可能创造出符合用户实际并能有效解决用户问题的东西，从而确保社群能够长期被需要，从而存在和发展。

② 在价值创造实践活动中要做到刚需导向。所谓刚需，就是最迫切的、必不可缺的需求，如果未被满足则可能使人感到痛苦、恐惧。刚需导向就是在社群价值创造和提供的过程中，始终以刚需为出发点和落脚点。站在社群全体成员的立场和视角，深刻挖掘其刚性需求，以此作为价值创造的依据。值得指出的是，很多情况下，人们并不能直白而明确地说出自己的需求，就像福特汽车元老福特先生说过的：如果你问你的顾客需要什么，他们会说需要一辆跑的更快的马车。更有甚者，人们所表达的需求并非其真正的客观需要，而是一种主观上的要求。这就要求在价值创造之初收集需求的时候，要采用多元途径和方法，更多的是要观察、收集社群成

员在社群活动中产生的创造、互动等原始过程性轨迹数据，在收集原始数据的基础上，要做分析、提炼和总结的工作。只有这样，才能更准确地把握社群成员的需求，真正做到刚需导向。正如苹果公司创始人乔布斯所说的：用户并不知道自己需要什么，直到我们拿出自己的产品，他们就发现，这就是我要的东西。

坚持用户视角，要求做一切事情，都要站在价值消费者的立场上想问题做事情。而不是自上而下的单向说教，或者想当然地主观臆断用户的需求和喜好。有一个简单的例子可以告诉我们什么叫用户视角。有一天，一个老太太走进一家水果店，问老板："这个杏子怎么样？"老板说："刚上市的，又大又甜。"老太太没买，又走到另一家水果店问了同样的话，老板还是同样的回答，老太太还是走了。就这样，老太太看了好几家水果店，最后还是什么也没买。其中一个水果店的老板很纳闷地问："我看你走了好几家水果店了，您到底想买点什么呢？"老太太回答说："我儿媳妇怀孕了，想吃酸杏子，可是只有甜的卖。"老板恍然大悟。所以，社群作为紧密的协作共生体，具有无壁垒、无缝隙、无中介的优势，这有利于社群在开展价值创造与交换活动过程中，充分将价值享用者的需求和创意，反馈、融合到价值的规划创造中去，甚至可以让价值享用者适时参与到价值创造活动中去。所以，坚持用户视角既是社群价值创造与发展的必然要求，也是社群这种新型组织形态为价值生产所提供的独特优势所在。

③ 要注重用户体验。ISO 9241-210 标准将用户体验定义为即用户在使用一个产品或系统之前、使用期间和使用之后的全部感受，包括情感、信仰、喜好、认知印象、生理和心理反应、行为和成就等各个方面。通俗来讲就是"这个东西好不好用，用起来方不方便"。由此可见，体验源于用户与产品或服务以及产品或服务提供者之间的互动。从定义上来说，没有用户的参与，体验就不可能发生，这是很关键的一点。因此，这需要生产者思维方式的转变，这种转变意味着把用户的身份从旁观者提升为参与者。一旦用户与产品或服务有互动发生，用户就会有反应，这些反应表现出来的就是一种感觉或期望。当然，这些反应也许是积极的，也许会是消极的。如果反应是负面的，那就会使体验大打折扣；如果反应是正面的，又会使体验提升到更高的层次。

社群让价值创造和享用过程融合交汇，让价值创造者和享用者的角色界限变得模糊，更是提升了价值享用者对价值创造活动的深度参与感和互动感。所以，注重用户体验，既是社群赖以发展的要求，也是社群本身特性所导出的必然逻辑。

（2）即时响应

价值思维的第二层含义是即时响应，所谓即时响应，就是需求与供给之间的时间和空间距离都大大缩短、需求与供给之间的匹配度愈加精准，达到所想即可得、所得即所需的境界。

当社会生产力比较低下、技术条件落后的时候，需求是没有办法被即时响应的，一是因为生产力的低下导致供给数量不足，没有办法做到即时响应；二是因为信息沟通不畅、信息传播异化等导致供给与需求不尽一致，常常出现供需错配；三是因为空间距离以及物流技术落后导致的供给与需求匹配之间的时间差。所以，如果能够在上述三个方面得到改善，对于用户来说就是价值。具体来说，这种价值体现为丰富、快和精准。

所谓丰富，就是在社群经济时代，将基于不同的价值追求聚集万千个同好联盟——即社群组织，这些社群在各自的价值细分领域，精诚合作、协同创造、专注深挖，再加上以互联网为代表的前沿科技的助力，使得社群的生产能力和效率大大提升，这将造就在品质和品类上都极大丰富的价值产品和服务，为即时响应提供丰富的物质基础。

所谓快，就是时间快、效率高。社群是一个强协作、强链接的紧密组织，这使得社群中的价值创造者和享用者之间的沟通、互动更加直接、精确和频繁，为消除沟通不及时、不精确等问题提供了极大便利。同时，信息沟通障碍的破除，再加上智慧信息系统的助力，使得产品的存储、物流可以基于大数据分布式存储，提前基于数据预判，将产品运输和存储到需求者的附近，当需求一旦被提出，即可快速被响应。

所谓精准，就是供需匹配的精准化，这体现为两个方面，一是供给方提供的产品价值与需求者的需求的匹配度显著缩小接近于零，二是能够基于需求方的个性化需求实现定制化价值供给。在社群生态中，价值创造者和享用者深度沟通、融合，消除了信息不对称，加上社群灵活的生产逻辑和生产活动组织形式，可以打破过去只能基于大量用户共性需求提供标准化产品的传统，实现个性化产品定制，进行精准价值匹配。

因此，社群运营要树立牢固的即时响应意识，在丰富价值数量、质量和品类上，在提高供需匹配时间效率和精准度上下功夫，这是社群运营所要求的价值思维的重要内涵。

综上所述，以价值思维指导社群运营，主要就是坚持用户视角，做到即时响应，这不同于传统的运营思维。与价值思维相对立的传统运营思维是“投机取巧”，主要表现为两种形式，一是基于信息不对称搞“大鱼吃小鱼”的游戏，具有先发优势通过宣传放大引导后发落后人群接受其提供的价值并赚取差价；二是价值提供者主要依赖价格战吸引消费者，动不动就通过降价进行促销。这些都是简单的利用人性在推广营销环节进行策划包装，企图达到“四两拨千斤”的效果，而价值思维是要坚持从用户视角为用户创造真正精准化、个性化的价值，从而实现合作共赢。

### 2. 留量思维

在社群经济形态普遍流行之前，指导商业运营的思维一直都是流量思维，也就是前文曾经分析过的以扩大用户覆盖面、提升用户量带动增长的思维。所以，过去所有的商业活动，都是围绕流量来展开的，一个线下商场或是餐馆、银行等实体店铺，都在考虑选址周边的人流量，一个线上的电商网站、新闻 APP 等产品，都在关注引导和促进用户的访问量。

但是，随着信息传播技术和手段越来越发达、信息触达能力越来越强，分布在天涯海角的全部人群被各式各样的价值供应方追踪覆盖穷尽了，即便再使出什么推广策略和手段，都无法再扩充新的流量了，这时以流量扩大带动增长的基础不存在了，其逻辑也就失效了。接下来，价值供应方要想持续获得生存和发展，就需要不断提高自身价值的竞争力，争取让更多的用户留在自己的阵营，这就是留量思维，即关注如何将用户留在自己的价值圈里持续提供服务，而不同于流量思维追逐覆盖更多的新用户。

留量思维的主要含义是用户城邦化以及基于此的纵向全生命周期服务和横向全品类需求服务。

(1) 用户城邦化

城邦是指一个独立、自主、单独的城镇为中心的国家，在这个城邦里，虽然疆域不大，但主权独立、自成体系，大家同属一族、齐心协力、和衷共济，在这个小体系里，每个个体互为需要，常相伴守。在这个高度凝聚的城邦里，已有城民因为对城邦内已有体系化持续化的价值服务难舍难分，所以不会轻易出城；不认同城邦价值体系的城外之人也不会被轻易允许加入，以免引狼入室，被别的城邦派了奸细，挖了墙脚。

所以，所谓用户城邦化，就是锚定和选择一群深切认同和追随某个价值提供者的用户，将他们以社群的方式组织起来，进行深度的可持续、体系化服务，将其变成终身用户、超级用户。围绕该价值提供者形成的用户社群就类似于一个城邦，这些具有高度价值共鸣和共通利益、深度参与社群交互的用户，就类似于是这个社群的永久"城民"。基于这些"城民"，社群就能够持续获得需求反馈，并为其价值创造活动的产品找到可持续的出口。这样就形成了所谓的"留量"，有了"留量"基础，便可以通过对这些长久留下来的用户进行全生命周期和全品类需求的满足。

其实，用户城邦化的本质，就是基于上一节所述的"三体"逻辑搭建用户社群，对照前面对社群的本质及特性的描述可以知道，社群本质上就是一种基于网络链接能力的新型"城邦"。社群有基于共识主导的价值观及其价值产品，也有基于协作共生、利益共通的社群成员互动关系，所以一个社群就成为了一个可以持续化自运转的价值创造与交换的"城邦"，只是这个城邦没有物理的疆域和可见的城墙，但却存在价值观和心理上的范围和界限。

有了自有"城民"化的用户，就可以为其提供全生命周期的服务和全品类需求的服务，从而获得基于留量思维的增长。

（2）全生命周期服务

所谓全生命周期服务，就是从时间维度上，为一个用户提供终身服务。当一个用户深度认同某个价值提供者，并愿意长期留存和参与到该价值提供者的用户社群里，那么他（她）在不同时间的需求都可以由一个价值提供者为其重复提供和满足。在过去的流量思维逻辑下，产品或服务的消耗量的增加是基于多个不同人的消费，而在留量思维下，产品或服务的消耗是基于同一个人多次消费。比如，一个餐馆，在流量思维下，它的增长来自于不停从外边招揽不同的食客 A、B、C 等进店吃饭，而在留量思维下，它的增长来自于自己用户社群里一个忠实顾客 M 一辈子每顿饭都来该餐馆吃饭，如图 3-8 所示。

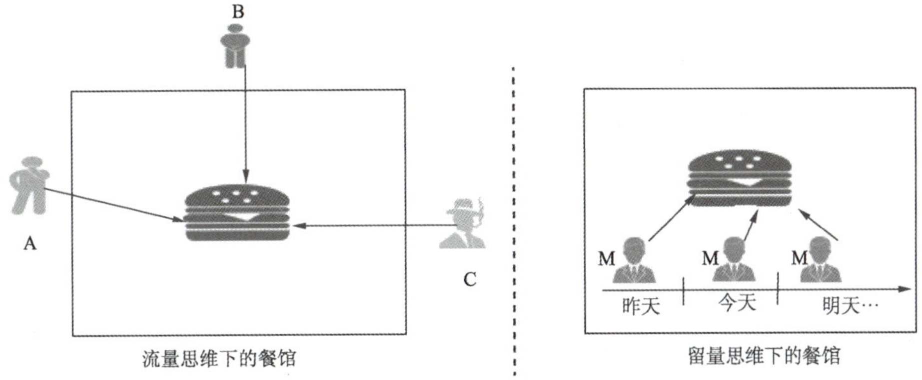


图3-8　流量思维与留量思维对比示意

当然，为用户提供全生命周期服务的隐含前提是，价值提供者要不断提升自身的需求满足能力，以前述的价值思维为指导，不断升级自己所输出价值的质量和特色，而且要注重价值相对于每个用户的个性化和定制化要求，紧密与自己“城邦”里的用户互动，及时准确收集、洞察每个用户的需求变化，并对其进行即时化、精准化的响应。这样才能够使得一个老用户保持对一个价值提供者所提供的产品或服务的新鲜感和忠诚度。正如前面所举餐馆的例子，如果一个餐馆的食材卫生不佳、菜品长期一成不变，那么同一个人很难保持每顿饭都在该餐馆消费的，因为这是违背人性的。所以，不断升级的优质的供给体系是留量思维的应有之义，留量思维不是单单表面上把用户留下来，更重要的是要关注怎么靠价值的创新和升级把用户留下来。

（3）全品类需求服务

如果说全生命周期服务是强调从纵向的时间维度持续多次为用户提供同品类价值，那么全品类需求服务则是强调从横向维度上满足一个用户的多品类需求。具体而言，就是通过对用户全方位、全景式的洞察，深刻洞察各类用户的全部需求，并调动资源进行多重品类的产品设计和生产，以便于及时、高质量地满足用户的所有需求。

过去在流量思维逻辑下，一个价值提供者通常只提供一种或一类单一的产品或服务，比如一家川菜馆只提供川菜，一家理发店只提供理发服务，其收益的增加来自于在同一个时间周期里吸引更多的喜欢川菜或有理发需求的新用户进店消费。而在留量思维逻辑下，一个价值提供者拥有的用户数量是固定的，其收益的增加可以借助于在相同时间周期，给这些固定规模的用户提供多种产品或服务，当发现自己的用户需要理发就提供理发服务，需要吃饭就给他提供食品……最终实现收益增加的实质都是卖出更多的东西，但一个是将一种东西卖给更多的人，一个是将多种东西卖给同一个人，如图 3-9 所示。

同样的，同上述提供全生命周期服务的要求相同，为固定规模用户提供全品类需求服务的前提，也是超准确的用户需求发掘与满足能力以及持续迭代升级的优质产品或服务。否则，留量思维下的增长逻辑并不会自动发生。

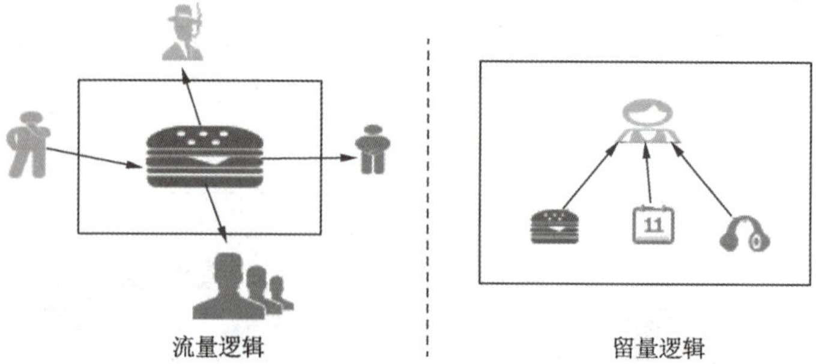


图3-9 流量思维与留量思维下的增长逻辑对比示意图

总结起来，过去流量思维强调的是数量，即获取更多的用户数量，生产出更多数量的单一产品；而留量思维强调的则是质量，包括用户的质量以及产品服务的质量，用户质量主要指用户的认可度、忠诚度等，产品服务的质量主要指响应需求的个性化、精准化和即时性程度。有了质量的前提，才让流量思维下的全生命周期服务和全品类需求服务的逻辑顺理成章地得以实现。

### 3. 裂变思维

在流量经济时代，产品设计和用户获取的指导逻辑一直都是漏斗转化模型，就是指在用户接触、接受和认可产品行为流程环节中，从起点到终点有多个环节，每个环节都会产生用户流失，依次递减，每一步都会有一个转化率，这个转化率一般都会小于1，大于等于0。按照这个逻辑，产品获取最终用户的方式是不断覆盖更多的流量，一步一步吸引潜在用户关注、尝试最后到使用、认可，最终会呈现出一个漏斗形状。也就是说，获取用户的路径是先通过无差别的"大撒网"，最后筛选出对产品有需求并认同产品的目标用户，如图3-10所示。

在漏斗模型下，无差别的撒网式宣传推广和中间转化环节都会耗费大量资源，使得用户获取成本增加。而社群经济时代，遵循的是裂变思维，这种思维将资源集中投入到精准目标用户身上，基于优质到位的服务质量，用户规模基于忠诚粉丝用户的口碑推荐而裂变式扩大。

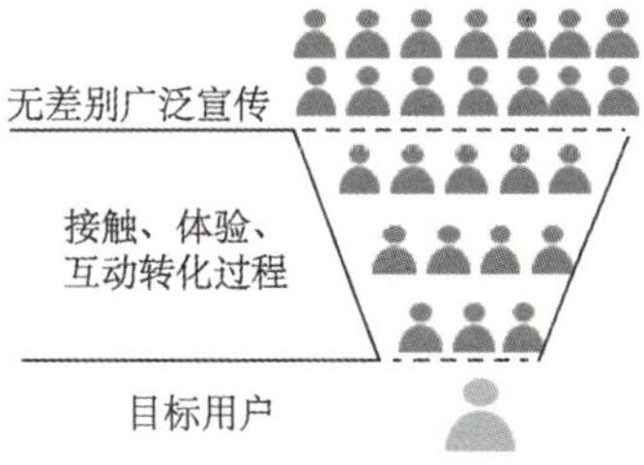

图3-10　流量思维下的漏斗模型

所谓裂变，是类比生物细胞分裂的一个概念，基本内涵就是如同细胞分裂那样，首先是需要以一个（或几个）点为基础，成功地突破了一个（或几个）点后，再进入严格的复制，由一个成功的点复制出另一个点，两个点再裂变为四个……以此类推，从而实现非线性的网状扩张。裂变思维的核心要求是，产品在开拓市场开始时，不要全面摊开"广撒网"，急速发展，而要精耕细作，全力以赴直指精准目标用户，进行单点突破，从而基于对单点用户的细致、入微的服务，实现口碑推荐和同好吸引，如图3-11所示。通过这种复制式的裂变，形成的就是基于同好的社群，这些同好群体具有相同的价值观、相同的身份背景、相同的需求，很容易协调，形成一致的行动。

除了这种基于单点突破和用户口碑的复制式裂变，裂变思维还有一层含义是突变。就像细胞基因会突变一样，社群也会存在突变。因为社群是由一个个鲜活的具有独特个性的人组成的，人们的价值观、需求都在不断发展和动态进化。在社群发展的过程中，随着社群成员之间互动交流的增多和彼此了解的增近，社群内部一部分成员会进一步基于其细分需求和价值观，提出新的价值主张，从而进一步独立于母社群组建形成独立的子社群组织。这时子社群继承了母社群的价值观，并对其进行细分、丰富和具体化。比如，原来母社群的价值观可能是"爱护动物"，而进一步裂变出若干个子社群，其价值观分别是"爱护小猫""爱护小狗"等，此时，母社群的价值观对子社群依然具有综合指导作用，但子社群成员的协作互动以及价值创造等具体活动主要是围绕子社群本身的细分价值观展开的；母社群逐渐演化成一个宏观协调联谊和横向协同分工组织。这样以来，基于母社群的价值观又形成了一个社群矩阵，如图3-12所示。

图3-11 裂变示意

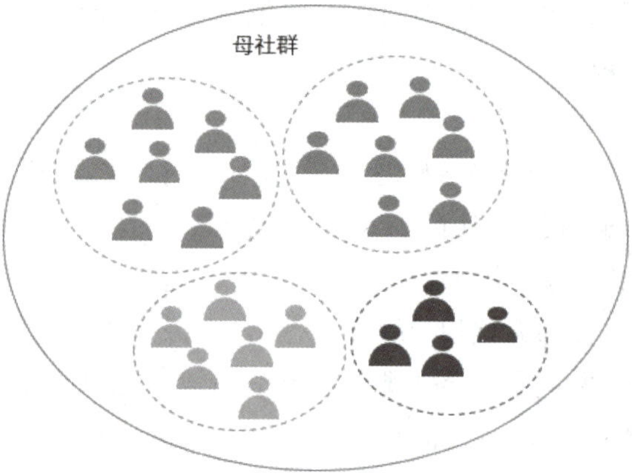


图3-12 社群矩阵示意

所以在裂变思维指引下的社群运营，未来的发展趋势是要在小而美基础上追求社群矩阵数量扩张，而不是像过去追求流量数量那样单一追逐社群用户个体数量的扩张。大规模社群天然存在灌水、广告、松散和不利于治理管控的弊端，这样难免陷入到沉寂死亡的归宿。小而美社群能够做到：高度一致的价值观，高度聚焦的话题，高度协同的合作，高度统一的需求，高度灵活的组织，这才是社群真正的价值所在，否则大规模社群由于失去上述要素而与传统流量经济时代的渠道含义并无本质差异。

### 3.2.3 社群运营的战略逻辑

要做好社群运营，必须要在社群运营基本思维的指导下，进行恰当的社群运营战略规划。通常而言，无论针对什么类型的社群、做出什么样的运营战略规划，社群运营的规划都要遵循三大战略逻辑，即内容引流、价值留粉和社交裂变。

#### 1. 内容引流

所谓内容引流，就是指通过内容传达社群的价值主张和具体产品，从而引导和聚集与社群价值追求一致的爱好者对社群的关注。内容是帮助社群关注者和参与者认知、理解和认同社群价值的核心载体和符号，人们在深入参与、体验一个实际的价值产品之前，都需要通过一定的内容先了解该价值是否符合自己的兴趣和需求，然后再基于全方位的了解再做出是否加入的决定。

在互联网语境下，内容的范围很广泛，无处不在，无所不是，小到一个网页的导航菜单标题或是一句话，大到一篇文章、一集综艺节目的视频或是一个内容型产品（如知乎、百度贴吧）都可以是内容。概括起来，凡是用以阐释、承载、传递某个产品功能价值的信息，都可以称之为内容。无论一个社群的具体价值产品是何种形态，都是建立在内容的基础之上的。如工具型产品，内容一般为UI界面、功能、社区等；电商类产品，内容一般为海量SKU（stock keeping unit，库存单元）、轮播图、网站Banner等；资讯类产品，内容则为文字、图片、视频，等等，以此类推。

根据内容发挥作用的不同，内容可以分为辅助性内容和消费性内容两大类：辅助性内容主要用于向用户解释、说明社群提供或输出产品的相关功能、特色和使用步骤、方法，即辅助用户更好地理解和使用产品价值；消费性内容是直接供用户消费的信息资源，即直接满足用户对某类内容需求，这类产品直接以其提供的内容本身为其核心价值，像视频网站、音乐APP、知识社区等都属于直接提供消费性内容的产品，还有一些读书类、知识学习类社群，其输出的价值核心就是内容，比如樊登读书会、碳九学社等。

内容的形态包括文字、图片、动画、视频、音频等多种形式。互联网早期的内容以图文形式最为常见，随着网络技术的发展普及尤其是5G技术的突破，音视频、动画等形式也越来越常见。而且各种形态搭配组合，综合使用，能达到更为强烈和彻底的表达效果。

内容引流的前提是要有内容，有适应用户需求的好内容，而且能够及时饱和地呈现在用户面前，所以内容引流的核心在于内容运营，包括对内容进行策划、创作、编辑、传播、优化等一系列工作，总地来说，内容运营主要分为内容的策划与生产、内容的包装与呈现以及内容的传播与扩散三个阶段。为了让引流效果达到最佳，需要从三个方面着手，第一是要求内容本身的价值要高；第二是要求内容的呈现形式要新颖、有吸引力，能引起人的注意力和兴趣；在前两者的基础上，要求内容的传播手段要先进，效率要高，传播面要广、传达力要强。内容的载体可以是专业的内容平台，如网络、广播电视、报纸等，社群输出的具体产品本身也可以成为内容的重要载体之一。与此同时，内容引流是一个持续于社群发展初创期、发展期和成熟期等的全生命周期任务，需要在社群规划支持、运营的整个过程中，不断策划和完善稳定可持续的内容供给与传播体系。在内容引流的战略逻辑下，内容在价值和形式上要以稀缺化、独特化为根本运营目标，从而促使社群在用户面前持久的、强有力的影响力和价值感。

总地来说，内容可以被视为社群运营的向心力，它引导着相关人群的注意力始终向社群的核心价值看齐。

### 2. 价值留粉

社群运营的终极目标是吸引和聚集具有相同价值观、相同兴趣并愿意并肩协同、互动交流，深度参与和认同社群价值输出的人，使其成为社群的铁杆粉丝，进而归入社群的麾下，成为该社群“城邦”的永久城民，并将自己纳入到社群的分工和角色体系中。而促使一个人加入某个社群并成为忠实粉丝留下来追随的，只能是实实在在的满足其需求的价值，而不可能是任何掩人耳目的花言巧语式的“忽悠”或纯粹的使命价值观等口号式说教，这就是所谓的价值留粉的含义，即只有坚实可靠的、满足用户实际需要解决其实际问题的价值才是社群聚人留粉的核心。价值留粉是社群运营战略规划的又一重要基础逻辑，这就要求社群创始团队在社群运营规划之初，就要明确对社群运营和发展的核心价值体系进行顶层设计和全局规划。

关于社群价值体系的构建，在讲解社群构建之“三体”逻辑时已经做过较详细的介绍，这里就不再赘述。这里需要强调的是，社群所提供的价值是否可以凝聚粉丝的关键在于该价值是否具备以下三点特征：第一点是价值必须契合目标用户的需求，这种需求可以是物质性的、也可以是精神性的；第二点是价值必须精准、及时，也就是说针对于每一个用户，社群所提供的价值能够具有针对性，最好能有满足不同个体个性化需求的弹性，能够因人、因需定制，并且价值的供给效率要快、要及时，能在用户需求欲望最旺盛的时点得以响应；第三点是价值必须稳定、可持续和不断创新升级，能够对用户产生连绵不断的新鲜感和渴望感。

概括起来，价值可以被视为社群运营的凝聚力，它以强有力的黏性凝聚着社群核心成员紧密团结在社群核心成员周围，使他们全身心地聚拢在社群所构筑的“城邦”里“休养生息”。

#### 3．社交裂变

在3.1节介绍社群运营的三个层次时曾提到，社群运营要经历初创期、发展期和成熟期。在这三个时期，社群成员的角色、数量随着社群发展而不断动态变化和扩展，比如3.1节提到的创始成员、爱好关注者、价值输出者、认同参与者，等等。也就是说，社群运营并不是一个静态过程，不是就只有一群人，供我们去分门别类圈起来然后维持在一个社群里那么简单，而是由核心的创始成员基于核心价值观及其具体价值创造活动维系一个类似于新陈代谢的过程，基于此，社群需要不断获得新鲜血液和新生力量，从而使社群不断得以发展和壮大。

换句话说，社群的扩展是以社群创始或种子成员为基数，通过这些创始或种子成员不断发掘身边的同好、同类人群加入他们从而使社群不断获得壮大，其逻辑遵循3.2.2节中所介绍的裂变思维逻辑。而这种裂变之所以能够达成，主要是发挥了社群成员社交关系链的力量，因为在现实世界里，每个人其实在物理空间里都已天然地同身边或经常交往的人具有相同或相似的爱好、兴趣、价值观以及信任感，相似的追求加上现存的信任感，让“一个传染两个，两个传染四个……”的裂变式扩张成为可能。

因此，所谓社交裂变就是利用社群成员的社交关系资源发展和壮大社群的一种模式。社交裂变的意义在于能够保持社群成员的同质性、凝聚力和统合性，能够确保社群价值共鸣、协作共生、利益共通的本质特性不变形、不走样。所以，在进行社群运营的战略规划时，一定要以社交裂变作为社群扩张发展的根本逻辑，切不可又陷入流量经济时代宣传攻势加漏斗转化的老套路，这样容易弄来一帮投机客，从而形成一个一盘散沙式的伪社群。

概括起来，社交裂变可以被视为社群运营的扩张力，它充分发挥社群已有成员的社交关系资源的力量和优势，使社群获得裂变式的扩展和壮大，并能有效保持社群价值观、文化等基因的正统性和传承性。

### 3.2.4 社群运营的“五化”操作策略

前面已经从宏观层面介绍了社群构建及运营的思维逻辑和战略逻辑，那么具体到操作层面，社群运营究竟该如何操作实施？有哪些通用的操作框架和一般策略？接下来将介绍社群运营的“五化”操作策略，即价值产品化、内容稀缺化、活动游戏化、文化仪式化和运营数据化。

#### 1. 价值产品化

价值是构建社群的基点，也是运营、发展社群的根本支柱。社群成员之间因价值而聚集、交互、协作和共生，由此可见价值对于社群运营的重要意义。所以在社群运营中，首要的核心工作就是保证社群有源源不断的价值输出，持续为社群成员所享用，一个价值枯竭的社群，将难以为继，逃脱不了衰亡、解散的结局。

所谓价值，就是相对于某主体的积极效用及其数量值；所谓产品，就是能够持续满足用户需求解决用户问题的东西。两相对比，不难发现，产品是价值的实现形式和载体，价值依附于产品并基于产品发挥效用。所以，价值产品化就是指基于实际的具象产品的打造与运营为社群成员提供稳定可预期的价值获得感，从而将社群价值体系做实、做精、做长，使社群的发展长盛不衰。

将社群价值产品化具有以下几个方面的意义。

（1）产品化要求社群运营者始终要有用户思维。即坚持用户视角，以用户为中心，紧密跟踪和洞察用户需求，确保社群所输出价值始终能够与价值享用者（即其用户）的需求匹配或是超出其预期。这样才能确保社群价值不跑偏、始终贯彻社群核心价值观，从而有效维系社群核心价值对社群成员的吸引力和凝聚力。

（2）产品化意味着效用最大化。效用是衡量社群价值大小、优劣的重要指标。产品的目的在于解决用户问题、满足用户需求，产品能否被用户接纳和认可，关键取决于产品带给用户的解决方案的效用是否具有竞争力。所以，以产品化的方式打造价值，始终要以追求价值享用者效用最大化为目标，不断优化产品体验、迭代产品功能。

（3）产品化意味着专业化。产品是凝聚了思想创意和劳动的结构化产物，需要通过专业的知识、技术和工程来实现。所以，在社群运营的具体操作实践中，产品化意味着以产品理念、思维为指引，以专业的产品设计和开发方法工具为抓手，以标准化的流程步骤，精心设计和打造体现社群价值的产品表现形式，持续输出满足社群成员需要的产品价值。

（4）产品化意味着结构化和规模化。产品通过结构化的方式彰显价值，让价值具象化，从而给予用户稳定可预期的价值效用数量值，让用户直观体验到获得感；同时，结构化即是一种标准化，这为规模化的生产复制和传播提供了基础，这样使得社群价值可以通过产品复制进行放大，增强社群的价值辐射能力。

综上所述，价值产品化是坚持用户视角、输出精准化价值的综合体现，可以促使社群积累形成可持续的价值打造与供给服务体系。所以，价值产品化是构建社群的价值体系和贯彻社群运营的价值思维的基本操作框架，是落实和发扬社群价值的基本策略。

### 2. 内容稀缺化

在 3.2.3 节中曾指出，内容是社群运营的向心力，它引导着相关人群的注意力始终向社群的核心价值看齐。然而，并不是只要有了内容就具有引人关注的魅力，也不是所有内容形态都能被受众喜欢，也就是说，内容的向心力并不会自动发生。要想在社群运营中使内容能够让受众愿意看、喜欢看和看得懂，让内容能够及时、准确、深刻地传达社群价值体系的内涵，必须做到内容稀缺化。

在当前用户注意力过载的情况下，只有稀缺的东西才能被争相关注和追随。在当前互联网环境下的内容生态里，呈现出有数量没质量的现象，信息内容的数量以指数级的速度在发布，单位时间内的信息内容数量大大超过了人们的关注极限。更为糟糕的是，大多数内容粗制滥造、复制粘贴、东拼西凑，内容质量堪忧。虽然基于社群强大的自组织能力，极大地丰富了内容创作数量和内容源，但其创作的信息内容却存在重复、低质等问题，引不起人的兴趣，激不起人的热情。因此，要想获得更多受众持续地对社群的关注和追随，必须保证承载社群价值宣传功能的内容具有一定品质。这就要求社群运营者要不断提升内容的原创性，打造精品，创造稀缺。物以稀为贵，受众对稀缺的东西总是会给予更高的评价和关注。

这里所说的内容稀缺化包括内容的表现形式、内在价值等各个方面的稀缺化，即要对内容性质、内容的内核、内容的呈现形式、内容的传播方式等的持续创新，通过不断的创新打造具有稀缺感的内容信息价值。比如“罗辑思维”公众号作为罗辑思维社群最早的内容传播平台，就采取了与众不同传播方式，成为社群运营实践的佼佼者。该公众号并不直接向其社群粉丝用户推送文章，而是每天早上由该公众号的运营者发送 60 秒的语音，在语音中浅显易懂地引入一个主题，然后让用户回复一个关键词到公众号里，来订阅与该关键词相关的文章。通过这样的方式，一来用户可以在起床穿衣的同时，调动听觉系统迅速通过 60 秒语音了解当天的内容是否是自己感兴趣的内容，如果不是就不用再订阅和打开文章了。这样的稀缺方式，既为该公众号塑造了独特的形象，又充分为受众着想，不仅节约用户时间，还保障了受众对于个性化和主动性的掌控感。

综上所述，内容稀缺化是实现社群运营内容引流战略的具体方法和路径，是做好社群价值传播工作的核心指导原则。所以，内容稀缺化，就是要以新颖、差异化的创新策略，使社群信息内容传播在内核价值和外在表现上都呈现出品质化、稀缺化，从而引起受众的极大兴趣和关注。

### 3. 活动游戏化

社群是一个基于价值创造与交换的协作共生体，为了实现共同的利益，达到共生的目标，需要社群成员开展大大小小、形形色色的协作、互动和交流活动，从某种意义上说，活动是驱动价值产出、流转与消费的主要形式，也是加深社群成员交往、密切社群成员关系的主要手段，活动的频率、规模和质量也是衡量社群活力和生产力的重要指标。然而，并不是所有的社群成员天然地就愿意付出行为、参与活动、投身协作，每一个行为都需要被激励和驱动才能充分施展发挥。所以，在社群运营中，需要对社群的各类活动形式和过程进行精心策划，以便于其能够激起人们参与的兴趣和热情。将活动进行游戏化设计，是实现提升活动可参与性的有效策略。

所谓活动游戏化，从字面上理解就是让社群成员参与活动就像玩游戏一样有乐趣和着迷。严格来说，就是一种将游戏的机制和设计技巧，应用于社群活动目标与过程的策划，以吸引和激励社群成员达到共同目标的策略。将社群活动进行游戏化设计，意在借助游戏让人深度参与，从而让社群活动得以高质量地开展。

将社群活动进行游戏化设计，主要具有以下一些重要作用。

第一，游戏化的活动能够激起人主动挑战的斗志。游戏机制下，通过一系列的进阶式的关卡和成就设计，能够不断激发参与者的挑战斗志，从而一步一步克服障碍、不断前进。

第二，游戏化的活动能够加强人们之间的联系。在游戏化的机制里，形成了一个较强的社会纽带，创造了较活跃的社交网络。人们在社交网络用于互动的时间越多，就越有可能产生一种积极的“亲社会情感”，这有利于加强社群成员之间紧密而亲近的关系。

第三，游戏化的活动能够激发人们全情投入。游戏化的活动能够激励人们更积极主动、热情洋溢、自我激励地参与到自己正在做的事情当中。这是因为游戏通过一种阶段式奖励机制，让人们感受到“付出就有回报”的奖励，从而激励人们全力以赴。在游戏化机制里，更为重要的奖励来自于自我的不断提升和升级，这给人们带来前所未有的成就感。

第四，游戏化的活动能够维持一种可持续的参与式经济。游戏机制带给人最大的价值是满足感，满足感是一种无限的可再生资源，能够驱动人们持续参与到一种可持续的经济体系当中。所以，将社群活动游戏化，有利于将社群打造成一个可持续的参与式经济生态。

第五，游戏化的活动能够激发超级协作。在游戏化的机制里，人们可以基于共同目标，分工协作，合力攻克难关，获得共同利益。游戏化的活动能够将不同个体紧密团结起来，共同想象和创造未来，从而打开“一加一大于二”的合作共赢的美好局面。

综上所述，活动游戏化是社群协作共生特性的本质要求，是激发社群成员积极参与、主动作为、合作联盟的有效手段，所以活动游戏化是策划和运营社群活动的基本策略。

### 4. 文化仪式化

文化有广义和狭义之分，广义的文化大致包括两个层面的意思：第一层意思是指广泛的知识并能将之活学活用；第二层意思是指内心的精神和修养。这里所讲的社群文化就是指社群形成的精神信仰、环境氛围以及知识修养的外化表现，可以简单地被总结为需要社群成员共同遵守的原则、公约、章程或制度，文化最终表现为社群成员的行为习惯。

文化也可以被理解为是社群成员团体共同的思维特征。文化的核心问题是人，有人才能创造文化。文化是组成社群的人们的智慧和创造力的体现，人创造了文化，也享受文化，同时更为重要的是人要受约束于文化，最终又要不断地改造文化。不同的社群，由于其价值主张不同、组成社群的个体特质不同，便会创造不同的文化，事实上，每个社群的价值观构成了该社群文化的核心内核。反过来说，文化代表了一个社群区别于其他社群的精神气质和独特风格，是一个社群强化自身吸引力、凝聚力和规范性的有效抓手。

所以，每个社群都要注重其自身文化的建设和打造。社群文化的建设绝不能仅仅停留在形成约定、共识上，而是要被社群成员潜移默化的内化，进而外化为其日常的行为规范和行为习惯。要达到这一点，需要在社群运营时采用仪式化的方式，不断强化社群成员的行为与社群文化要求的方式保持一致。

仪式化就是指为了满足心理的需要，而进行的一套独特化的、重复进行的、遵循一定程式的具有象征意义的行为。比如在过生日时对着蛋糕双手合十许愿，在端午节的时候大家一起吃粽子，在升旗时行注目礼，这些都是一种仪式化表现。仪式的意义相当于一个按钮，当你这样做的时候，你告诉大脑我将进入另一个状态，例如，当你起床穿西装、领带或领口时，告诉大脑我要工作。仪式化通过固定程式化的行为方式培养自动化、自觉化的习惯，并通过仪式感激起强大的精神力量，从而达到警示人、鼓舞人、激励人的目的。

在社群运营过程中，为了培养形成社群独特的价值文化氛围，将社群的文化贯彻、发扬到每一个成员的思维方式和行为习惯中，需要采取仪式化的策略，不断塑造、固化和升级社群的文化要求。

需要指出的是，运用仪式化策略要注意以下几个原则。

（1）始终明确仪式化对于社群文化塑造的意义。仪式是文化的表征，也是文化的载体，文化因仪式而得到彰显、提升和传播。没有仪式，既不能形成文化，更无以养育文化。文化被视为一个符号、意义和价值观体系，而仪式则是这个文化体系的象征和外化表现，它可以使一些我们所经历的看似普通的事件被赋予一种特别的甚至是无法言说的意义，直至触及人的灵魂，而社群真正能聚拢人心的核心力量，恰恰是基于社群价值观对社群成员精神和心灵上的刺激和体验。

（2）仪式的形式要新颖有特色。每个社群都有自己独特的价值观及其价值追求，因此，社群仪式要避免单一、内容陈旧、没有新意，而是要融合社群价值观内核基因，体现社群特色，突出仪式对于本社群的独特意义，仪式能激起社群成员的自豪感、认同感和使命感。

（3）不要把形式化当仪式化。形式化不是仪式化，仪式化是一种内外相互形塑、趋于一致的具有固定程式的行为表现，其目的在于达到精神和行为的共鸣、共振；而形式化是一种只图外在表象的博取和外在关注的行为表现，其目的在于吸引外部注意力，比如为了显示出爱情甜蜜在节日送去最高昂的礼物却在平日里对爱人的情绪置之不理的“好好先生”。

综上所述，仪式化是贯彻、落实社群价值观，打造社群文化氛围和塑造社群成员行为习惯的重要载体和手段，所以文化仪式化是社群运营实践的又一重要策略。

### 5．运营数据化

前面针对社群运营中的价值如何构建、内容如何创作、活动如何策划以及文化如何塑造等具体方向，指出了基本的操作策略。这里需要指出的是，前述的价值产品化、内容稀缺化、活动游戏化和文化仪式化策略的有效执行，都必须依赖于运营数据化的有效支撑。所谓运营数据化，就是强调要把数据作为实现社群运营精准策划、高效实施的基本依据，让数据说话，为社群运营操作导航。

之所以要强调数据对于社群运营的重要性，是因为社群是基于互联网条件而链接形成的组织，这使得社群所有的沟通、互动和协作等行为过程都是基于互联网这个基础设施和条件发生和开展的，这意味着在此过程中，可以很方便地基于互联网的数字化便利，记录一切与社群运行相关的行为痕迹数据和结果数据，通过采集、分析和应用这些数据，可以分析总结规律、预测趋势，为社群运营提供指导。

运营数据化对于社群运营的具体操作和实施而言具有重要的基础支撑作用，构建良好的数据化运营体系是做好社群运营的重要保证。数据对于社群运营的重要意义主要表现在以下几个方面。

（1）数据为运营策划提供精确依据。无论是在规划社群的价值产品时，还是在策划社群的传播内容时，抑或是策划社群的任何活动时，都需要基于对相关数据分析，寻找方向和确立定位。比如，在进行体现社群价值的产品设计时，就需要充分了解产品的使用对象的特性和需求，这要依赖于对使用对象身份的相关信息以及其日常行为过程数据的收集与分析，从而准确界定产品使用对象的需求；在策划某项社群活动时，同样需要基于对活动参与对象的相关数据分析，确定能让活动对象接受和喜欢的活动内容和形式……总之，通过数据分析和应用，能够让运营活动有的放矢，精准发力。

（2）数据为运营行为提供实时反馈。一个运营活动实施之后，效果到底好不好？下次该如何改进？这些都要基于对运营过程中各环节、各维度的数据分析得出结论。比如，通过收集和分析参与的人数、互动的频次、会话的内容等数据，可以判断一个活动是否受欢迎以及活动存在哪些待改进的地方。尤其是随着5G技术的突破和普及以及物联网智能大数据技术的发展，让所有数据都可以被实时感应、记录和反馈，从而为各种运营活动的实时调整、优化提供即时和精准的支持。

（3）基于数据可以实现运营自动化、智能化。数据是一切客观事物和行为的数字化表现，当我们能够把全部主体的全部过程、全部环节的数据都可以捕捉和采集的话，就意味着可以基于计算机的强大计算能力，实现自动化、智能化地处理行为主体的行为，对其做出反应，并适时将处理的结果以信息数据的形式反馈给行为主体。这将有利于在社群运营实践过程中，借助信息化工具帮助运营者自动完成一些运营工作，从而提高运营效率，减少人的工作量。

综上所述，数据化是实现社群运营自动化、智能化，提高社群运营效率的必备基础，是实现其他运营操作策略的有力支撑，所以在社群运营实践中要重视运用数据化的方式，实现高质量的运营。

以上就是社群运营操作的“五化”策略，是在社群运营具体操作层面的基本策略框架。尽管提出的“五化”策略是固化的，但这些策略的具体实践可以是灵活多样、丰富多彩和生动鲜活的,“五化”策略只是指明了一个方向,如何在明确的方向上开拓前进,还需具体的探索和实践。在具体的社群运营实践中，要在坚持上述“五化”基本原则的前提下，结合各自社群的实际，灵活多元地拓展适应各项策略的方法和工具，而这些具体的、适应各个社群运营实际的特色化方法和工具才是社群运营的关键任务所在。

后续几个章节将就“五化”策略的具体落地方法和工具展开讨论。

# 第4章　社群价值产品化的方法与工具

社群因价值而创建，也因价值而持续发展、永续图存，而价值必须基于具体产品而发挥和保持效用。所以，将社群价值产品化是社群运营的基本策略，掌握社群价值产品化的基本方法与工具，是对一名社群运营官的基本要求，也是进行社群运营实操的必备技能。本章主要介绍社群价值产品化的基本类型、基本过程及其一般方法和工具。

## 4.1　产品的基本概念

### 4.1.1　望文生义说“产品”

在正式定义产品的概念之前，我们先从中文造词的角度，望文生义地解释一下什么是产品，这将能够迅速帮助我们建立对产品概念的基本印象。

首先，产品首先是一个品，就是一个物品，是一个能成为品的东西又不同于一般的物品。这个品字揭示了产品的三层含义。

（1）品，表明一个优质、上乘的含义，说明产品它不是一个随随便便的物品，而是一个具有优质上乘属性的物品，所以说产品它应该是一个具有结构性、有逻辑性、整合性的给人以优质体验的物品。可以想到，一个粗制滥造的东西是没人使用的，那生产它就没有意义了。

（2）品，还有动词性含义，如品茶、品戏……这就揭示了产品的另一个属性——应用性，产品是用来让人使用、享用的一个物品。

（3）紧接着的问题就是人为什么要使用它？品茶、品戏，或为品出滋味、道理，或为解渴解乏、娱乐消遣，总之是获得了价值。这又说明了产品的又一个属性——价值性，也就是说产品是可以解决人的问题的一个有价值的物品。

其次，品前面还有一个限定词，就是产。产，无外乎就是生产制作的意思，这又揭示产品的另外三层含义。

（1）产品是具有非自然性的物品，它应该是经过设计生产过程而获得的东西，那一些天然存在的东西就不能算作产品了。当然，以天然存在的物质为基础，对其进行进一步的包装、改造之后，同样也可以被称为产品。

（2）这个“产”字，还揭示了一种动态生成性的过程，即产品是经过不断设计尝试、迭代完善而成的物品。即是前一系列“过程”的结果。

(3) 那么这个动态性生成过程的依据是什么呢？那就是用户需求，不断更好地满足用户需求，就是“产”的不竭动力和永恒方向。这个应该很好理解，生产一个产品总是奔着一个目的去的，总是要满足用户的某个需求，为用户提供价值的，否则产品就失去了存在的意义，不能成为产品了。

综上所述，产品就是以满足用户需求、为用户提供价值为主导，经过设计、生产、迭代过程而得到的用以解决用户问题的具有优质体验的东西，如图 4-1 所示。

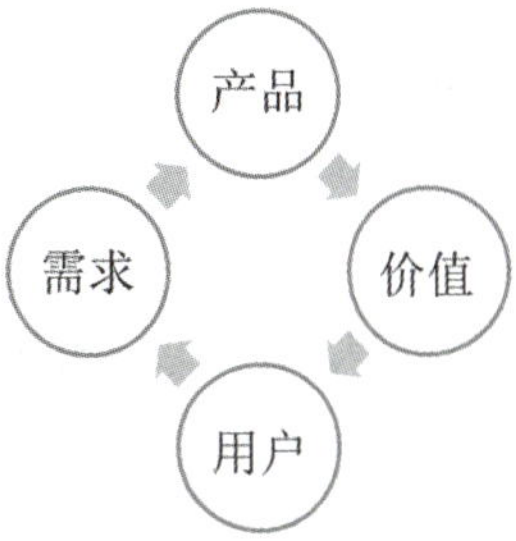


图4-1 产品的概念逻辑

### 4.1.2 产品的基本定义

在从字面上推断产品的基本属性和含义之后，可以进一步得出产品的基本定义。

在现代汉语词典中，产品被解释为“生产出来的物品”。在人们的日常经济社会生活中，也常常把产品理解为是商业组织生产制造出来的任何物质或物质的组合。所以，汽车制造厂的产品就是汽车，牙膏制造厂的产品就是牙膏，如图 4-2 所示。

产品正面图

产品背面图

图4-2 有形产品：牙膏

但是，也经常在银行等机构中听到这样一个概念——理财产品，比如“5 万元定期存款 108 天，利率 5%”，这就是一款理财产品，如图 4-3 所示。

**招商银行金葵花增利系列673号理财计划**

| | | |
|---|---|---|
| 理财产品<br>金葵花增利系列673号理财计划 | 产品代码：108840 | 产品类别：招银进宝系列 |
| | 发售起始日期：2017-05-05 10:00 | 发售截止日期：2017-05-11 17:00 |
| | 产品到期日：2019-05-28 | 预期收益率： |
| | 投资类型：固定收益型 | 风险评级：R2(稳健型) |
| 收藏 评论 | 销售渠道：网上，手机，PAD，网点 | 币种：人民币 |

图4-3 无形产品：理财服务

我们会发现，这个产品与汽车、牙膏相比，其差异在于前者是有形的，而后者是无形的。当然它们也有共同点，即都能满足人在某些层面的需求，比如汽车可以满足人们“提高出行效率、快速抵达目的地”的需要；理财产品可以满足人们“想获取更多钱、让钱生钱”的需要。

概括起来，产品就是指能够供给市场，被人们使用和消费，并能满足人们某种需求的任何东西，包括有形的物品、无形的服务、组织、观念或它们的组合。通常认为，产品是“一组将输入转化为输出的相互关联或相互作用的活动”的结果，即“过程”的结果。

一般来说，产品包含以下三个层次。

（1）核心产品：产品中给用户带来的基本利益和效用，即产品使用价值，是用户真正要获取的东西。产品使用价值在产品整体概念中是最基本、最主要的部分。从根本上说，每一种产品实质上都是为解决问题而提供的服务。因此，营销人员向用户推广任何产品，都必须具有反映顾客核心需求的基本效用或利益。

（2）形式产品：核心产品借以实现的形式，即向市场提供的实体或劳务的外观。由五个特征构成，即品质、式样、特征、商标及包装。即使是纯粹的服务，也具有相类似的形式上的特点。

（3）附加产品：用户获取产品时所能得到的附加服务和利益，是指用户获取形式产品和核心产品时附带获得的各种利益的总和，包括产品说明书、合格证、安装、维修、送货、技术培训等。

## 4.2 社群产品的常见类型

社群产品只是基于产品的生产和使用范围对产品的一种分类罢了，实际上还是产品的子集。社群产品，就是社群基于价值观共识，组织相关角色，按照一定的规则和机制进行协作共创活动所产生的结果物，这个结果物凝结着创造者的劳动价值，并能够为享用者提供使用价值。

在目前互联网等技术支撑的社群协作水平下，可以实现和流通的社群产品主要类型还比较有限，常见的类型主要包括知识型产品和服务型产品，这些产品都属于无形的产品；有形的制造型产品目前主要还是通过传统的企业组织生产和流通，只是在有的制造型产品生产和流通中加入了社群化的衍生服务，以使这些制造型产品更好地满足用户需求。

### 4.2.1 知识型产品

所谓知识型产品，一般有两层含义。第一层含义是：主要以创造、传播知识，提高使用对象的知识水平为主旨的产品，主要表现为课程，其形式包括教材、视频、音频等。第二层含义是：对自然资源依赖程度低、对知识依赖程度高的产品，如药品、计算机软件、通信设备、工厂自动化系统、生物技术产品等。知识型产品的典型特征是高度依赖智力资源的投入，前期研发周期长，需要众多知识领域的交叉配合，这些特点适合以社群化的方式进行分布式协作和创造。

在商业化的社群中，提供的知识型产品多是第一层次的产品，即以提高使用对象的知识水平为目的的产品。这类产品的价值就是创造和传播知识，促进社群成员某个领域的知识水平的提高。知识一般凝结在各式各样的产品形态中，比如可以是图文、可以是音视频（包括直播和录播），也可以是讨论研讨或是某种混合的方式。

提供第二层次的知识型产品的社群，一般常见于一些学术性的非盈利性社群，比如一些科学或技术协会、联盟等。这些组织以探求和突破某个领域科学技术为主旨，连接全球范围的相关研究者加入社群，以分布式的协作，共同进行攻关，发布统一的研究报告或制定统一的技术标准。

本书主要探讨商业领域里社群运营的方法体系，所以后续主要介绍关于第一层次知识型产品的打造方法和工具。

### 4.2.2　服务型产品

所谓服务型产品是指不具有实体，而以各种劳务形式表现出来的无形产品。如信息咨询、法律服务、金融服务等。服务是一方能够向另一方提供基本上是无形的任何功效和利益，并且不导致任何所有权的发生。它的生产可能与某种有形产品密切联系在一起，也可能毫无联系。

无论是知识型产品还是服务型产品，都是相对于有形产品而言的无形产品。为了区分起见，这里的服务型产品，主要是指不以中介物（中介物可能是硬性的实物，也可能是软性的软件）形式而以提供直接劳务的形式满足他人某种特殊需要的产品。而知识型产品，通常是有一个载体的，知识通过该载体承载和传播。

以提供服务型产品体现社群价值的社群通常有两种产品形式，一种是通过社群直接向社群成员提供价值，比如直接提供咨询服务；另一种是通过打造一种环境氛围，使得社群成员感知到服务并享受到相应价值，比如通过营造一个打卡的氛围，让社群成员获得守时、戒掉惰性的价值。

## 4.3　产品化的基本过程

产品化的过程，就是将体现和承载社群价值的特定产品从 0 到 1 设计和实现的过程。产品最大的价值在于满足用户需求，所以只有理解和发掘用户需求，制定可行产品规划方案，完成执行落地并跟进后续产品的优化，才能有效达成产品目标。用户需求的理解与挖掘、产品目标的匹配与实现，绝不会仅仅靠随心所欲就能实现，而是需要一套科学严谨的流程和方法，利用专业的工具，经过反复实践和优化，才能保证最终目标的达成。

一款体现社群价值的产品的策划、论证和实现，通常需要经历以下基本过程。

（1）产品想法的酝酿与构建。所谓想法的酝酿与构建，主要是从用户所面临的问题出发，抓住问题的核心要害所在，开始萌生一个产品的想法，逐渐经过酝酿及逻辑构建，形成产品化解决该问题的思路，即建立通过一个产品解决所遇到问题的意图。

（2）产品分析与论证。所谓的分析与论证，主要是进一步确定产品的核心意图，并进行相关的调研分析，从而进一步论证初步形成的产品想法和概念是否具有可行性，是否需要开展下一步行动。

（3）产品需求管理。所谓产品需求管理，是在上一阶段分析论证认为产品的初步想法可行的前提下，开始全面采集和筛选产品需求，并对需求进行分析，界定需求范围。

（4）产品总体规划。所谓产品总体规划，顾名思义就是要在总体上界定清楚产品化的方向和目标，筹划给出实现产品化目标的策略。

(5) 产品具体设计。在产品大方向和目标确定后，此阶段就是要具体地设计产品的基本“骨架”和“血肉”，是产品由概念一步一步走向实体，形成一个可观察可体验的原型呈现在用户眼前。具体来讲，包括产品用例结构、功能架构、信息架构以及交互体验、界面效果等相关要素的设计。

(6) 产品开发实现。此阶段是按照已经形成的产品需求，调动相关资源或材料，利用相关工具，按照一定的工艺或工序，将产品真正实现，即将产品由一个仿真的实体变成一个真正的实体，这时产品才真正成为可为用户所用的价值实现载体。

(7) 产品发布。当产品开发完成后，经过测试验证与之前设计的原型一致，并且能够稳定运行不出错误后，产品就可以正式被量产、发布，供广大目标用户使用。在正式发布前需要完成的工作是产品使用说明材料的准备及推广资料的准备。正式上线后，需要适时监控产品的运行情况，及时收集分析用户的反馈，以作为下一步产品优化更新的依据。

以上便是社群价值产品化的一个基本过程，当然，在具体实践过程中，应根据社群价值的类别、资源等实际，灵活调整产品化的具体实现过程和路径，只要最终能够实现从 0 到 1 的产品化构建并成功实现产品的量产和应用，都是可行的。

## 4.4 知识型产品打造的方法与工具

在社群化组织流行的早期，大多数社群提供的主要价值就是知识的创造和传播。所以，掌握知识型产品的打造方法与工具，对社群运营至关重要。社群知识型产品的打造，主要涉及知识结构构建、知识研发、知识显性化和知识传播等环节，在此过程中，社群运营者要善于应用各种专门的工具，辅助知识型产品又好又快地打造。

### 4.4.1 知识结构构建工具

将知识进行产品化打造，其实就是将知识结构化的过程，首先要对知识点范围进行界定及其关联关系进行结构化梳理，从而形成针对某个确定主题的知识族谱网络的梳理和构建。在具体实践中，人们常借助思维导图来梳理归纳知识范围，提炼关键信息，理顺知识点的关系结构。下面对思维导图在知识结构构建中的应用做一个简单的介绍。

#### 1. 思维导图简介

让我们首先思考这样一个问题：假设现在让你梳理总结接下来一周你要完成的事情，你打算怎么解决这个问题？在解答时要怎么组织自己的思考过程和结果？如果你还没有行之有效的方法，不妨尝试思维导图这种方式，如图 4-4 所示。

思维导图又叫心智导图、脑图，是一种表达发散性思维的图形式思考辅助和结构化梳理工具。简单来说，就是一种用来帮助你思考和组织想法的工具。

它的理论基础是“发散性思考”，这一人类自然的思考方式。无论是文字、数字、颜色、声音这样的信息，还是激动、难受、开心或抑郁的感觉，或是意象、故事、香气等记忆和想法，只要这些资料进入你的大脑，都可以成为一个思考的源头和中心，并由此引发你进行下一步的联想，想到更多的信息、记忆、想法或感觉。而这些联想到的内容又会成为下一个思考中心，进而向外发散出更多的关节点，循序往返，呈现出放射性立体结构。这个放射性的结构可以视为你的思维数据库。举个例子，给一个关键词水果，我们或许会由此联想到苹果，由苹果联想到白雪公主和 iPhone（苹果手机），又由白雪公主联想到公主和童话，iPhone 联想到乔布斯和诺基亚……这就是一种发散性的思考过程，而“水果”是一开始的思考中心，随后联想到的“白雪公主”和“iPhone”又成为下一个发散性思考的中心，如图 4-5 所示。

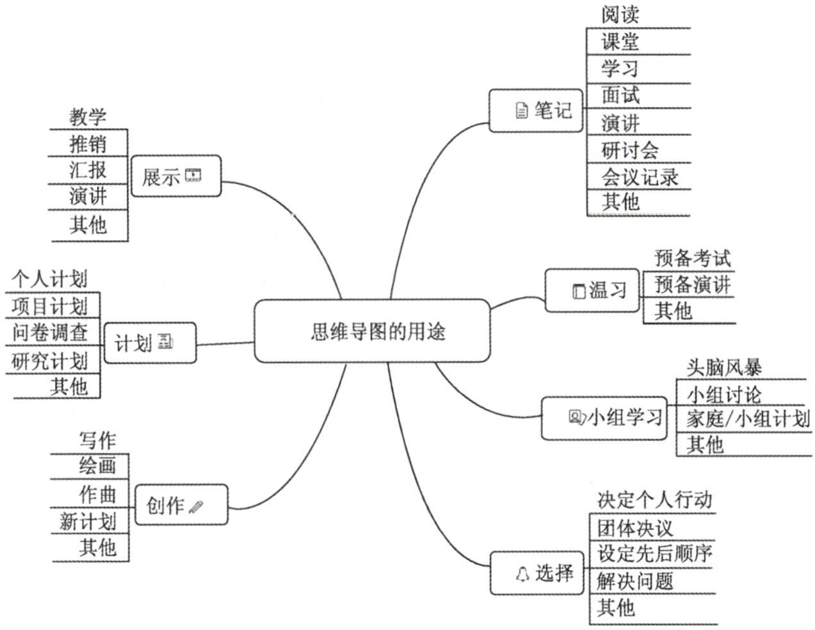


图4-4 思维导图举例——思维导图的用途

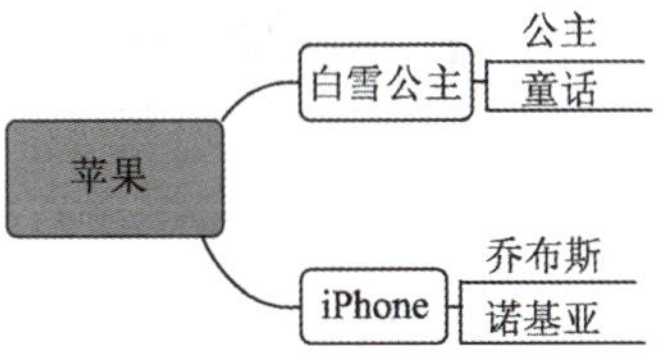


图4-5 思维导图举例——苹果联想

基于这种人类思考的方式和特点，思维导图运用图文并重的技巧，以一个中央关键词为中心以辐射线连接所有的代表字词、想法、任务等，把所有的想法用相互隶属这样的层级关系表现出来，它简单却又极其有效。从本质上来说，思维导图是一张图，一张思维的地图，能够帮助你总揽全局，明确方向，时刻告诉你在哪里，不至于迷路，是知识信息网络分析的容器之一。它具有以下几个优点。

（1）激发你的联想与创意，让你记录收集到尽可能多的信息。

（2）帮助你形成系统的组织思考过程和结果。

（3）锻炼你的思维能力，让你的思考和表达更有逻辑。

由于思维导图能够以符合人的认知过程和习惯的思考方式，对知识信息进行梳理和组织，从而使知识信息得以结构化呈现，反过来，以这样的方式组织呈现的知识结构，由于其符合人的认知习惯，有利于受众接受、认知和理解。所以，在打造知识型产品，尤其知识学习课程产品时，可以利用思维导图对知识结构进行梳理和构建。

### 2. 绘制思维导图的方法

使用思维导图辅助思考和梳理知识结构时要经历两个步骤：发散和收敛。在本节开篇提出了这么一个问题——“假设现在让你梳理总结接下来一周你要完成的事情，你打算怎么解决这个问题？”，这里就以此为例来介绍何为“发散”，何为“收敛”。

（1）发散

发散的意思就是说根据关键词进行不设限制的联想，这个时候你不用纠结联想的内容是否符合逻辑，只需要记录下你所联想的内容即可。对于一些创意性的工作，这个阶段的发散思考正是创意迸发、产出效率最大的时候。另外，如果你和同学或同事进行头脑风暴的时候，也可以用思维导图记录下你们讨论时所提出的所有想法，无论是否符合逻辑，是否具有可行性，都毫无保留地先记录下来。

回到本节开篇的问题，我们看看怎么操作“发散”这一过程。这一问题的关键词或者说思考中心就是“下一周的计划安排”，确定好思考中心之后，你就可以开始发散性思考了。下面提供了一种发散性思考的结果，如图 4-6 所示。这里使用了思维导图的绘制工具来呈现想法，具体使用方法下文将会介绍。

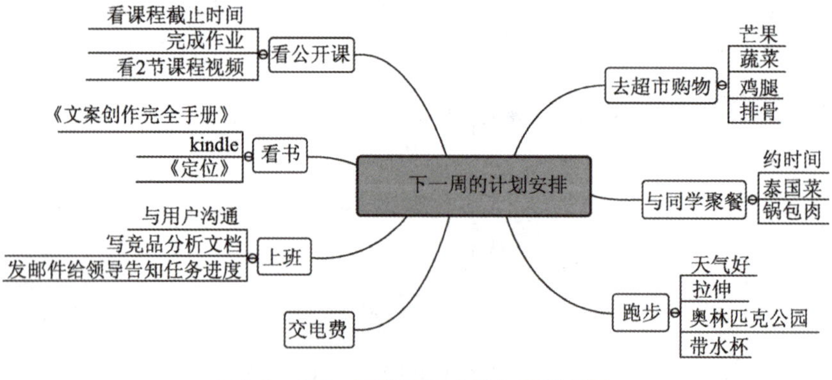


图4-6 “下一周的计划安排”思维导图

发散的意义在于，可以对知识信息的范围进行拓展，从而为某个主题的知识范围边界的划分奠定基础。

（2）收敛

在实际生活工作过程中，这种纯发散性的联想往往在形式上是比较凌乱无序的，在意义上是比较混乱的，很难直接应用于解决问题。别人阅读时也比较难理解，毕竟每个人的发散思考的路径是不同的。例如对于“程序员”这一关键词，有的人会联想到“技术”“牛人”，有的人可能就联想到“宅男”。所以你还需要借助思维导图对这些联想信息进行进一步的整理和补充，使之更具有逻辑性。这个时候就需要你根据一定的逻辑线索或是划分标准来整理你发散联想的内容，将同类型的内容合并；将更具体细节的内容放置到更概括的内容之内；补充缺失的信息；删除无意义的联想。

在图 4-6 中，像“看书”和“看公开课”都属于学习这一类型，就可以将其划分到学习这一更上层、更概括的概念当中。按照同样的逻辑，可以将下一周的计划安排分为工作、学习和生活三类，将之前联想的内容划分到这三类当中。另外，在“看书”及其下一层内容当中，可以进一步补充“看书的时间”这一信息。以此类推，可以得到以下经过收敛的思维导图，如图 4-7 所示。对比“发散”里的图，可以明显看到下图中的内容更有逻辑性，也更容易让其他阅读者理解。

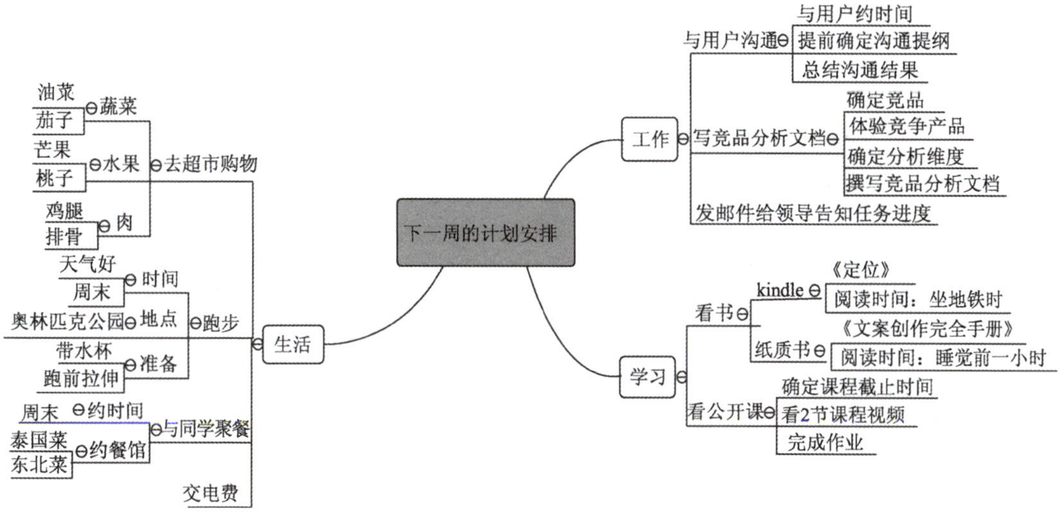


图4-7 收敛后的思维导图

收敛的意义在于让知识信息以符合人类认知过程和习惯的方式，以受众更易于接受和理解的形式，对知识信息进行逻辑化和结构化的梳理和呈现。

### 3. 绘制思维导图的工具

随着思维导图思想及信息技术的发展，人们设计出了专门的思维导图软件工具用于制作思维导图，这样的软件工具有很多，例如 Xmind、MindManger、iMindMap、百度脑图、亿图图示等，在这些工具中，前两者使用比较多。这些工具的操作方法都非常类似。图 4-6 和图 4-7 的案例使用的工具是 Xmind，这里就以 Xmind 为例来介绍思维导图工具的使用方法和步骤。

XMind 思维导图主要由中心主题、主题、子主题、自由主题、外框、联系等模块构成，通过这些导图模块可以快速创建需要的思维导图。使用 XMind 创建思维导图的步骤如下。

（1）新建导图

打开 XMind 软件，选择空白的模板，或者单击“新建”按钮，即可创建一个空白的思维导图文件，如图 4-8 所示。

另外，也可以选择“文件”→“新的空白图”命令，新建一个空白导图文件，导图中间会出现中心主题，双击可以输入想要创建的导图项目的名称，如图 4-9 所示。

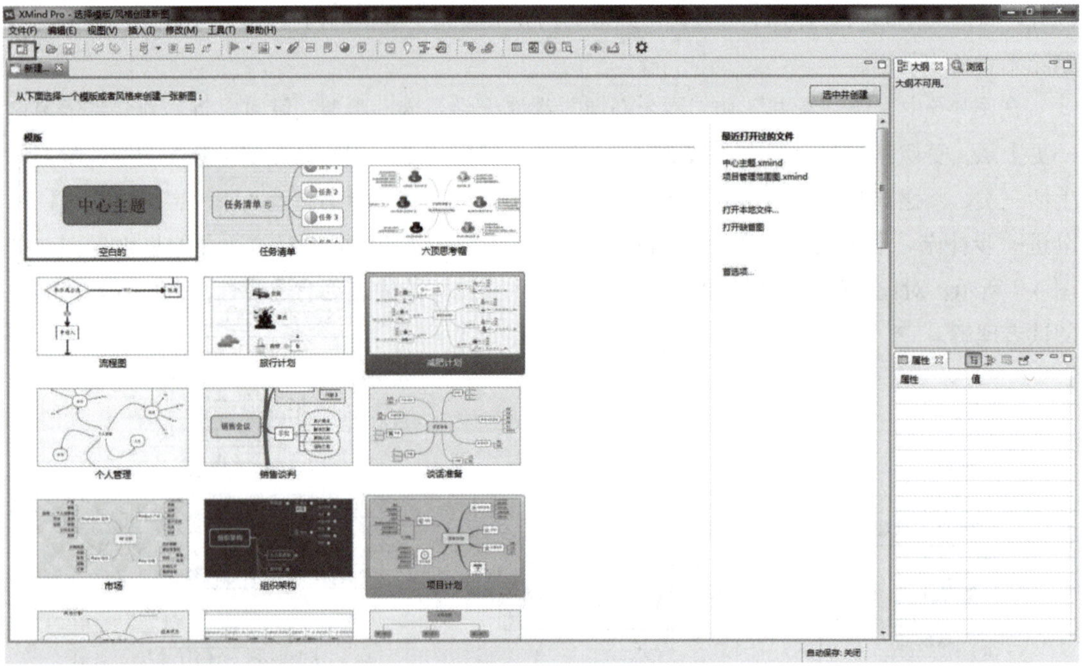


图4-8　新建思维导图文件

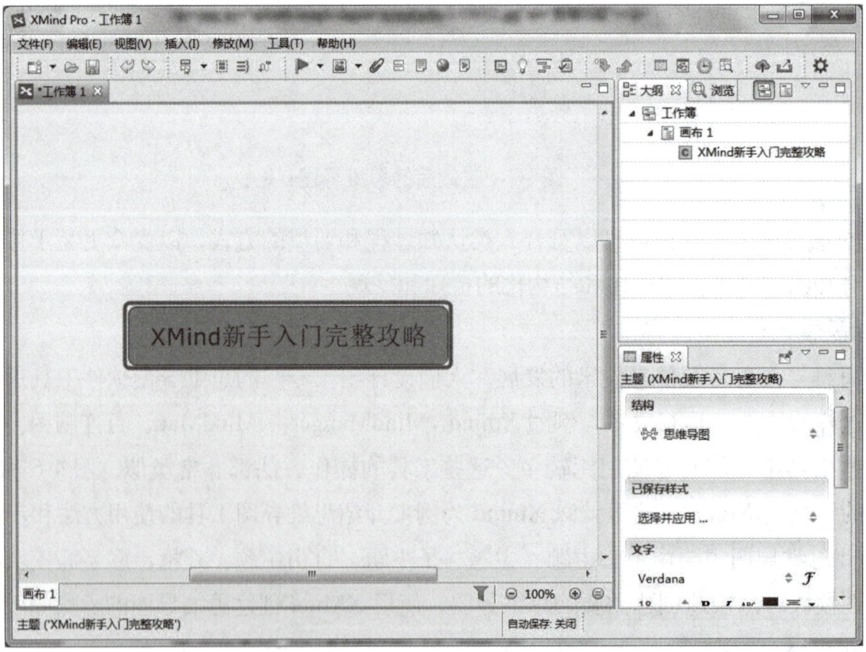


图4-9　输入思维导图项目的名称

（2）添加分支主题

按 Enter 键或 Insert 键可以快速添加分支主题 / 子主题，也可以单击工具栏上的“插入主题”

按钮后面的小黑三角，插入分支主题。双击可以输入主题名称，如图 4-10 所示。

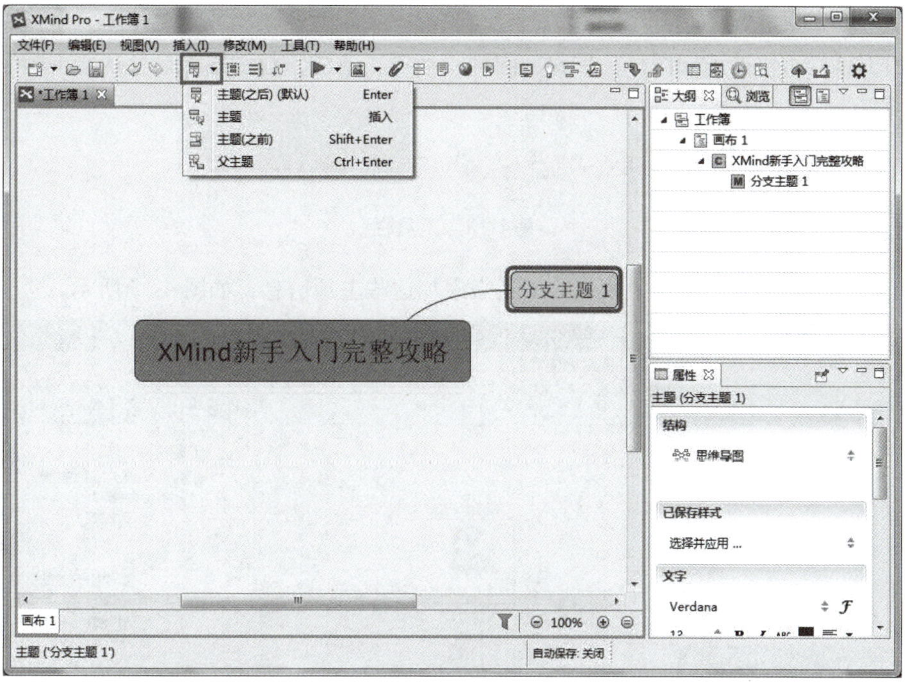


图4-10　添加分支主题

如果分支主题下还需要添加下一级内容，可以再创建子主题，可按 Ctrl + Enter 键或 Insert 键，或单击工具栏上的“插入主题”按钮后面的小黑三角，选择父主题，如图 4-11 所示。

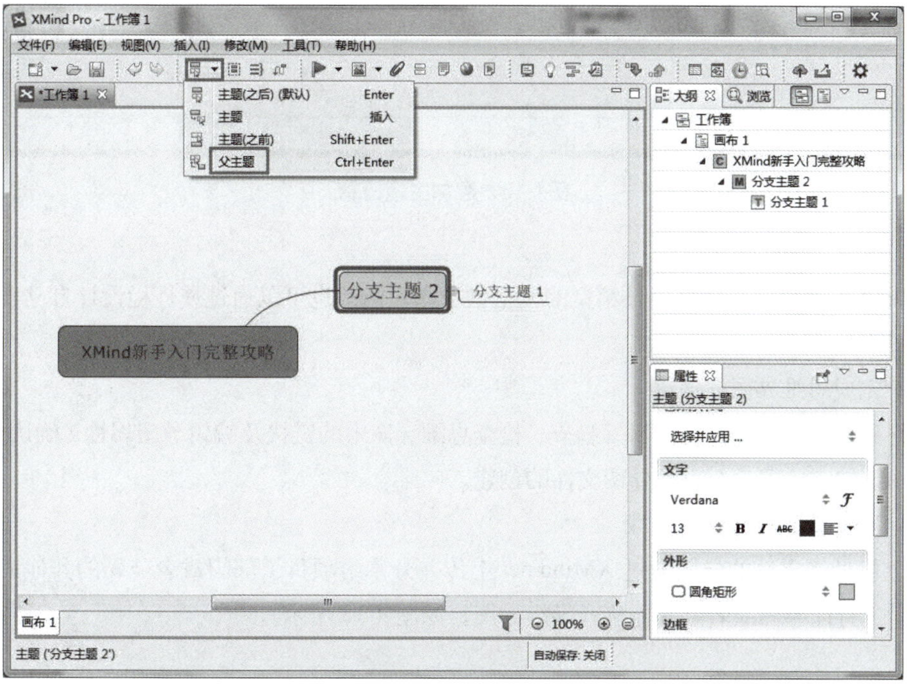


图4-11　插入父主题

如果不需要某个主题，可以先选中该主题，按 Delete 键删除该主题。

（3）添加主题信息

使用工具栏可快速访问图标、图片、附件、标签、备注、超链接和录音这些主题信息，如图 4-12 所示。

图4-12　工具栏

也可以通过“插入”菜单中相应的工具来添加这些主题信息，如图 4-13 所示。

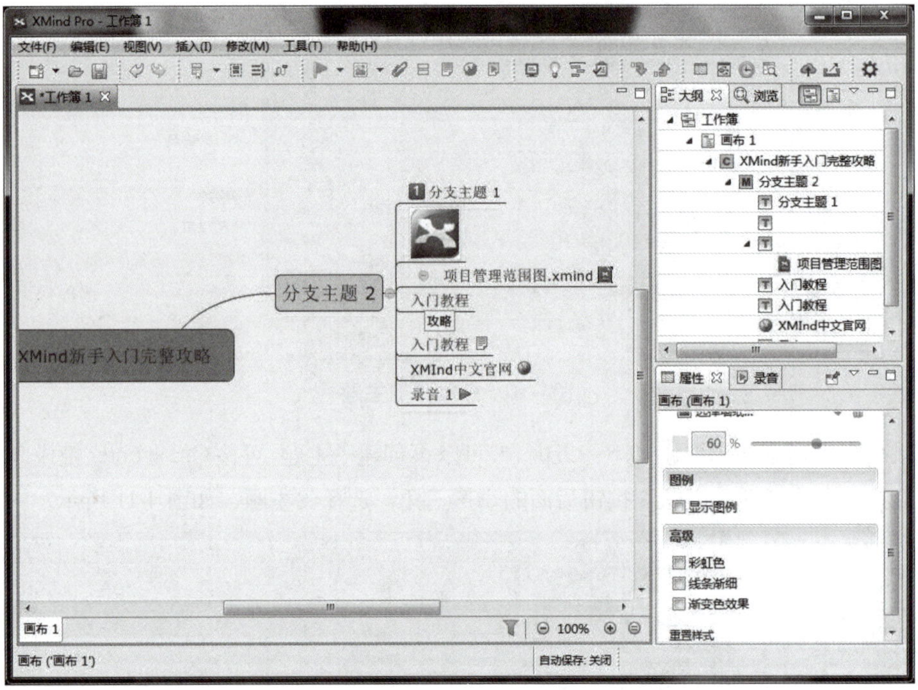


图4-13　添加主题信息

（4）设置导图格式

XMind 本身提供了多种设计精良的风格供选择，当然也可以通过属性栏设计自己喜欢的风格，如图 4-14 所示。

（5）完成思维导图的创建

最终确认思维导图内容的拼写检查、检查思维导图中的链接及编辑导图属性，确认无误后，保存导图，就完成了一个思维导图文件的创建。

（6）XMind 思维导图的应用

可以将最终定稿的导图通过 XMind.net 上传并分享给项目、部门或者公司的其他成员，也可以演示、打印导图或者以其他格式导出导图，如图 4-15 所示。

图4-14　设置导图风格

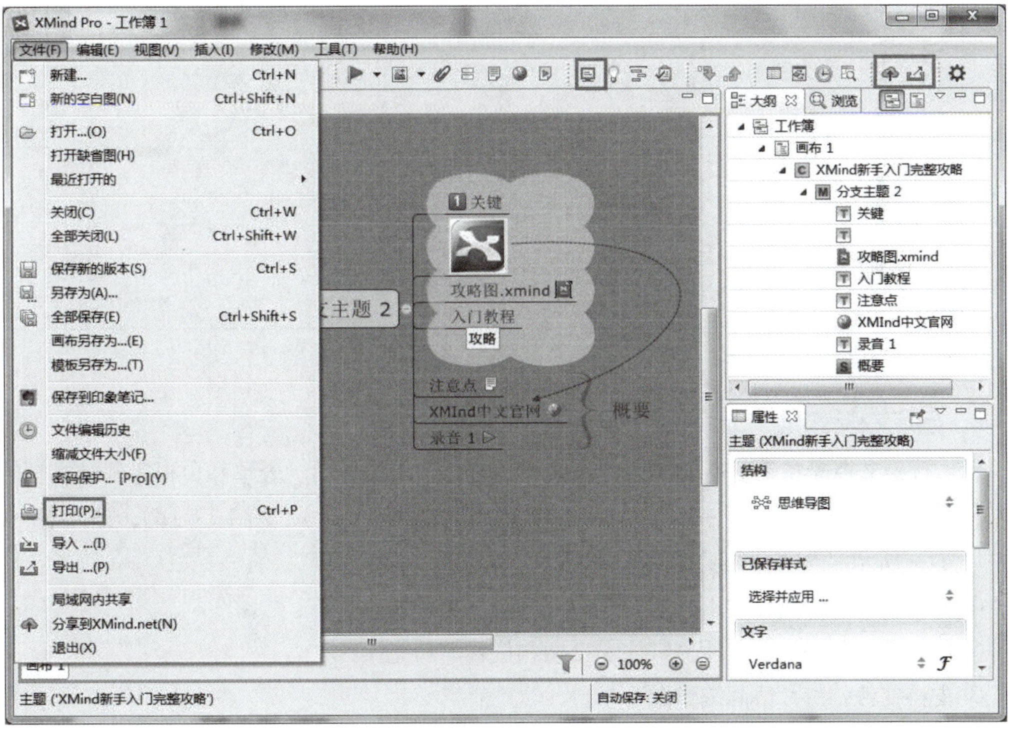


图4-15　思维导图的应用

思维导图工具的操作比较简单，按照以上的流程就可以很快建立自己的思维导图。

在知识型产品的知识结构构建过程中，可以利用思维导图工具，快速有效地进行知识范围的确立以及知识信息结构的梳理。

## 4.4.2 知识协同研发工具

知识型产品，讲求的是知识准确、结构严谨、表现丰富，需要集众智、汇众谋进行论证和打磨，所以在知识型产品打造过程中，常常需要来自不同地方擅长各自领域的团队协同研发，这就需要借助一些内容协同工具，跨越时空进行随时随地的紧密协作和交流。下面要介绍的石墨文档，就是一款基于互联网的、可以用于知识协同研发的工具。

### 1. 石墨文档简介

石墨文档是一款支持云端实时协作的轻快好用的在线文档创作工具，支持多人同时在线编辑同一个文档，同时能够很好地进行知识的沉淀管理。特别适合用于知识的协同研发，共同碰撞想法、制定规划和协同知识编辑等，如图 4-16 所示。石墨文档分个人版和企业版，个人版适用于有简单编辑、分享需求的个人用户或小组用户；企业版适用于团队负责人，拥有成员、文件知识内容及权限管理功能。

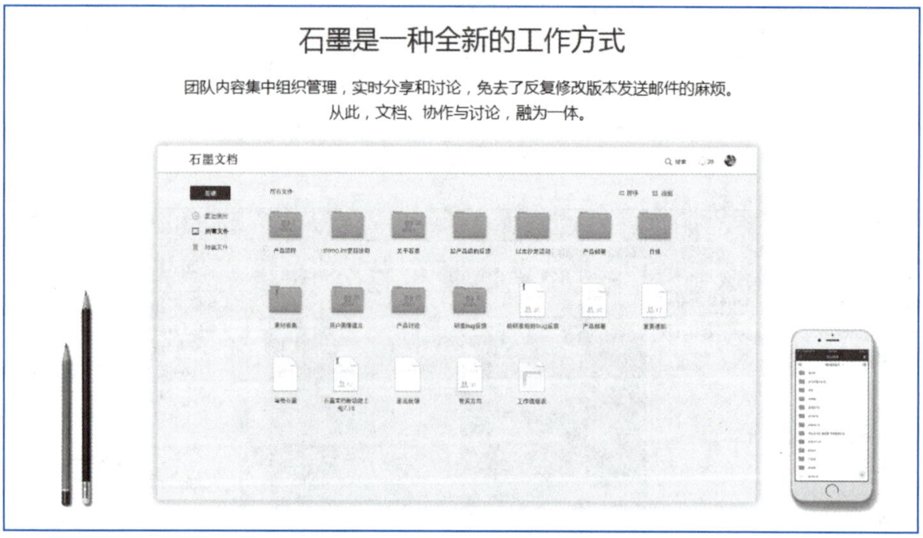


图4-16　石墨文档简介

### 2. 石墨文档的功能

（1）石墨文档提供最基本的文档、表格、幻灯片、思维导图、表单和白板等基础类型的文件内容协同创作功能，如图 4-17（a）、图 4-17（b）、图 4-17（c）、图 4-17（d）、图 4-17（e）、图 4-17（f）所示，这些基础功能如下所述。

① 文档、表格和幻灯片工具集合。

② 文档插入代码块、附件、媒体、日期和位置等功能。

③ 支持在线幻灯片协同编辑和分享。

④ 支持在线表单协同编辑和分享。

⑤ 支持在线白板协同编辑和演示、分享。

⑥ 支持 200 余种表格公式。

⑦ 一键导出、打印功能。

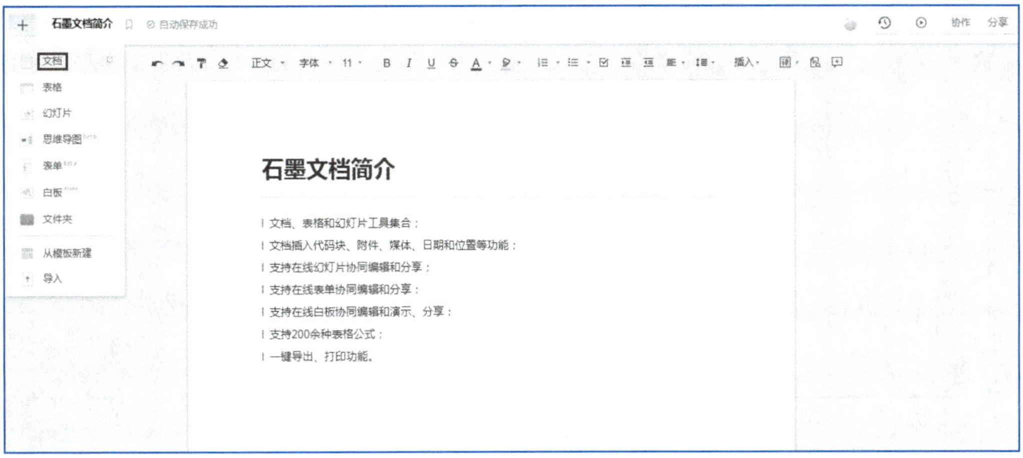


（a）石墨文档支持文档协同编辑

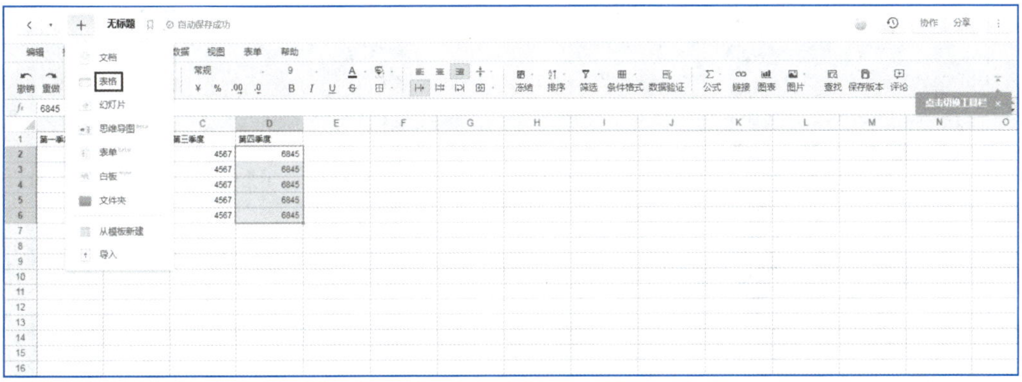


（b）石墨文档支持表格协同编辑

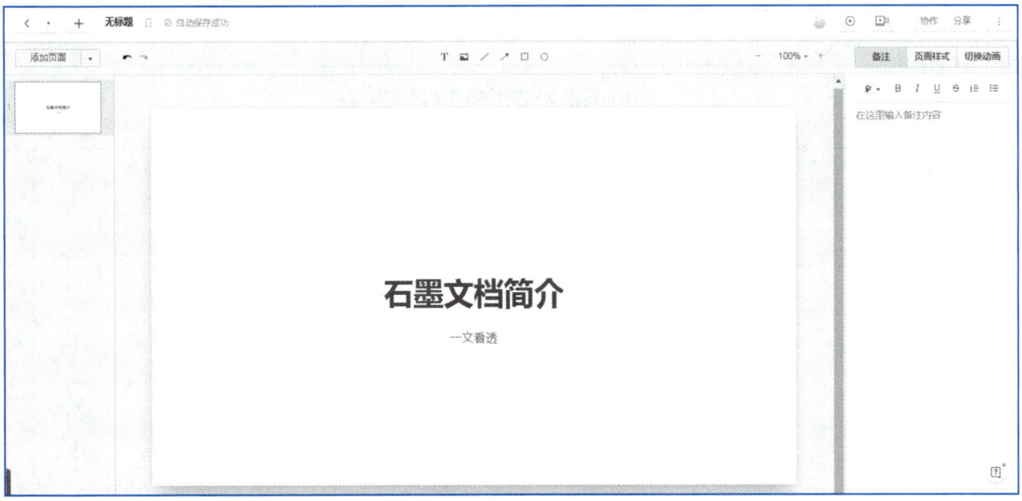


（c）石墨文档支持幻灯片协同编辑

图4-17　石墨文档的基础功能

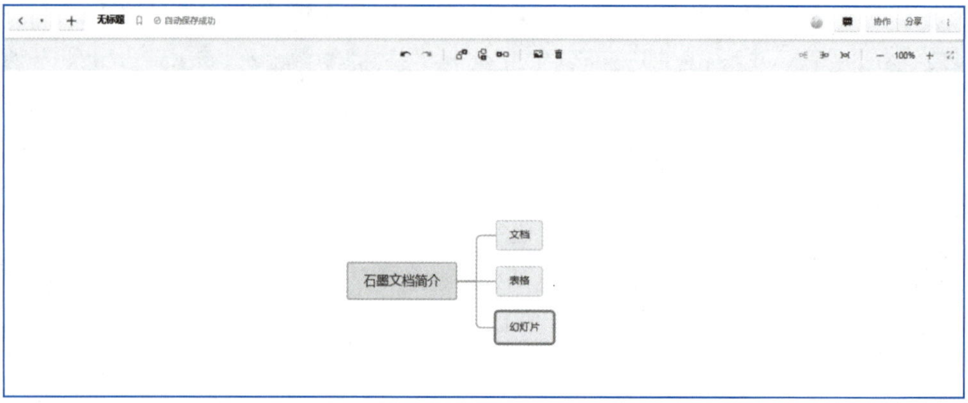


（d）石墨文档支持思维导图协同编辑

（e）石墨文档支持表单协同编辑

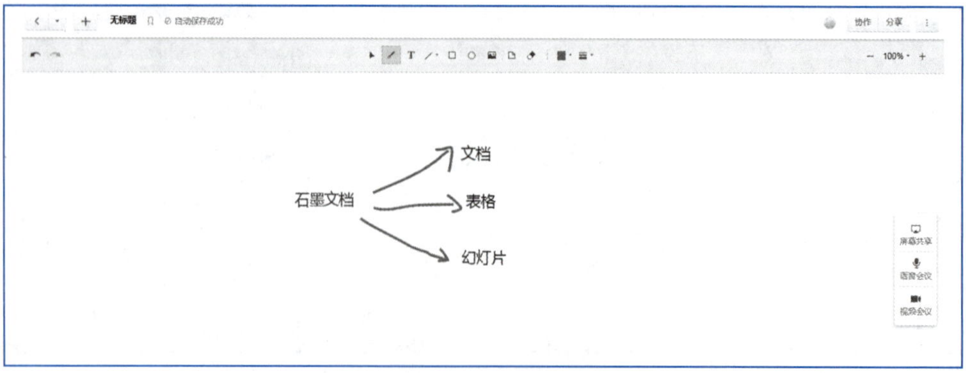


（f）石墨文档支持白板协同编辑

图4-17　石墨文档的基础功能（续）

（2）石墨文档提供多人协作、实时保存和历史追溯的功能，如图 4-18 所示。这项功能的特色如下。

① 多人在线协作编辑文档，告别通过邮件、IM 软件多次传输文件的繁复。

② 每个人的内容都用不同的颜色标注出来。

③ 毫秒级实时多端同步，随时随地开展工作，满足多场景办公使用需求。

④ 断网时的离线内容也能在下次联网时同步到网络端。

⑤ 文档编辑历史自动保存，可随时追溯查看，还可一键还原到任一历史版本。

⑥ 内容实时保存在云端，保证安全不丢失。

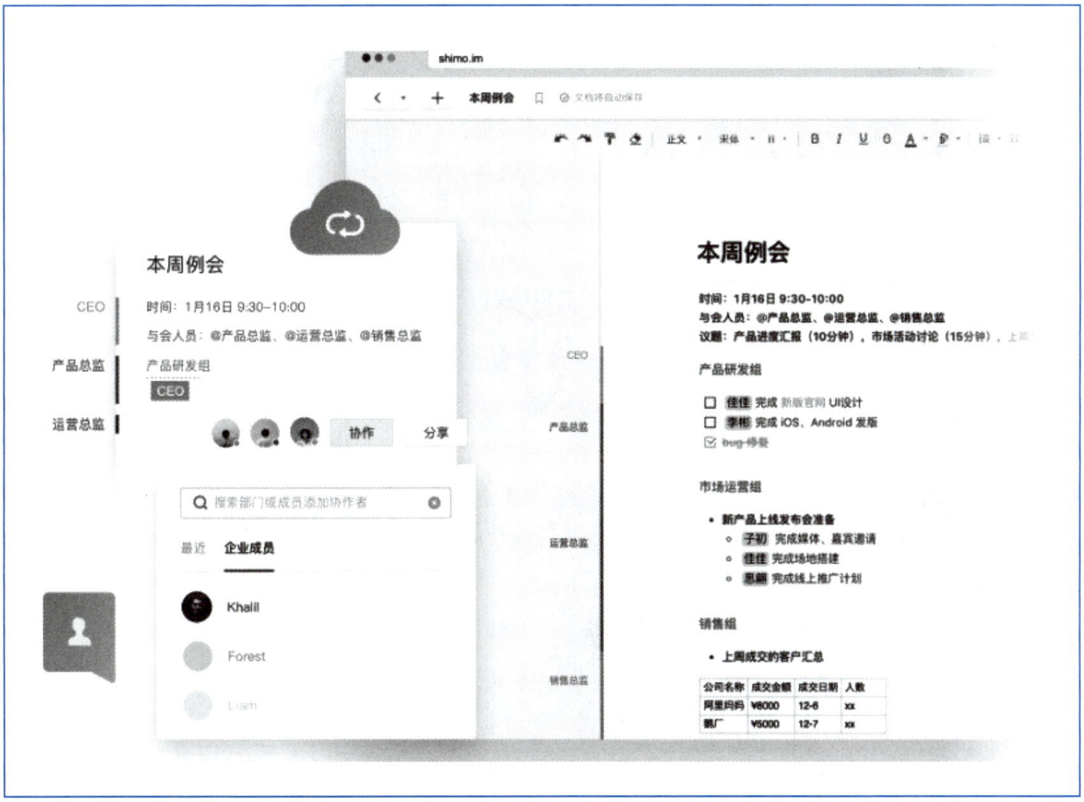


图4-18　石墨文档的协同编辑与实时保存功能

（3）石墨文档提供划词评论功能，方便创作团队实时沟通，如图 4-19 所示。评论的痕迹和内容实时保存在云端，内容永不丢失；即使误删也能恢复，回收站内容可永久保存或永久删除。

（4）石墨文档提供回溯历史编辑记录功能，每个人、每次编辑都记录在案，所有的改动都一目了然，并且可以随时查看或还原内容到某个时间点，如图 4-20 所示。

通过石墨文档提供的丰富的内容文件类型和实时协作工具，可以帮助社群知识型产品研发团队很好地在知识研发过程中构思、讨论和协同，最终以适合用户的形态，如文档、表格、导图、白板图示或幻灯片课件等将知识包装成一个有结构的产品，供目标用户享用。

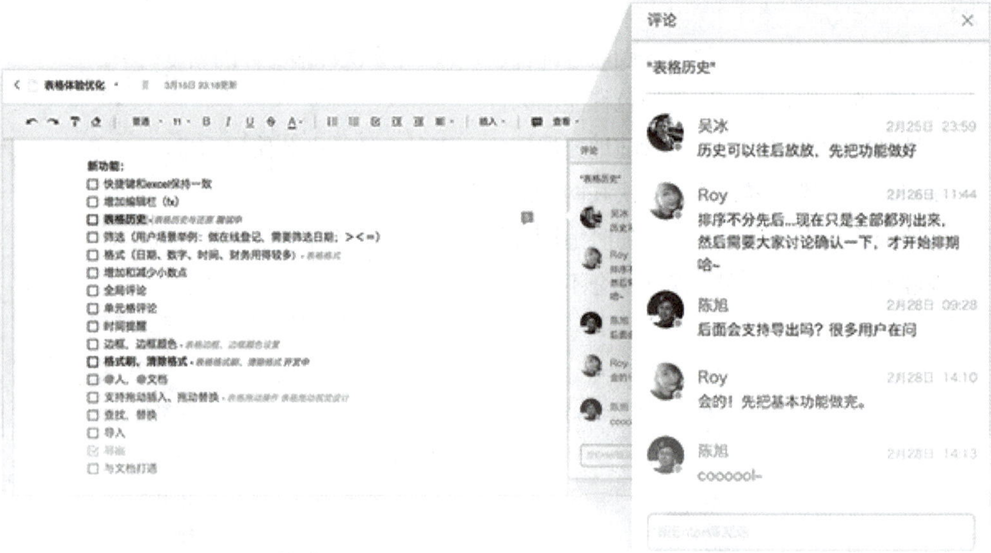


图4-19 石墨文档的划词评论功能

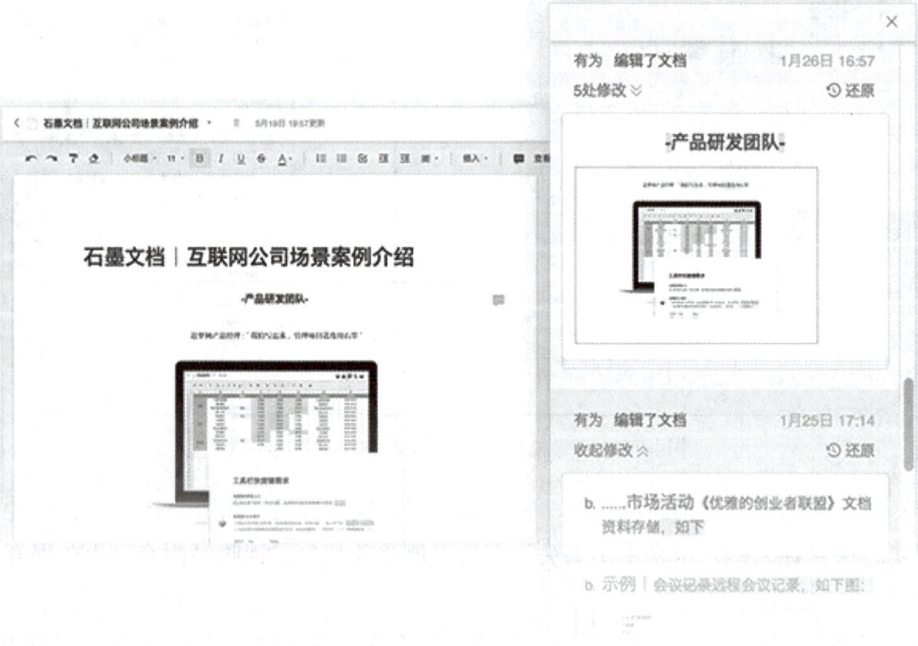


图4-20 石墨文档还原历史记录功能

### 4.4.3 知识呈现传播工具

知识在形成体系之后，需要通过一定的介质进行呈现和传播，从而使知识实现流动和扩散，产生更大范围和更深层次的价值。目前，有很多互联网工具可以支持和帮助有知识的个体将其知识进行产品化封装和传播，借助这些工具，知识产品创作者可以将其知识以视频、音频等多种方式呈现，而且这些工具也可以很方便地在社群中进行推送和宣传。社群成员，只要单击链接并简单地通过几个步骤授权以其微信账号登录这些系统工具，就可以实现一键式的访问和学习。

接下来为大家介绍社群知识分享常用的几个工具，包括千聊、小鹅通、短书等，如图 4-21 所示。它们的功能基本差别不大，都能够支持知识输出者进行知识的组织、呈现和传播，这里仅以最常用的千聊举例说明这些工具的主要功能和用途。

图4-21　社群知识呈现传播工具

### 1. 千聊简介

千聊是基于知识生产、用户需求和内容呈现传播，聚合知识付费、用户运营、营销推广、社群运营、训练营等工具功能，为知识拥有及输出者提供有底层规律和实践性的底层工具以及可信赖的知识服务解决方案。千聊拥有微信端、APP 端、PC 端、小程序等多终端，如图 4-22 所示，千聊可以满足学习者用户多种碎片化学习场景，让用户高效快捷获取智慧解决方案，常被用于社群知识型产品的呈现和传播。

图4-22　千聊知识呈现页面

### 2. 千聊的功能

（1）千聊的知识呈现功能

千聊提供了丰富的知识呈现形式，包括六种模式，分别是视频图文模式、音频图文模式、讲座直播模式、幻灯片直播模式、音频互动模式以及视频互动模式。下面简单介绍下六种知识呈现形式的优势和适用场景。

① 视频图文模式。视频图文形式是指讲师上传提前录制好的视频，受众获得授权后随时收听，没有开播时间的限制，评价直接展现在评论区。界面上半部分为视频播放区，下半部分为图文介绍区和受众评论区。受众单击“播放”按钮即可边看视频边看图文详解，如图 4-23 所示。视频图文模式可以打破时空界限，提供充分的感性材料，优化知识从传授者到学习者的呈现与互动过程，并提供即时反馈，优化改进内容信息和呈现形式，使学习者能力得到发展和提高。

② 音频图文模式。音频图文模式是指知识拥有和输出者提前将录制好的音频上传，同时可以上传音频内容的文字介绍和图片介绍。界面上半部分为音频播放区，下半部分为图片介绍区，无互动区。受众单击“播放”按钮即可边收听音频内容边阅读图文介绍，如图 4-24 所示。音频图文模式适合针对性、逻辑性和专业性较强的内容，内容一般能为听众解决或讲清楚某个知识

点，而且可以方便学习者利用碎片化时间随听随学，不用局限于某个特定时间段进行学习。

图4-23　视频图文模式

图4-24　音频图文模式

③ 讲座直播模式。讲座直播模式是指以分享分段语音为主的知识直播课，语音直播也是一种方便快捷、应用最广的直播方式，直播时讲师可直接语音授课，也可辅以图片、文字和视频，内容实时保存，支持私问、打赏、评论聊天等功能，互动丰富不受时间场合流量限制，如图 4-25 所示。讲座直播模式分享形式类似微信发语音，授课方式轻松，对知识输出者的要求低，分享

过程中可以实时调整分享的内容和与听众进行互动答疑，讲师还可以利用自己的声音优势，通过声音营造课程气氛。

④ 幻灯片直播模式。幻灯片模式是指知识输出者上传 PPT 图片同时配合语音分享的直播，知识输出者可以上传 PPT 至主屏，每张 PPT 绑定对应的语音，以便受众更好地理解课程，如图 4-26 所示。这种模式中，知识输出者通过 PPT 图片来进行语音分享，分享的内容会更加有连贯性和逻辑性。有 PPT 的语音直播，课程内容更加丰富，受众通过语音和图片可以更好地对内容进行理解。

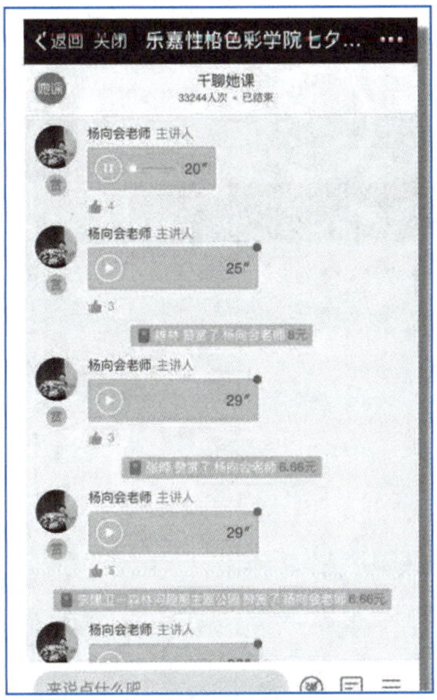


图4-25 讲座直播模式

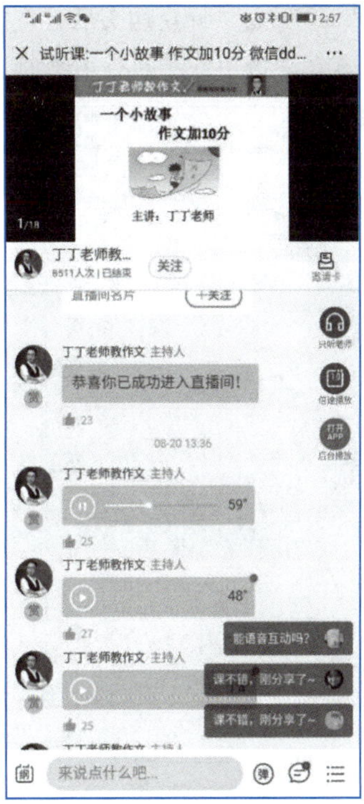


图4-26 幻灯片直播模式

⑤ 音频互动模式。音频互动模式是指知识输出者将录制好的音频上传，定时播放，知识分享者可以在下方互动区与受众互动，这样既有直播氛围，分享者又能在评论区和受众实时互动交流，如图 4-27 所示。音频互动模式结合了直播和录播的优点，定时播放能给受众直播的感受，同时提前录制好的音频能够保证质量，有利于知识分享者以最小成本打造专业优质精品知识产品。

⑥ 视频互动模式。视频互动模式指将录制好的精品视频上传，视频播放配合文字、语音互动。知识输出分享者提前上传录制好的视频，定时播放，既有直播氛围，又能在评论区和受众即时互动交流，与音频互动模式类似，如图 4-28 所示。这种模式既营造了直播效果又有良好的互动，利用视频的丰富性、视觉性很好地展示和阐述了知识的内涵，又利用便捷的互动进一步促进知识的传递和吸收。

（2）千聊的知识传播功能

千聊除了提供了丰富的知识组织与呈现功能，还提供四种促进知识在社群中进行推广和扩散的工具，以帮助知识输出分享者进行知识产品的分销，目前有 4 种分销形式，分别是直播间分销、系列课分销、话题分销、自动分销。

① 直播间分销。直播间分销功能，主要是指举办方将直播间分销链接发给课代表，课代表绑定的推广学员在推广关系有效期内，对直播间话题或系列课门票的购买均按照既定的分成比例将收益分给课代表，如图 4-29 所示。注意，这其中实际上已经应用了前边讲到的社群构建中重要的一环，就是激励体系的建设。直播间分销的操作路径如图 4-30 所示。

② 系列课分销。系列课分销是指举办方将系列课分销链接发给课代表，课代表将系列课分销链接分享给听众，听众购买后，直播间按照既定的分成比例将收益分给系列课课代表，系列课分销关系和逻辑与直播间分销类似。系列课分销的操作路径如图 4-31 所示。

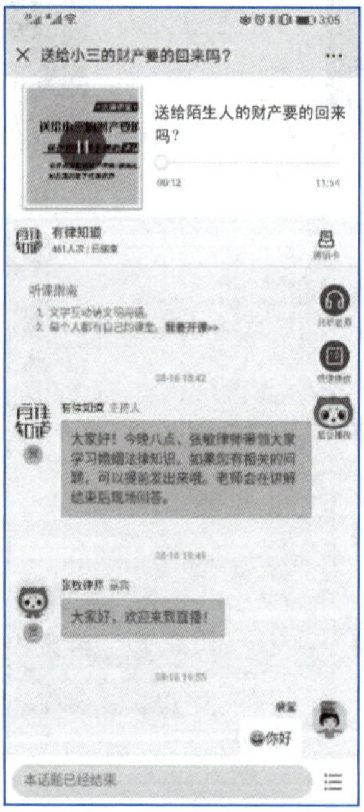


图4-27　音频互动模式

图4-28　视频互动模式

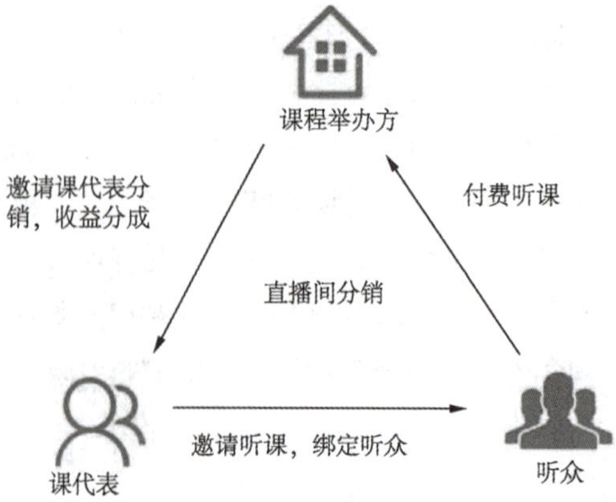


图4-29　直播间分销

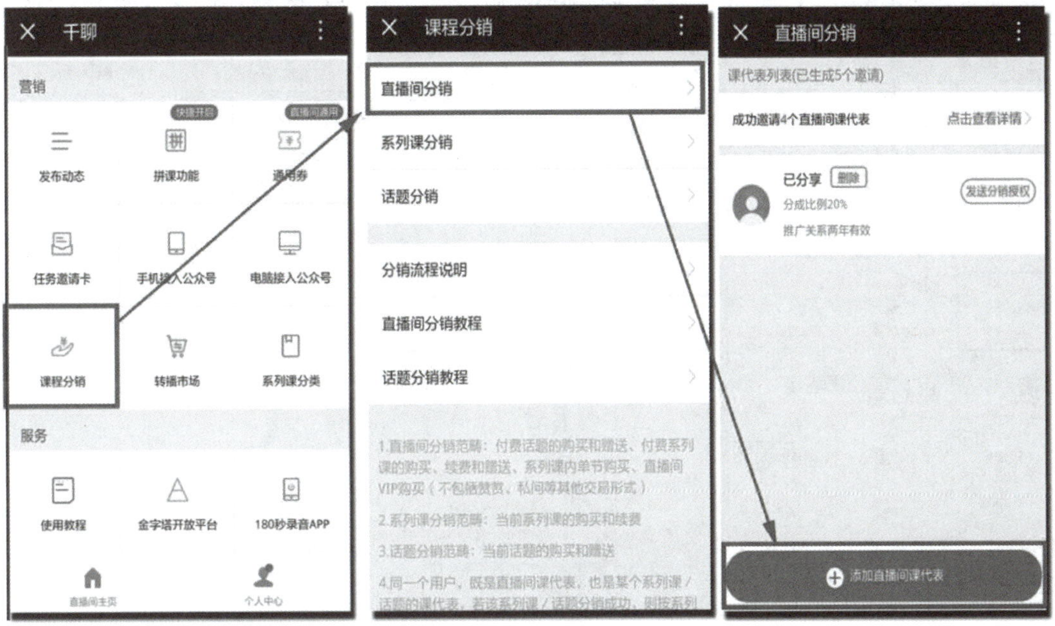


图4-30　直播间分销的操作路径

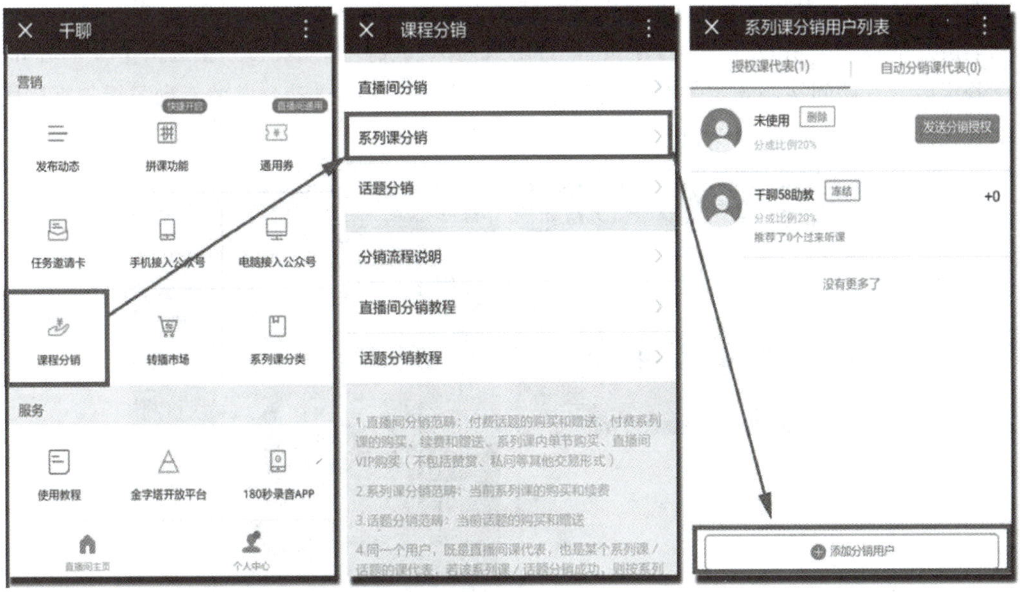


图4-31　系列课分销的操作路径

③ 话题分销。话题分销是指举办方将话题分销链接发给课代表，课代表将话题分销链接分享给听众，听众购买后，直播间按照既定的分成比例将收益分给话题课代表，话题分销关系和逻辑与直播间分销类似。话题分销的操作路径如图 4-32 所示。

图4-32　话题分销的操作路径

④ 自动分销。直播间内所有付费的系列课、单次课都可以开启自动分销，开启之后，听众可以单击介绍页右上角的“分享赚学费”，自动成为课代表，课代表将分销邀请卡分享给听众，听众购买后，直播间按照既定的分成比例将收益分给课代表，自动分销关系和逻辑与直播间分销类似。自动分销的操作路径如图 4-33 所示。

图4-33　自动分销的操作路径

在社群运营过程中，可以借助上述介绍的知识呈现与传播工具，实现社群知识产品的结构化组织和社交化传播分享，推动知识价值迅速实现产品化。

# 4.5　服务型产品打造的方法与工具

在前文中已经讲过，服务型产品是指不具有实体，而以各种劳务形式表现出来的无形产品。简单来说，就是由服务主体直接以劳务为主要形式、以时间为主要度量单位，对需要者提供价值的过程。换句话说，服务型产品必须通过人和人（供应方和消费方）的互动才能完成产品的价值交付。

## 4.5.1　服务型产品打造的核心要素

虽然服务型产品是无形的，但服务型产品提供的价值必须是稳定、可靠，能够被服务对象所信任的，最为重要的是，能够解决服务对象的现实问题。为了达到这样的目标，打造服务型产品需要关注以下几个核心要素。

### 1. 可感知性

服务型产品没有有形的产品介质承载，看不见摸不着，这就增加了用户感受其价值、特性的难度。因此，服务型产品一定要注意其可感知度的设计，这主要需要通过间接的信息元素进行描述和呈现。

首先，要选择合适的信息媒介，清晰地描述该服务面向的对象是谁，能够为服务对象带来的核心价值是什么，即能帮助服务对象解决什么问题，以及解决到什么程度，还有达到该解决效果的前提条件等。

其次，要通过符合服务对象认知特性的信息描述，清晰地表达该服务的服务范围、服务流程以及服务的规范标准。这有利于让服务对象能够形成对该服务比较具体、立体化的认识，从而增加对该服务型产品的感知度。

### 2. 可信任度

无论是有形产品还是无形产品，都要充分展示其可靠性，以赢得用户的信任和认可。无形产品因为其价值的交付取决于服务者与被服务者的互动进程，在事前很难明确地感知到价值的可靠性。所以，在打造服务型产品时，要特别注意向服务对象展示该服务的可信任度。一般而言，主要通过服务环境的布置、服务者形象的设计、服务案例的展示，来为该服务的价值背书，让服务对象通过关联认知加深对该服务价值的感知和信任。

实践证明，服务环境干净、整洁、有序，服务者精神饱满、仪表整洁、行为规范，能够给服务对象带来更大更好的可靠感和可信赖感，从而增加对可能获得的服务价值的信心。与此同时，适当展示已经服务的案例，展示接受过服务的人对该服务的评价，也能够增加服务对象的信任感。

### 3. 问题解决性

人们接受服务，最终是要解决问题。所以，服务型产品的打造最为核心的要素就是确保服务对象的问题得以解决。

虽然我们强调服务要标准化、规范化，但服务的价值最终是在服务提供者和服务消费者之间的互动中彰显和交付的。因此，在服务提供的过程中，不能固守刻板的教条主义，始终明确标准、规范是保障问题解决的手段而不是目的。针对每个服务对象的实际情况，服务提供者要以专业性为基础，并结合当下实际情况，充分发挥灵活性，针对服务对象的实际问题，有的放矢，始终将解决其问题作为整个服务过程的出发点和落脚点。问题解决得越彻底，服务的价值就越能彰显。

## 4.5.2 服务型产品展示的工具

上文讲到打造服务型产品要体现三个核心要素，即可感知性、可信任度和问题解决性。其中，前两个要素主要是在服务过程前就要完成的，其实总体而言，就是通过信息展示将服务进行可视化的展示。

接下来介绍一个展示服务型产品的网站——在行，如图 4-34 所示。

图4-34 在行

在行是一个提供一对一咨询服务的网站，同时也开发了自己的 APP 和小程序。在在行上，可以约见不同领域的行家，与他们进行一对一见面约谈。约谈的方式分线上语音电话和线下面谈两种方式。

利用在行，服务提供者可以界定自己的服务类型、服务内容和服务标准，也可以展示自己的服务案例和服务客户评价等，同时，通过在行，服务提供者还可以获取自己的用户。用户可以通过在行选择服务对象、下单购买服务，在服务完成后，可以给服务打分、评价。

在社群运营中，需要将社群价值化，其中服务就是社群的重要价值形式之一，所以可以借助类似在行这样的平台，将我们所提供的服务进行展示和推广。

# 第5章　社群内容稀缺化的方法与工具

内容是承载和传递社群价值的核心要素，不管是提供何种价值的社群，都需要通过各种形式的内容对这些价值进行说明、解释和示范，从而尽可能多地让社群成员能够全面而准确地理解这些价值。对于已经在社群中的成员而言，只有理解了价值，社群成员才能进一步对价值加以利用以解决自己的现实问题；对于还游离在社群之外的用户而言，只有充分认识和理解了社群提供的价值的性质、类型和特色，才能进一步结合自身需要对价值做出判断和选择，决定是否加入并追随社群。除此之外，稀缺的内容更容易被网络搜索引擎收录，从而增加内容被曝光的量，吸引更多的用户阅读，从而为社群引流。

在社群运营中，内容的创作和传播是重要的工作之一。好的内容，将帮助社群吸引和连接更多的认同者、追随者和拥护者。由于现在信息内容急剧增加，在人们注意力有限的情况下，只有稀缺的内容才能快速引起关注并打动用户。本章主要介绍打造稀缺内容的基本方法和工具。

所谓内容的稀缺化，主要包含两个方面的稀缺：一方面是内容内在价值的稀缺化，这主要是指内容的原创性，只有原创的内容，才能与众不同，给人以特别稀缺的价值体验，从而受众才能觉得稀罕和喜爱；另一方面是内容呈现和传播形式的稀缺化，这主要是指内容在受众的直观感受上，要有一种美好、愉悦、易于识别理解的感受，这主要通过将内容进行视觉化、结构化和多元认知化的方式呈现和传播而实现。

## 5.1　内容内在价值稀缺化的方法与工具

只有原创的精品内容，才能够鲜明地从海量内容信息中脱颖而出，被用户关注和认可。那么，什么是精品内容？如何才能持续原创优质精品的内容？接下来，就如何策划和生产原创精品内容提供一些基本思路和方法。

### 5.1.1　原创内容创作的流程

不管是生产创作什么形态的内容，一篇文章或是一段视频的创作，一般都要经历确定主题、构思结构、拟定大纲、收集和制作素材以及聚合输出等五个步骤，如图 5-1 所示。

### 1. 确定主题

主题是一篇内容作品的中心思想和核心主旨，是内容创作的出发点和落脚点。任何内容创作都要从确定主题开始，只有确定了主题，才能够围绕主题开展结构、布局、素材等各方面的后续工作。在社群运营实践的内容创作中，确定什么样的主题，主要取决于要达成什么样的目的及目标。内容主题是对内容所要传达价值的定位，只有定位准确，才能保证后续内容创作方向的正确以及最终目标效果的达成。

### 2. 构思结构

结构是组成内容整体的各部分的搭配和安排，即内容作品的整体框架构成。有了主题之后，就要围绕主题进行内容结构的构思，对内容作品的整体组成要素、组成框架以及侧重点进行构思与设计。在社群运营实践的内容创作中，结构是展现内容品质的重要因素，只有结构严谨、符合认知逻辑的内容，才能够被受众所认可和欢迎。

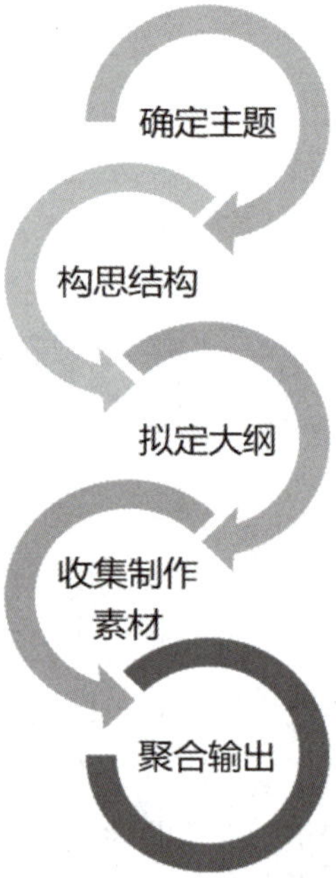

图5-1 原创内容生产流程步骤

### 3. 拟定大纲

大纲是对上一个步骤的具体和深化，是经系统排列的内容要点，并且具有一定的顺序性、逻辑性。如果是创作一篇文章，则大纲就是文章的标题目录；如果是创作一个视频短片，大纲则可能是一个故事梗概或拍摄脚本。

### 4. 收集和制作素材

上述前三个步骤实际上都属于思想、知识等价值要点构建的过程，其产物都是一些构想和想法。接下来要使这些构想真正便于受众接受和理解，还需要将这些核心要义贯彻融入并体现到丰富的内容表达中，即需要通过文字、图片、动画、音视频等素材去呈现。所以，内容创作的第四个步骤是收集和制作相关素材，使内容充实和显性化。

### 5. 聚合输出

当所有的构思、想法都有恰当的素材进行表现之后，接下来的工作就是把这些素材进行梳理，有机地进行聚合，并进行修改完善。最后确认所有内容都符合主题及大纲的规定后，就可以进行内容正式成果的输出了。至此，一个内容作品就这样从 0 到 1 被创作出来了。

## 5.1.2 原创内容主题定位的思路与方法

内容主题反映的是内容的核心主旨，直接决定着内容的价值方向。实际上，所谓精品内容暗含着一个基本前提，那就是该内容的主旨及其所代表的价值要与受众需求相匹配，如果没有内容主旨与受众需求的精准匹配，那内容的价值性也就无从谈起了。这就要求我们在进行内容创作的时候，首先要对内容的主题进行精准定位。

一般而言，确定内容主题定位有两种基本思路和方法，一种是受众关注焦点追踪法，一种是专家权威引领法。

### 1. 受众关注焦点追踪法

用户关注焦点追踪法，顾名思义，就是适时追踪并围绕受众当下的关注焦点进行内容主题的定位和策划。通常可以通过受众调研的方式追踪和定位他们的关注点和疑惑，受众调研主要有直接调研和间接调研两种形式。

所谓直接调研，就是直接面对目标受众，以访谈或问卷调查的方式，了解其所关注的焦点问题或是对某个主题的兴趣程度。下面分别就访谈和问卷调查的基本过程和方法做一个简单的介绍。

#### （1）访谈

访谈是获取信息的一种重要方法，通过与目标受众直接接触访谈，可以获取受众关于某些特定问题的主观看法。一般而言，开展访谈的基本过程如下。

① 明确访谈目的。明确访谈目的是开展访谈调研的首要问题，访谈者需要在明确目的前提下与受访者沟通，再结合受访者提供的内容，挖掘访谈者的特征和需求，并一一记录下来，以便于分析得出结论。

② 明确访谈主题。为了提高访谈的效率，访谈者需要尽快熟悉访谈主题的相关知识或对应的产品。如果访谈者不熟悉这些内容，将会直接影响访谈的进程和品质。

③ 设计访谈提纲。明确访谈目的之后，需要根据访谈目的设计访谈提纲。访谈提纲的设计应符合以下两个原则。

第一个原则是：访谈提纲的题目设计总体来说要由易变难。

访谈题目要设计简单一些，方便拉近与访谈者之间的距离。比如做社群拟推出的社交电商产品的用户访谈时，可以先简单问一下访谈者平时的购物方式、购物平台、使用频率、遇到的困难等，然后再慢慢切换到较复杂的题目，比如对通过社交开展电商交易的具体细节的看法、要求等。就这样一步步从易到难，逐步与访谈者建立信任。

第二个原则是：题目的描述尽量通俗易懂，尽可能避免专业词汇。

访谈者一般对产品专业词汇了解较少，过多的专业术语只会使访谈变得不顺畅，消耗时间，甚至让用户产生不耐烦。所以在设计访谈提纲时，需尽可能避免专业词汇，使用访谈对象能听得懂的语言与之交流。

④ 用户访谈后的整理。访谈结束后，需要及时整理访谈纪要，输出给需要了解这些内容的需求方。如果在产品的研发设计过程中，写访谈报告输出给到需求方可能会比较慢，那么可以选择进行一次用户访谈会议沟通，反馈讨论用户的想法，达到访谈的目的。

在做用户访谈过程中，要注意下面一些细节的把握。

- 在用户访谈过程中，必要时可以根据具体情况偏离提纲上的问题，比如谈到某一个主题，事先设计访谈提纲时你并未考虑到，而这个点被判断对你的访谈主题至关重要。
- 在询问时，要留心用户的回答，密切关注受访者回答问题的方式，不要只访谈提纲上面的问题进行呆板的提问，对话方式要自然一些，确保收集到的是用户真实的感受和想法，而不是迫于某种压力或无奈说出一些口是心非的内容。
- 访谈的任务不是过一遍访谈提纲，而是收集有用的信息，我们需要根据访谈情况追问问题，这些问题可以帮助团队开发用户真正需要的产品。

通过访谈，我们可以经过分析和判断，追踪到目标受众的关注焦点所在，从而为内容主题定位提供方向和坐标，确保选定的主题与受众的需求倾向和关注焦点匹配一致。

（2）问卷调查

问卷调查是指通过制定详细周密的问卷，要求被调查者据此进行回答以收集资料的方法。所谓问卷是一组与研究目标有关的问题，或者说是一份为进行调查而编制的问题表格，又称调查表。它是人们在社会调查研究活动中用来收集资料的一种常用工具。调研人员借助这一工具对社会活动过程进行准确、具体的测定，并应用社会学统计方法进行量的描述和分析，获取所需要的调查资料。

为了准确追踪目标受众的关注焦点，也可以借助问卷调查的方法和工具，直接对受众进行调研和分析。

值得注意的是，在展开问卷调查之前，需要明确问卷调查目标——即我们要调研的是什么，要明确调研的所有目标，因为再次投放调查问卷会消耗大量的成本，所以要尽可能列出所有可能的潜在情况。同时还要明确调研对象——即目标用户模型，需要明确这个目标用户模型投射到现实场景是哪些用户，哪些群体。同时还要明确投放方式——线上多一些还是线下多一些？一般都是线上多一些，使用线上的方式无疑是性价比最高的。

下面详细介绍线上问卷调查的基本过程。

① 设计线上调查问卷目的和内容。调查问卷的内容要做到条理化、具体化和可操作化，以便访谈者可以详细地了解本项问卷的目的和内容，配合问卷调查，我们才能获取有效的信息。

② 线上实施调查过程。按照问卷设计要求，线上投放问卷，比如，可以在问卷星、微信公众平台和微博等平台进行线上投放。投放问卷一段时间，然后进行回收，进行下一步工作。

③ 数据处理分析，撰写调查报告。通过回收用户反馈的问卷，在最大可能地保证准确率和可靠性情况下，对问卷资料进行分析研究，并撰写调查报告。调查报告从探讨的问题开始，到研究所得到的结论和意义结束都要完整表达，并做好调查工作的评估和总结。

目前，有许多可以用来做在线问卷调查的工具，这些工具提供了非常方便快捷的问卷生成模板和功能，能够非常简便地生成一个在线问卷。而且这些工具还提供了适应各种渠道（如Web端、移动端）的问卷发放和收集功能，能够很方便地发放问卷给目标受众，而且填写、提交和收集问卷也非常简单、易操作。最为重要的是，这些工具提供了强大的数据汇总分析和可视化功能，大大节约分析调查结果的精力。所以，可以利用诸如问卷星、腾讯问卷这样的在线调查工具，轻松地创建和实施问卷调查，如图5-2所示。

除了直接通过访谈、问卷调查等直接调研的方式追踪目标受众的关注焦点外，还可以通过间接调研的方式追踪目标受众关注的热点。

间接调研主要是指通过利用第三方的一些渠道收集到目标受众的相关数据，从而帮助我们了解目标受众的关注焦点。这些第三方渠道包括一些问答类社区网站，如百度知道、知乎、悟空问答等，如图5-3、图5-4和图5-5所示。

在这些问答社区网站里，当人们遇到什么问题的时候，都愿意将自己的问题发表出来，寻求解决方案。像“百度知道”社区里，分门别类“躺”着数以千万的问题。而且，还可以通过查看每个问题的关注数、收藏人数、评论数，判断哪些问题是关注度最高的热点问题，同时这些网站也会通过系统分析，将热点问题进行归类汇总，单独呈现在热门栏目里。通过浏览这些问答社区网站，可锁定我们自己所在领域的目标受众，看看他们主要的提问聚焦在哪些点，就很容易追踪到他们的关注焦点。

除此之外，很多大型的互联网平台都有热点指数功能，比如百度有百度搜索指数，微博有微博热搜，甚至淘宝也推出了淘宝热搜，通过这些热搜关键词，也可以帮助我们判断自己内容的目标受众正在关注着什么或是正遇到哪些棘手的问题。

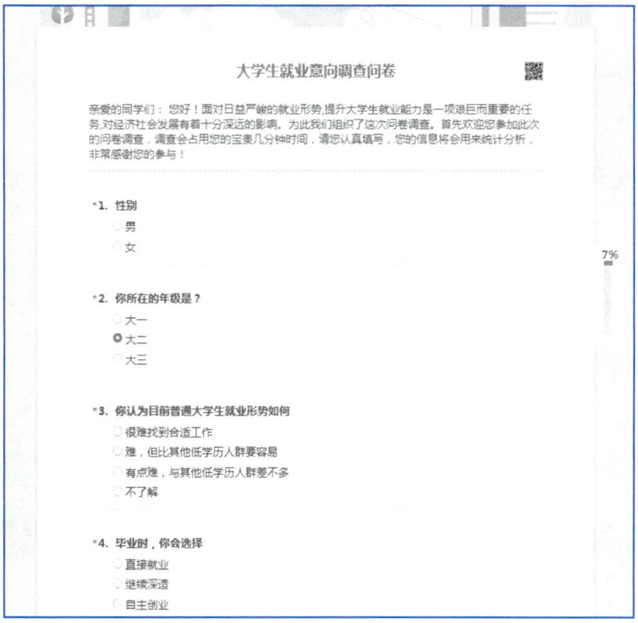


图5-2　在线问卷

图5-3　百度知道社区

图5-4　知乎社区

图5-5　悟空问答社区

## 2. 专家权威引领法

专家权威引领法是指通过咨询某领域的专家和权威，基于其对该领域的长期研究和深刻洞察，确定内容创作主题，以专业性、深刻性引领目标受众的关注焦点。

如果说受众关注焦点追踪法是一种自下而上的内容主题定位方法，那么专家权威引领法就是一种自上而下的内容主题定位思路。

这里的专家权威主要分为两类，一类是领域内或是行业内的专家人物，这些人在该领域或行业已有多年的研究和积淀，具有该领域或行业的系统化知识经验，并能够基于此对该领域或行业相关的主题能够提出击中领域内受众内在需求的深刻的洞察和见解。另一类是指一些专门的研究机构，这些机构通过专业的工具和分工，以专业的方法，对某个特定领域进行长期的监测和研究，从而形成了如专家一样的权威结论和报告，可以作为我们进行内容主题定位的指导。比如，像一些大数据公司，通过广泛地采集相关领域大数据，并基于专业的大数据技术和工具方法进行分析，得出权威的趋势预测报告，我们可以将这些报告的结论作为确定内容创作主题的指南。

在进行原创内容的主题定位时，一方面可以直接与目标受众进行接触，获取一手的需求，另一方面可以借助相关专家权威，确定引领性的主旨话题。受众一方面对匹配自己直接需要的内容是欢迎的，另一方面受众对能让自己产生顿悟的引领性内容是渴求的。抓住这两点，才能很好地制定符合内容稀缺化、优质化要求的主题。

### 5.1.3　原创内容结构搭建的思路与方法

不管什么内容如果是乱作一团，会给人造成心烦意乱、难以理解的障碍。因为人们认知事物总是按照某个逻辑进行的，有秩序、整齐的内容才更容易引起人们愉悦的情绪并容易理解。结构化呈现就是要按照一定的逻辑有条理、有顺序地展示内容。

精品的内容不仅需要主题新颖、切中受众的需求和关注点，更需要在结构上逻辑严谨、层次分明，给人循循善诱和层层递进之感。这就需要精心构思和设计内容的表达结构，使其符合受众的认知思维和理解过程。

一般而言，人们认知事物的常见逻辑有以下几种。

（1）因果关系。原因在先，结果在后（简称先因后果）是因果联系的特点之一，可原因和结果必须同时具有必然的联系，即两者的关系属于引起和被引起的关系，“在此之后”不等于“由此之故”。

（2）层递关系。是把要表达的意思按照大小、多少、高低、轻重、远近等不同程度逐层排列的写法。可使读者层层跟随，因而引人入胜。如是叙事，条理清楚；如是说理，说服力强；如是抒情，易产生感染效果。

（3）主次关系。即主要和次要，分清主次就是要突出重点，聚焦中心思想，而不是记流水账式的没有重点，读起来一马平川，让人摸不着头脑。

（4）总分关系。总分关系就是构建段落方式中的一种，是指自然段中有一句话是对全段内容的总结说明，其他几句分别从不同方面展开。总分关系构成的自然段，在形式上可以是先总说，后分说；也可以是先分说，再总说；还可以是先总说、再分说，最后小结。

（5）并列关系。在文章中，层次、段落、语句、词组都可呈并列状态，并列状态只是有前后之分而无主次之分。

在实际的内容创作中，可以综合应用上述各种结构关系，也可以在某一种关系结构中套用其他关系结构，比如内容主体的关系结构是总分关系，在一些段落或是部分采用因果、层递等结构。

### 5.1.4　原创内容产出的思路与方法

当确定了内容的主题和逻辑结构，接下来就需要围绕主旨思想、遵循既定结构，进行内容细节的填充和描述，从而产出思想独具一格、内容丰富别致的原创精品内容。

原创内容的产出，通常是需要创作者具备扎实的知识积淀和丰富的阅历积累。一般而言，原创内容的源泉主要有两个，一个是对自身直接经验的还原，即将自己的所见所闻所思按照一定的结构，原原本本描述和呈现出来，就可以形成一篇原创的内容，一般把这种方法称为“直接经验还原法”；另一个是对间接的知识进行二次加工，即将自己从书本、他人等第三方媒介获得的零散状的知识、信息，与自己的实践经验进行对照验证，再加以自我的思维框架的串连，用自己的语言、自己重组的逻辑描述和呈现出来，从而形成具有新的主旨思想和逻辑结构的原创内容，一般把这种方法称为“间接经验整合法”。

### 1. 直接经验还原法

应用直接经验还原法进行原创内容的生产，所需要面临的挑战主要是，一个人的经验毕竟是受限于时间和阅历的，也就是说很难依赖一个或有限的几个人能够持续不断基于自身直接经验输出原创内容，经验总有穷尽的时候。

因此，在社群运营的实践中，通常会采取 UGC（user generated content，用户生产内容）的方式来发动更多的社群成员共同参与内容的创作和输出。所谓用户生产内容，就是发动社群里的成员来进行相关主题内容的集体创作，这样就可以解决某个特定人因直接经验限制而无法持续产出内容的问题。

这样以来，内容的运营者只需要进行内容主题的策划以及内容输出规范的制定，再加以相应的引导和激励机制，就可以让社群成员本身既是相关内容的消费者，也可以成为内容的创作者和贡献者。毕竟，每个人都有自己独特的实践经历和体会，鼓励他们将这些直接经验还原出来，就可以形成丰富多彩的原创内容。

利用 UGC 的方式驱动更多的人生产内容时，为了保证内容的价值和风格的稳定性、可持续性，需要做到三个“统一”。

（1）主旨要统一。不管是发动多少人参与内容生产，都要加强内容选题的策划，使得众多参与创作的成员都能够围绕社群的价值主张进行内容的生产，否则就会出现“东一榔头西一棒槌”，每个人都率性而为，想生产什么就生产什么的现象，那样就会使得内容失去统一主旨、偏离社群价值的核心，从而显得凌乱和随意，最后让受众感到不知所云、索然无味。

（2）风格要统一。不同的创作主体，共同为社群生产内容，很容易形成大家各树一帜、自成一派的内容表达风格。而社群作为一个具有统一价值主张的共同体，宣示和表达其价值主张的内容，必须要有稳定一致的风格，才能够给受众留下独特持久且稳定一致的印象。所以，在社群运营过程中，负责内容运营的主要人员要塑造和示范社群内容的风格特点，不断加强对参与内容创作成员的引导，使大家的创作风格趋近一致。

（3）规范要统一。要有统一的主旨和风格，必须要有具体可操作的统一规范来约束参与内容创作的成员。比如，如果是文字性内容的创作，可能要涉及制定标题、正文等的字体、字号、颜色等规范；如果是视频内容的创作，则可能需要对视频格式、清晰度等做出规范性要求。这样，所有创作者按照统一的规范，就能够比较容易地创作具有统一风格的内容。

### 2. 间接经验整合法

不管怎样，我们每个人的直接经验总是有局限的，所以大多数情况下都需要借助间接经验为我所用。在社群运营的内容创作中，更要善于吸收前人或他人已为我们探寻和积累的经验。

当然，这里所讲的间接经验整合法重点在于整合，而不是对已有的别人经验的简单复制。整合的意思至少包含两层意思：第一层意思是将第三方已有的间接经验，基于自我的实践感悟和逻辑框架加以思考和再加工，从而输出超越了原有内容内涵和外延的新内容；第二层意思是将分散的碎片化的由不同主体积累的间接经验按照新的逻辑框架进行统合，形成了新的内容，产生新的价值，从而完成二次创造。

在应用间接经验整合法时，间接获取的输入是整合的前提。在当前的互联网条件下，有很多途径可以获取别人已经创造和形成的间接经验信息。下面介绍几个获取这些间接经验信息的渠道，供大家在进行内容二次加工创作时参考。

#### （1）学术知识数据库

如果想获取已有的比较专业的学术知识经验，一般可以查阅一些学术期刊和专著。在目前的信息化、网络化时代，这些期刊或专著的内容都会被数字化形成专业学术知识数据库，借助互联网就可以很容易地查询和阅读相关主题的学术知识内容。

比如，可以通过中国知网获取专业的中文学术知识内容，如图5-6所示。

中国知网是中国国家知识基础设施的简称，是以实现全社会知识资源传播共享与增值利用为目标的信息化建设项目，由清华大学、清华同方发起，始建于1999年6月。中国知网经过多年努力，采用自主开发并具有国际领先水平的数字图书馆技术，建成了世界上全文信息量规模最大的“CNKI数字图书馆”，并正式启动建设《中国知识资源总库》及CNKI网格资源共享平台，通过产业化运作，为全社会知识资源高效共享提供最丰富的知识信息资源和最有效的知识传播与数字化学习平台。

图5-6　中国知网

### （2）严肃知识社区

除了专业的学术知识数据库，目前基于互联网还诞生了许多严肃知识社区，这些社区多以普及严肃的科技知识或常识为主要目标，形成了丰富多样的问答知识库。一方面这些社区通过引入专家顾问对相关知识的科学性和准确性进行审核把关，另一方面这些社区还发动广大用户对每条知识的答案进行投票推荐，只有那些回答精准、质量优质的答案，才被显示在头条，其他劣质的粗制滥造的答案会被用户打上“糟糕”的标签，然后被平台系统自动折叠隐藏起来。

这些严肃知识社区汇集了千百万人关于某个问题的经验、思考和见解，为进行二次内容创作提供了丰富的素材保障。

这里主要推荐和介绍两个严肃知识社区，一个是百度百科；另一个是果壳网。

百度百科是百度公司推出的一部内容开放、自由的“网络百科全书”。百度百科旨在创造一个涵盖各领域知识的中文信息收集平台。百度百科强调用户的参与和奉献精神，充分调动互联网用户的力量，汇聚上亿用户的头脑智慧，积极进行交流和分享，如图 5-7 所示。

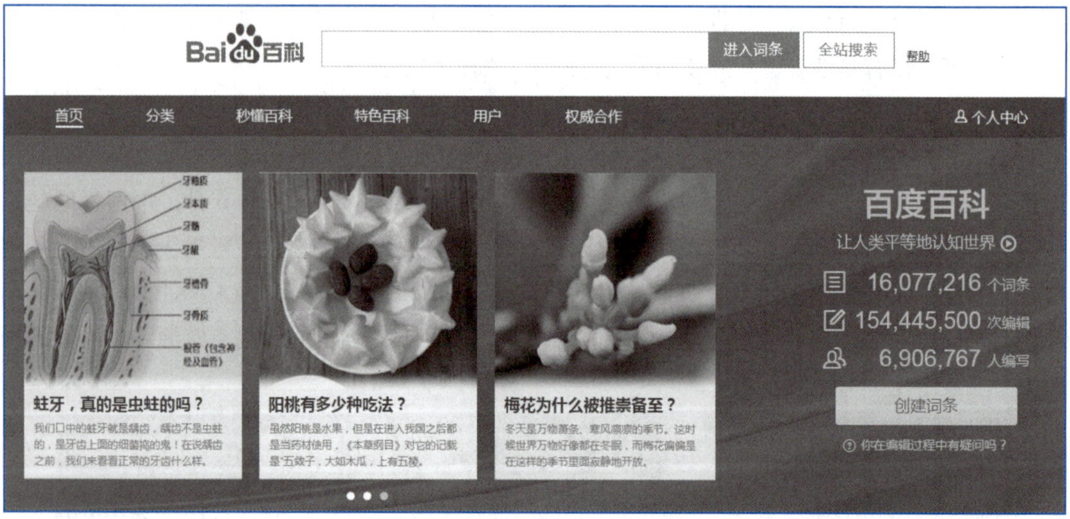


图5-7　百度百科

百度百科测试版于 2006 年 4 月 20 日上线，正式版在 2008 年 4 月 21 日发布，截至 2019 年 8 月，百度百科已经收录了超 1600 万词条，参与词条编辑的网友超过 680 万人，几乎涵盖了所有已知的知识领域。

果壳网是一个开放、多元的泛科技兴趣社区，果壳网现有三大版块：科学人、小组和问答，由专业科技团队负责编辑，如图 5-8 所示。

果壳网吸引了百万名有意思、爱知识、乐于分享的年轻人聚集在一起，用知识创造价值，为生活添加智趣。在果壳网可以关注感兴趣的人，阅读他们的推荐，也可将有意思的内容分享给关注的人；依兴趣关注不同的小组，精准阅读喜欢的内容，并与网友交流；在“果壳问答”里可以提出困惑你的科技问题，也可以提供靠谱的答案。

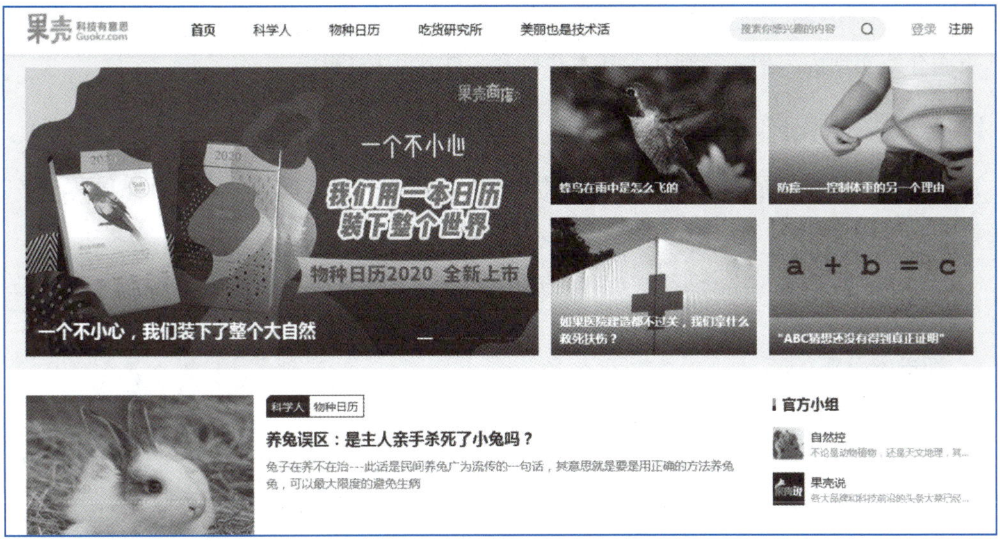


图5-8　果壳网

严肃知识社区为我们提供了几乎覆盖所有领域的知识和经验，而且是基于互联网进行呈现和传播，借助搜索和智能推荐技术，我们可以很方便地获取他人对于我们所关注的某个问题的经验和见解，这为我们进行内容的二次创作提供了丰富的基础素材保障。

（3）网络新闻媒体

除了从专业的学术内容数据库和严肃知识社区获取一些知识经验性内容外，还可以通过网络新闻媒体实时获取大千世界的每个角落正在发生的新鲜事，让我们足不出户就可以掌握当下全世界已经发生或是正在发生着什么。

网络新闻媒体主要分专业的新闻门户和自媒体网站。专业新闻门户常见的有人民网、凤凰网等，这些新闻网站都有专门的新闻采编团队，遵循严格的新闻编发流程和规范，载于这些新闻网站上的资讯一般都比较真实、可靠，可以直接作为时事信息源引用。

随着移动互联网的兴起和发展，自媒体网站层出不穷，如微博、今日头条等。这些自媒体新闻网站的特点是资讯内容全部由用户实时提供，当某个事件发生时，参与其中或是旁观见证的人就立刻通过图文或音视频的方式记录下来并发布在网络上进行传播。所以，相比专业的新闻门户，自媒体新闻网站时效性更强，但由于缺乏严谨的新闻采编和发行规范约束，其资讯的准确性、权威性就相对弱一些。

综上所述，在应用间接经验整合法进行内容的二次创作时，学术知识数据库、严肃知识社区和网络新闻媒体都可以成为我们“间接经验”获取的源泉。

## 5.2　内容外在形式稀缺化的方法与工具

前文已经讲过，内容的稀缺化不仅包括内在价值的稀缺化，还包括外在形式的稀缺化。内容内在价值的稀缺化主要通过打造原创精品内容来实现，前面已经介绍了打造原创内容的两种主要思路——直接经验还原法和间接经验整合法。

下面介绍实现内容形式稀缺化的基本原则和一些实用技巧。

### 5.2.1 打造稀缺化内容形式的方法

所谓形式稀缺，就是指内容在呈现形式上与大多数的一般情况不一样，显得独具一格，同时更具传达力和表现力。

一般而言，打造稀缺内容形式需要遵循两个根本原则，一个原则是视觉化呈现，另一个原则是人性化表达。

#### 1. 视觉化呈现

所谓视觉化呈现，就是尽量让内容呈现得更形象、生动，有结构感和层次感。视觉化呈现能够激活受众的形象思维，使其头脑里呈现出视觉化的图像或影像，多感官参与接收信息，从而能够更快速、更容易接受和理解信息，达到提升传播效果的目的。根据科学家对人类记忆规律的研究，视觉化的影像总是能够给大脑一个更深刻更具体的内容，比单纯抽象的文字更能被大脑接收和记忆。所以，在对内容进行呈现的时候，要尽量做到视觉化呈现。

在应用视觉化呈现时有一个基本的技法口诀，那就是“字不如表、表不如图，图不如多媒体”。这个口诀所表达的根本含义就是，越视觉化的内容表达方式越形象，越容易被受众所接收和喜欢。

同样的内容，分别用文字、图标和动画视频呈现，其效果是截然不同的，越视觉化的表达方式，其传达的效果就越好。下面举个例子，分别用文字、图表和图形描述 2017 年第一季度手机新闻客户端的市场占有情况，来感受一下视觉化呈现的魅力。

（1）文字版

凤凰新闻客户端相较其他平台，其一二线城市活跃用户占比最高，其活跃用户在一二线城市占比分别为 21.95% 和 35.4% 。而腾讯新闻则在三四线及以下城市占比中领先其他手机新闻客户端平台，其活跃用户在三四线城市占比分别为 19.8% 和 26.8%。

（2）表格版（表 5-1）

表5-1 2017第1季度手机新闻客户端活跃用户各线城市分分布

| | 一线城市 | 二线城市 | 三线城市 | 四线城市及以下 |
|---|---|---|---|---|
| 凤凰新闻 | 21.95% | 35.4% | 18.3% | 24.4% |
| 网易新闻 | 21.6% | 35.0% | 18.8% | 24.6% |
| 今日头条 | 20.5% | 33.6% | 19.5% | 26.4% |
| 腾讯新闻 | 20.3% | 33.1% | 19.8% | 26.8% |

（3）图形版（图 5-9）

很显然，以图形化的方式呈现的内容更一目了然，让人更容易理解。

另外，还可以通过“善用留白”和“活用设计原则”的方法，打造内容的视觉化呈现效果。

“留白”是艺术形式的一种特质，中国古代对“留白”的论述屡见不鲜。清代邓石如在论及书法创作时说：“字面疏处可以走马，密处不使透风，常计白以当黑，奇趣乃出。”描述密不透风、缺少想象空间的文本注定是缺少生命力的。接受美学认为，读者的阅读活动也是一种创造，其创造的价值和文本提供“空白”的大小、多少有必然相关。某种程度上，阅读活动的创造价值体现完全有赖于文本提供的空白。

留白也是对当下扁平化设计的“少即是多”的原则的体现。在西方，填补空间意味着把东西放置在那里。

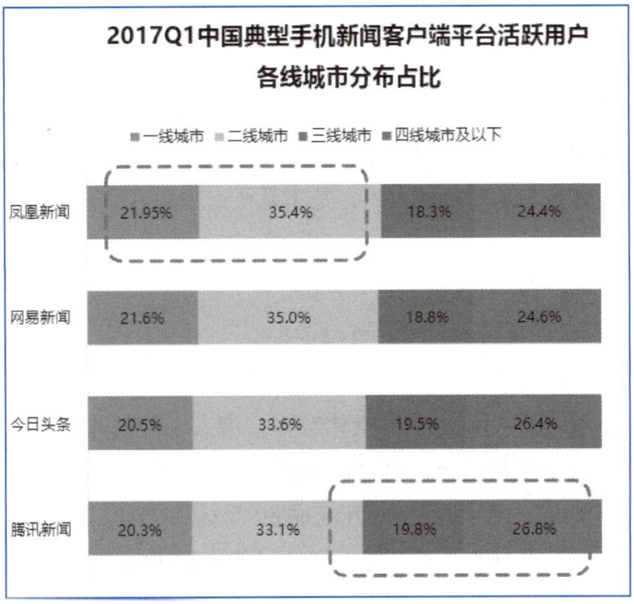


图5-9　2017第1季度手机新闻客户端活跃用户各线城市分分布

在进行内容呈现的时候，适当进行留白处理，一方面能够减少视觉上的压抑、繁杂感，另一方面有利于激起用户对未知的探求欲望，更加专注地探求内容背后蕴藏的东西。

与此同时，还有很多内容呈现的设计原则，可以用来辅助我们进行内容的视觉化呈现，比如可以通过对比、对齐、重复、靠近等方式，对内容进行视觉化设计和呈现，从而使内容更具结构和层次。

### 2. 人性化表达

所谓人性化表达，就是在不改变内容原意的情况下，灵活选择内容表达的角度，使用能够契合受众心理需求的表达方式，从而让内容与受众心理产生碰撞和共鸣。

正所谓“话有三说，巧者为妙”。人性化表达，就是在进行内容表达时，不要自顾自地只是平铺直叙，而是要善于捕捉和洞察受众的心理状态，从而使我们的表达方式能够正好匹配和满足受众的心理期待，让内容正好“说”到受众的心窝里。

下面以最基本的内容标题的不同表达方式举例，说明人性化表达带来的良好效果。

在进行内容标题的命名时，为了使标题更能引人注意、打动人心，基于互联网的内容标题写作常常采用以下一些契合人性的表达方式。

#### （1）标题关联化

标题关联化就是在标题中加入受众喜闻乐见的关联性的元素，以带动其对标题所要表达的内容更快更容易地接受。像地标、名人、每天常见的事物，都能让人有熟悉的感觉，标题里融入这些元素，不仅更容易得到读者的好感，而且当受众帮你传播的时候也更容易脱口而出。

示例：

《一个网络女主播喵喵走红》（未做关联）；

《一个神似 ××× 的女主播喵喵走红》（与熟知影视明星做关联）。

(2) 标题结果化

标题结果化就是在标题中直接点出所要告诉受众的关键结果或结论。受众看一个内容，是因为该内容有价值，所以要在标题上就写清楚受众看完这个内容之后会得到什么好处，这样受众非常容易判断这个内容是不是对自己有用，是不是要点进去看看。

示例：

《亲，参加双十一活动可以打 5 折》；

《国庆期间，用支付宝在商场支付可以返现金》。

(3) 标题数据化

标题数据化就是在标题中明确地列出量化数字，给人一种具体、真实的可获得感。数字，让人瞬间就能对一件事有量化和概念，招聘时说有优厚的薪资福利，不如说月薪 15000 元。减肥广告说从胖人变成苗条人，不如说从 130 斤变成 80 斤。每个人心里都有关于自己的“数据”，只要在标题里说出数字，受众马上用这个数据和自己的数据进行对比，于是马上可以判断这个内容是不是值得一看。

示例：

《优质标题和劣质标题写手的区别在哪里》（没有数据化的标题）；

《月薪 3 000 元和月薪 30 000 元写手的标题的区别》（突出数据化的标题，显然给人的感受更强烈）。

(4) 标题差异化

标题差异化就是在标题中突出与常规认知不一样的点，从而引起受众的好奇心。受众往往都是有猎奇心理的，总是对一些不一样的东西具有好奇心和窥探心。所以，要想让受众对一个内容足够重视，首先在标题上就要标新立异，将内容所提供的与众不同的差异化价值在标题中反映出来，这样才能够成为受众喜欢的标题。

示例：

《学会以下几点让你在老板面前倍受宠爱》（常规写法）；

《在职场学会以下几点，下一个成为老板的人可能就是你》（突出差异性）。

(5) 标题场景化

标题场景化就是在标题中能够带出受众的真实生活或工作场景，让其有感同身受的感觉。每个人都有自己特定生活或工作场景，例如挤公交，看球赛，跟父母吵架，吃美食，逛街……细分到不同职业的人也都有不同的典型场景，比如一个策划，每天辛苦做 PPT、做策划案，一个银行柜员，每天劳累办业务。所以标题中越能体现受众生活的真实场景，就更容易击中受众，这样内容点击率自然好很多。

示例：

《春节了，你妈又逼你结婚了吗》（如果说“该找对象了”就没有场景感）；

《那些年，被客户虐过的银行柜员》（如果说“银行柜员一天的工作”效果就不强烈了）。

（6）标题利诱化

标题利诱化就是在标题中突出对受众的直接现实利益点。每个人都或多或少地有着利己的心理，都有占有更多资源的心理，所以在标题中直接突出对用户的好处、利益，能够有效刺激用户进一步去了解、深挖其中的价值。

示例：

《双 11 在淘宝购物，送 100 元现金券》；

《10 月前办会员卡，送价值 1 000 元小米加湿器》。

（7）标题悬疑化

标题悬疑化就是在标题中突出悬疑感，让受众一时摸不透，而在好奇心的驱使下又想去一探究竟。就像一些电视剧的悬疑剧情，总是有一个接一个扣人心弦的剧情，让观众总猜不出下面一集剧情会走向何方。标题写作也是如此，从标题上就埋下伏笔，使读者由于惊讶、猜想而读正文。此类标题应具趣味性、启发性和制造悬念的特点，并能引发正文作答。

示例：

《一个馒头引发的血案》；

《一个花季少女缘何夜宿坟场？》。

（8）标题揭秘化

标题揭秘化就是在标题中营造出披露内幕的感觉。和悬疑一样，人们最喜欢听到或是探求各种真相，人类的求知本能也让大家更喜欢探索未知的秘密。于是揭秘的标题往往更能引发关注，这类标题常用的关键词：秘密、秘诀、真相、背后、绝招等。

示例：

《双 11 商品打折的惊天内幕》；

《揭秘：乔布斯生前对苹果公司高管的最后一次训话》。

（9）标题问句化

标题问句化就是直接以问句的形式做标题，从而引发受众的思考。问句式的标题往往所表达的正是受众的疑惑，标题的正文恰恰是这个问题的答案。所以，如果这个问题恰好也是受众疑惑的，那么为了得到答案，受众就会被这些问题吸引，从而去关注正文。

示例：

《三个月如何实现月薪翻番？》；

《乔布斯做产品的核心思想是什么？》。

综上所述，在内容的呈现上尽量体现出视觉化的结构和层次，在内容的表达上，让内容表达方式契合受众的心理活动体现人性化，是打造稀缺内容外在形式的重要方法和原则，在具体实践中，结合实践，不断深化和应用，就一定能让内容更具稀缺感，让受众喜欢。

## 5.2.2 内容视觉化呈现的工具

掌握了内容呈现的一些基本原理和方法之后，还可以借助一些工具，快速、高效地对内容进行视觉化、结构化设计和呈现。

针对不同载体和媒介的内容编排和呈现，相应的都有许多辅助的工具，这里主要介绍基于移动互联网上常见的微信公众平台的内容编排以及 H5 内容编排，介绍两款相关的内容呈现工具供大家参考。

### 1. 微信内容排版工具

在互联网社群内容运营过程中，经常会借助微信公众平台进行产品信息的传播，以便于吸引用户来关注、认知产品。微信公众号的内容编辑器功能比较简单，想进行更高级的版式设计就需要借助第三方的内容排版工具。

这里介绍一款非常好用的微信排版工具——秀米，如图 5-10 所示。秀米是一款基于微信公众平台的图文编辑和排版工具，它比微信自带的编辑器多了很多排版功能和美化工具，同时也自带了很多系统模板，包括标题、正文、图片、卡片、标题卡片模板，等等。它的使用方法非常简单，在秀米上将内容编辑排版之后，将内容直接复制粘贴到公众号后台即可，这样会让你推送的微信图文消息瞬间变得整齐、精致起来。

图5-10 秀米排版主界面

### 2. H5 页面制作工具

移动互联网时代，H5 页面是目前非常流行的传播工具。

这里介绍一款比较流行的 H5 页面制作工具——易企秀，如图 5-11 所示。利用易企秀可以轻松制作基于 H5 手机幻灯片页面。它有多种动态模板，能实现文本和图片的滑动、隐现、放大缩小等动态效果。易企秀还与主流社会化媒体打通，方便了内容的分享与传播。

图5-11 易企秀主页

除此之外，还有很多用于进行视频、动画等内容编排的工具，都十分方便和好用，这里就不再赘述，读者可以自行通过网络搜索，获取这些辅助我们进行内容视觉化呈现的工具。

# 第6章　社群活动游戏化的方法与策略

游戏化能给枯燥的社群活动注入一剂新鲜的血液，它能提高社群成员留存，提高社群价值产品的使用时长，提高社群成员的参与度、互动性和沉浸感，增强社群的趣味性。因此，正如在前文关于社群运营的“五化”策略之社群活动游戏化策略里所讲的那样，社群活动是驱动价值产出、流转与消费的主要形式，也是加深社群成员交往、密切社群成员关系的主要手段，活动的频率、参与规模和沉浸度，也是衡量社群活力和生产力的重要指标。

一个社群基于共同的核心价值观链接起来之后，真正贯彻落实价值观还是需要通过具体的行为活动来承载的。否则，大家只是静悄悄地在意识上“神交”，会显得比较空洞、虚幻，也失去了大家彼此归于一个社群的现实意义。既然归于一个社群，就是要彼此交往、互通有无，发挥群体智慧，创造一个个单体所不能实现的更大的价值。而价值的创造必须靠一项项具体的活动过程驱动，所有活动的运营又需要一个个单体行为的付出。

究竟什么样的活动，更能激起社群成员的兴趣、激励社群成员积极参与并愿意付出个体行为呢？这是社群运营过程中对活动策划设计的主要诉求。针对于此，我们提出了以游戏化的策略来设计和实施社群活动，因为游戏化能够拉近社群成员的交往关系、紧密社群成员的协同合作，更为重要的是，游戏化的活动能够激励社群成员增强自我效能感，增强社群成员跨越障碍、克服困难的意志，也能够使得社群成员在活动参与的全过程中体验到一种愉悦感、获得感和胜利感。

那么，如何将游戏化的因素融入社群活动的设计，如何策划和实施游戏化的社群活动？本章主要就此提供一些方法和策略。

## 6.1　游戏化的理论基础

活动终究能不能开展、活跃起来，关键取决于活动能不能调动每个参与的人都付出行动，每个参与者的行动及其相互交融的全过程，构成了活动的全貌。因此，要想研究如何让活动运行顺畅，首先要搞清楚行为在什么情况和条件下得以发生，即行为发生的机制。

### 6.1.1　斯金纳行为实验的启示

1930 年，哈佛大学心理学家斯金纳（B. F. Skinner）制作了一个实验装置，用来研究老鼠如何对奖励这种刺激做出反应，如图 6-1 所示。

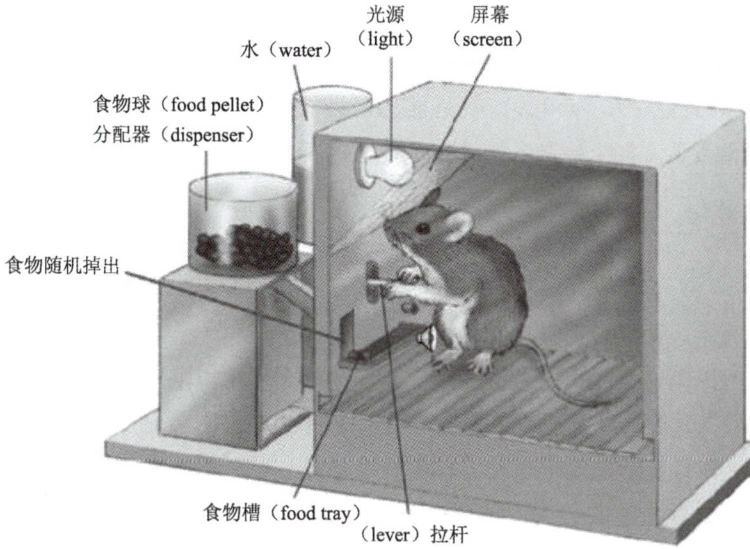


图6-1　斯金纳实验箱

该实验箱是斯金纳在 1938 年发明的，并用于动物操作条件作用实验。其基本结构是：在箱壁的一边有一个可供按压的杠杆，在杠杆旁边有一个承接食物的小盒紧靠着箱壁上的小孔，小孔外是食物释放器，其中贮存有颗粒形食物。动物在箱内按一下杠杆，即会有一粒食物从小孔口落入小盒内，动物可取食。

一只白鼠禁食 24 小时后被放入箱内，开始的一段时间，它在箱内探索，偶尔按压了杠杆，获得食物球。白鼠在初始阶段，可能并没有注意到食物球落下，但若干次重复后，就形成了压杆取食的条件反射，学会了获得食物行为。以后稍有改进，如外包隔音箱，食物释放装置由程序控制等，可测试动物能否学会按三次杠杆以得到食物，或间隔一定时间按压杠杆才能得到食物。

根据该实验的观察结果，斯金纳推测人的行为也是相同的——你只要设计好激励和奖励的措施，人在无形之中就会付出相应的行为。这便是行为主义学说的理论家们对行为发生机制的实验研究，即人们会因为受到某种刺激而付出行为，具体而言，人们会因为奖励而做出某个行为，相反，人们会因为惩罚而停止某个行为。

## 6.1.2　行为设计公式

由斯金纳的实验我们知道，当人们受到激励时便会促使行为的发生或停止。但是，只要设置了奖励，行为就必然发生吗？比如，给予一个 3 岁的小朋友设置 1 亿元的奖励，让其攀登珠穆朗玛峰的山巅，这时你会发现，即便激励足够有分量，但你所期待的行为可能并不会发生，因为攀登珠穆朗玛峰需要有足够的体力和条件，3 岁小朋友并不具备攀登珠穆朗玛峰的能力。

由此可见，行为的发生还会受到其他因素的影响。斯坦福大学教授福格（Prof. B. J. Fogg）在 2009 年发表了一篇论述行为设计的文章，提出了行为设计的一个模型，叫做 Fogg’s

Behavior Model。简单来说，这个模型就是一个公式：

$$B=M+A+T$$

式中：B（behavior）就是行为，即期望个体做出的行为；M（motivation）就是动机，即个体做出行为的意愿；A（ability）就是能力，即个体做出行为需要具备的条件、能力；T（trigger）就是触发器，即个体具备了动机和能力，行为的发生还需要触发，也就是需要直接刺激物。

基于上述模型，关于如何设计从而影响别人做出符合预期的行为，福格教授给出了三点建议。

（1）这个人有做这件事的意愿，就是他想做。

（2）这个人可以做成这件事，做这件事需要在其能力可承担范围内，也就是说，行为设计的越简单可能越好，越简单越可能不会超越行为主体的能力范围。

（3）你需要适时地提醒推动行为人，有明显触发其行为的导火索才能让其做出行为。

需要注意的是，在上述的行为设计模型公式中，驱动行为发生的三个因素是缺一不可的，缺了其中任何一个，都有可能导致行为不能发生。

例如，我们都知道由国内著名电商平台阿里巴巴发起的"双十一"购物节，在这个节日很多人就会做出"抢购囤货"的行为。我们来分析一下，这个行为是如何发生的。抢购某个货物的第一要素是购买者需要该货物，内心存在获取该货物的动机，这是首要条件。比如一个宝妈需要采购尿不湿，这是刚需；那平时为什么没买呢，可能是因为价格太高，超出了自己的付费能力，但是"双十一"这天最大的特点是打折，价格是平时售价的五折甚至是一折，这时货物的价格正好符合购物者的购买能力；同时，"双十一"临近时，商家会动用各种宣传渠道和宣传形式，对"双十一"进行宣传，这样可以很好地吸引购物者的关注度，从而成为了触发抢购行为的触发器。由此可见，"双十一"活动之所以能诱发如此之多的"抢购囤货"的消费行为，主要是因为活动的设计，很好地满足了行为诱发的三要素：动机、能力和触发器。

所以，能力、动机、触发，任何一个要素缺失，行为都不会发生。

综上所述，所谓的活动游戏化，其实就是基于行为设计模型的机制，在行为发生的动机、能力和触发器这几个因素上做文章，借鉴游戏让玩家沉浸、上瘾的机制让行为主体参与活动的动机增强、参与行为的能力条件要求降低、触发行为发生的线索形式多样化且无处不在。

## 6.2 游戏化的起源及其在社交中的应用

游戏其实也是一种活动，是一种人类乐此不疲、易于沉浸上瘾的特殊活动。活动游戏化实际上就是将所有的活动都像游戏活动一样设计和实施，或者是把游戏的因素融于活动的过程之中，从而让活动参与主体体验到游戏一样的效果。

### 6.2.1 游戏化的起源

游戏化 (gamifying) 线上系统最早可以追溯到 1980 年，埃塞克斯大学 (University of Essex)

的教授、多人在线游戏的先驱理查德·巴特尔 (Richard Bartle) 率先提出这一概念，它的原意是"把不是游戏的东西变成游戏"。第一次明确使用"游戏化"(gamification) 这个概念是在 2003 年，随后几年大量研究人员开始广泛而深入地探索将游戏用于其他非游戏玩家之外的人群的可能性，2010 年"游戏化"这个词开始被人们广泛采用并流行起来。2013 年，简·麦戈尼格尔 (Jane McGonagall) 提出——"游戏化，重塑人类积极的未来。"

所以，游戏化本身从来就不是一个新鲜的概念。有些人在追溯游戏化历史的时候，通常都会上溯到 19 世纪末。一家名为 Sperry & Hutchinson 的公司会向零售商派发印花，而零售商又会根据顾客在自家的消费额给予不同额度的印花。当顾客消费集齐 1 200 枚印花，就可以到 Sperry & Hutchinson 换取他们想要的商品。

印花被归纳为游戏化的最早实践，是因为印花满足了游戏化最基本的几个要求——量化：用数值来记录用户的行为；奖励：可以用印花换取商品；简单：只要花钱就可以获得印花。它形成了一种简单但却有效的循环，促使用户保持一个稳定的消费习惯。

沃顿商学院教授 Kevin Werbach 将"游戏化"定义为："在非游戏情景中使用游戏元素和游戏设计技术。"

Badgeville 首席执行官 Kris Duggan 将"游戏化"定义为："游戏化是运用游戏机制和非游戏环境下的奖励提升用户参与度，驱动期望的用户期望。"

所以，游戏化的概念是指在非游戏情景中使用游戏元素和游戏设计技术，将充满趣味性、激励意味的游戏的思维和机制运用到其他非游戏情景来引导用户互动和使用的方法，影响用户使用时的心理倾向，进而促进参与和分享。

本质上，游戏化是一种以人为本的机制设计，它并不是简单地将人视为冰冷的理性计算器，而是充分考虑人脑在数十万年进化过程中形成的一些"非理性"因素，通过一系列有目的的设计，使人获得超出经济理性的激励感，从而更积极、更主动地参与某个互动过程。

早在 1984 年，Charles Goonrandt 出版了《*The Game of Work*》一书，研究如何运用游戏中的元素促进人们提升工作热情和效率。Coonrandt 观察到，人们在能够获得金钱回报的本职工作上消极应付，却对于自己热爱的运动和娱乐项目上没完没了地投入金钱和时间。到底是什么使得这些游戏对于人们产生如此的吸引力，他总结出以下五个原因。

（1）明确的目标。

（2）完善的记分系统。

（3）及时的反馈。

（4）高度自由的个人发挥空间。

（5）持续的指导。

从另一个角度来说，这五点也可以被视为"人脑友好"或"人性友好"系统的五项特征。具备这些特征的活动，往往比不具备这些特征的活动更受欢迎，更容易吸引人们积极地参与，从而表现出强大的竞争优势。

从 Coonrandt 的研究出发，人们对于游戏化进行了大量的研究，包括如何激励用户行为，如何使用户形成习惯甚至上瘾，并提出了一系列的机制、框架和设计原则。在往后的游戏化实践当中，游戏化在被引入其他非游戏的领域中，并造就了一系列引人注目的成功案例，一些商业机构用游戏化促进了其诸多目标的加倍达成。

（1）麦当劳用“大富翁”棋盘游戏增加了薯条销量。

（2）美国军方用募兵游戏来激励和吸引年轻人参军。

（3）大众汽车发起“人民汽车工程”，以游戏化的方式吸引大量用户参与新一代汽车的设计构想。

（4）Nike 用游戏化机制鼓励用户达成健身目标。

（5）FoldIt 用游戏化方式吸引大批玩家，仅用 10 天时间就完成了困扰研究者 15 年的艾滋病毒研究问题。

（6）Beat the GMAT 网站使用游戏化方式帮助学生提升 GMAT 考试成绩。

在移动互联网大范围普及之后，游戏化已经被广泛地应用到互联网产品设计和运营的诸多方面，这也造就了很多令人上瘾的互联网应用产品。

### 6.2.2 游戏化在社群交往中的应用

随着移动互联网技术的发展和普及，基于社交网络及其工具的社群交往关系与游戏有较高的契合度。游戏化与社交的融合已有先例，在 PC 网络社交时代，“偷菜”“抢车位”等社交小游戏的风靡为开心网、校内网带来了大量用户，如图 6-2 所示；QQ 推出的用户等级体系、QQ 装扮、QQ 宠物等增强了平台用户的粘性，如图 6-3 所示；在移动社交时代，以微信、陌陌等为代表的社交应用通过多样化的聊天表情实现了商业盈利。

图6-2 PC时代的偷菜游戏场景

图6-3 QQ宠物游戏

进入以年轻用户为主的泛娱乐消费时代，游戏化社交更充分地融入游戏化元素和游戏设计技术，在移动社交用户体验的各个环节，包括用户上手、用户参与、用户留存、用户转化等提供不同的策略支持，用富有趣味的社交功能提高用户的活跃度和使用黏性，打破交流壁垒，增强用户在线上线下的互动沟通，形成长久而稳固的社交关系。

具体来看，游戏化在移动社交中的应用主要有以下几种形式。

（1）游戏破冰：类似真心话大冒险或者个性测试这样的趣味性问答游戏，引入共同的参与话题，解决线上交友的效率和信任问题，匹配相似度高的陌生人，通过游戏互动将用户间的弱关系进行强化。

（2）邀请码 / 用户邀请：邀请机制聚集早期活跃用户的口碑，在外部用户中形成神秘氛围引发好奇心，控制了社交平台的用户质量，产生高质量内容。

（3）等级制度：用积分、勋章、粉丝数、点赞等大大满足人们的虚荣心带来成就感，提高个人社交品牌价值，这在很多互联网产品中都有体现。

（4）任务引导：游戏作为交互式指引的手段，引导教育用户，快速简单地熟悉社交平台营造的各类场景，形成外部激励，带来固化的规律和使用习惯。

（5）虚拟身份：提供故事背景，形成角色代入感，缔结感情纽带，将陌生人之间的弱关系更快地沉淀下来保持长久的联系和稳定，并强化平台场景下的用户社交关系。

（6）内置游戏：以个性测试、趣味问答、真心话大冒险等中轻度游戏，拉近用户社交关系，沉淀用户。

由此可见，游戏化在社群成员的沟通交往上已经有了比较广泛的应用，但需要指出的是，上述应用还只是社交工具厂商为了吸引用户大规模、长期持续使用其产品而采取的策略，其根本目的是商家的利己行为，而不是为了达成社群成员协同参与、合作创造价值的目的。而且在手段上，更多的是偏重于游戏的娱乐性、有趣性，力图以种种刺激令人绕过理性判断，“非理性”地做出商家所期望的行为，而忽略了社群本身基于其核心价值观的实质价值的创造与分配。本章正是要探讨如何将游戏化应用于社群的群体价值创造活动中，从而使价值创造活动的参与率大大提升，进而促进更大价值成果的产生。

# 6.3　活动游戏化的设计原理和框架

游戏化的理论和实践先驱经过长时间的研究，已经积累了相当丰富的游戏化经验和理论。本节主要总结前人的成果，对活动游戏化的基本设计原理、框架和步骤进行简要介绍。

活动游戏化（activity gamification）就是运用游戏机制和非游戏环境下的奖励提升用户参与度，驱动用户做出所期望的目标行为的模式和方法。

## 6.3.1　活动游戏化的生物性原理

游戏化之所以有效，是因为通过使一个交互流程变得有趣，令用户的大脑在“有趣”的感受之下，分泌多种脑内物质，产生强烈的情感和驱动力，不知不觉间绕过理性的利益计算，投入更多的精力与资源，沿着游戏设计者所期望的路线行动。这其实就是激发用户动机的过程，因为根据上文所介绍的行为设计公式，所有个体的行为之所以能够发生的首要条件是存在动机，游戏化就是一种很好的激发个体行为动机的方式；同时游戏化在提升个体行为能力、打造行为触发器方面，也具有很好的设计机制和实施手段。

实际上，许多人经过大量的研究和实践发现，人类动机的发生是有其生物性基础的，也就是说，动机之所以发生，是因为人这个生物体本身首先产生了变化，才导致了动机的产生或加强。所以，要理解游戏化发生效果的原因必须追根溯源，从人类的生物性机制出发，具体而言，就是要从人类大脑的工作原理说起。

据科学家研究表明，人类大脑由数百亿个神经细胞组成，每个神经细胞都有若干个突触，与其他的神经细胞接触和联系。人们普遍以为，这些神经突触彼此之间相互连接，其实并非如此，它们只是相互接近，彼此之间仍存有微小的间隙。一旦遇到刺激，神经细胞需要相互传递信号，而信号的传递要跨越突触之间的微小间隙，需要借助于神经递质。

经研究已经发现的神经递质有 50 多种，对于人脑的工作方式具有巨大的影响。其中最为重要的神经递质包括：多巴胺、去甲肾上腺素、肾上腺 素、血清素、褪黑激素、乙酰胆碱、内啡肽等，其作用分别如下。

（1）多巴胺：使人产生快乐感、被奖赏感、积极性。

（2）去甲肾上腺素：当人面对压力、恐惧时使大脑专注、清醒。

（3）肾上腺素：当人面对挑战时帮助心脏和肌肉提高效率。

（4）血清素：使人平静、安定、冷静、理性。

（5）褪黑激素：使人嗜睡，修复创伤。

（6）乙酰胆碱：使人获得灵感，激发创造力。

（7）内啡肽：使人获得恍惚的幸福感。

这些脑内物质的平衡作用，使人产生积极、进取、精力旺盛、恐惧不安、谨慎畏缩等心理反应。科学研究已经对于这些物质的分泌规律有了很多知识，但是即使在我们了解这些知识之前，也早就知道游戏可以使人上瘾，而这必定是由于游戏导致脑内物质的平衡发生变化。例如，科学研究表明，人在玩游戏时就会分泌较多的多巴胺和肾上腺素，以及其他一些脑内物质。由此可以推想，这些脑内物质分泌后，使得人容易绕过理智做出决策，变得比较容易消费、承诺、认同他人观点、参与集体协作，等等。而这恰恰是社群活动游戏化的用意所在——使社群成员活跃并积极参与集体协作。

### 6.3.2 活动游戏化设计步骤

使得游戏化起作用的心理机制很多，但说起来也并不复杂。2015 年刊发于《心理学理论》的一篇论文就认为，让游戏化起作用的心理机制至少包括经典条件反射和操作性条件反射：给予人一定的奖励就能使得人掌握某一种行为；期望理论，如果人相信自己的行为一定能够带来某一种结果，那么人就更容易去做这件事情；目标设置理论，当人的目标变得具体、可量化并且在能力范围内可以实现，那么人就更愿意采取行动去接近这个目标……感兴趣的读者，可以通过互联网等其他途径了解这些理论。

活动游戏化的设计和实施其实就是遵循以上理论原理的实践过程，具体的设计步骤如下。

（1）确立希望达成的活动目标，并且确定相应的衡量指标。

（2）圈定希望激励的用户对象，也就是游戏化中的玩家，描述他们的类型和偏好。

（3）定义期望用户采取的行为，以及相应的胜利状态。

（4）确定反馈机制以及对应的触发事件。

（5）确定激励的类型和数量。

下面按照游戏活动化的步骤，具体介绍每一个步骤的具体设计策略和方法。

### 1. 活动目标的类型与指标

对于社群活动而言，主要目标一般包括以下几种类型。

（1）提高社群的吸引力。一个社群总是有许多周边的关注观望者，这些用户对社群的价值观有一定的认可，但对社群的先期成员还比较陌生、对社群具体价值创造活动还不是很熟悉，所以心底里还犹豫不决，不能全身心地投入成为社群价值的正式拥护者。这就需要开展一些活动，让这些边缘观望者能够通过活动的参与，体验和理解社群的价值观和文化氛围。

（2）提高社群成员参与度。所谓参与，就是让加入社群的成员能够积极参与到社群的各种价值创造活动中来，积极发挥各自的优势、贡献自己的力量，以协同化的力量，快速高效地打造体现社群价值观的产品，或是输出体现社群价值观的任何结果。那么，如何打造社群成员愿意参与的活动就至关重要。

（3）激发社群成员凝聚力。要想打造价值共鸣、协作共生和利益共通的高质量社群组织，必须保证所有社群成员能够对社群价值观高度认同并主动维护和践行。这就要求社群活动必须能够引起共鸣、激起动机，并提供必要的行为反馈和指导，再加以必要的激励。

上述不同类型的目标，都有具体的衡量指标可以描述，比如，衡量社群成员参与度，可以用社群成员参与某项活动的出勤率、产出量等指标来标示。在社群价值产品的推广活动中，还会用客户覆盖率、客户留存率、客户转化率、客户复购等指标来标示某项具体的推广活动的目标。

至于具体活动目标的指标设置，需要根据活动的类型、性质和具体形式来定，总之需要做到指标可衡量，数据可获取、可计算。

### 2. 活动对象类型划分

不同的人，其风格、偏好是不同的，这就意味着能够激发人们的动机和兴趣的发力点是不一样的。在游戏化设计中，一般依据游戏专家理查德•巴图（Richard Bartle）提出的四种玩家类型，把参与活动的对象分为四种类型，分别是探索性玩家、成就型玩家、社交型玩家和杀手型玩家。

（1）探索型玩家。喜欢在游戏中探险和学习，体验游戏中各个不为人知的角落，尝试各种新的行为，了解游戏内部的机制和攻略。

（2）成就型玩家。喜爱竞争，渴望在竞争中积攒积分和声誉，追求收益的最大化。

（3）社交型玩家。真实目的是通过游戏与其他玩家进行社交互动，从而在真实世界的生活网络中获得更多朋友和社会关系。

（4）杀手型玩家。渴望获胜，而且只渴望征服对手取得胜利并且进而获得尊重，对于其他的事情并不在乎，特别是不在乎其他玩家对他是否喜欢。

所以，针对不同类型的社群成员进行游戏化活动设计时，首先将社群成员归类，然后按照每种类型成员的特性，设计有针对性的游戏化活动，以满足其内在动机的偏好，从而促进其对社群活动的参与度和积极性。

### 3. 定义期望活动对象采取的行为

行为是所有游戏化方案的基础。在确定活动目标之后，需要确定哪些有价值的参与者行为会驱动这些活动目标的实现。在社群活动中，典型的行为包括:签到、发表、点赞、评论、投票、分享等。

体现社群成员对活动参与度的行为包括：点评、发帖、阅读、投票、点赞、评论等。

体现社群成员忠诚度的行为包括：购买、登录、转发、推荐、推荐新成员等。

体现社群成员社群价值创造的行为包括：阅读其他用户的评论、访问其他用户的页面、了解和体验各种方案以及相关信息。

体现社群价值发现的行为包括：点赞、评论、转发、提问、回答、分享等。

通常来说，社群运营者应当利用游戏化的各种手段，驱动社群成员从其惯性行为走向社群所预期的有价值行为。惯性行为是个体认为有价值的行为，惟有如此个体才会形成惯性。社群一开始可以将游戏化的激励放在惯性行为上，但是逐渐引导社群成员走向对社群整体定位更具价值的行为上，比如，一个以垂直经验技能分享为价值主张的社群，则要通过游戏化的机制，最大化地驱动所有成员能够输出符合社群价值定位的文章、微课等。

除了确定期望的活动参与对象的行为之外，还需要确定不期望的行为，比如，做出一些违背社群价值主张的行为，不遵守社群的纪律，拖延完成社群的任务等。对于不期望的行为，在游戏化活动的设计中，要有抑制不鼓励行为发生的机制和措施。

### 4. 确定反馈机制

确定期望行为之后，需要定义反馈机制。所谓反馈机制就是向社群成员传递信息，让他们知道自己的行动产生了后果，是有意义的。反馈机制能够让社群成员追踪他们走向胜利的进度，体会时间的紧迫。

反馈机制的意义在于，让每个付出行为的个体都能获得其行为所对应的回报，从而获得一种满足感，这是游戏化机制中重要的关键设计之一。与之形成鲜明对比的是，现实世界中努力并不总是能得到回报，但在游戏化的世界中，一定要保障每个付出行为的个体一定要有回报，而且回报要做到立竿见影。

在游戏领域不止一次证明，只要给予玩家足够的回报与奖励，就能够使得玩家的行为照着游戏预设的方向发生。而这其中的关键在于数值、竞争、及时的反馈、成长的空间，以及不要给玩家设置无法逾越的障碍。这样一来，玩家就会因为一次又一次的甜头，而不断重复那些简单而又机械的动作，比如给游戏充值。

将游戏化引入现实世界中来，就是期望游戏化的力量能够持续不断地改造人们的行为习惯，就像一款学习产品引入游戏化的初衷就是希望达到“游戏是手段，学习是目的”的效果。在一家学习 APP 公司的官方网站上写着，“该学习 APP 将学习进行游戏化包装，通过闯关、打擂、班群对战等方式，让孩子从‘要我学’转变为‘我要学’。”在该 APP 中，对于学生的各类学习行为，总是及时给予显著的反馈并进行公开宣示，如图 6-4 所示。

将游戏里的反馈机制应用于其他领域产生奇效的例子还有很多，比如，很多计算机安全保护软件都用游戏化的机制让用户与之互动，打开计算机，从右下角就会跳出一个提示框，提示用户今天的开机速度打败了全国百分之多少多少的计算机，待用户选择清理垃圾之后，还会提示软件已经帮用户清理了多少 GB 的垃圾，如果重复清理几次，还会询问用户是否要开启深度清理……就这样，每一步的操作都会给予用户即时的反馈。

由此可见，在游戏化活动设计中，行为反馈机制的设计和确定是很重要的。

那么在游戏化活动设计中，反馈有哪几种类型呢？我们可以按照 SAPS 法则来确定游戏化活动的反馈机制。SAPS 即是四个英文单词的缩写，分别是：status（等级）、access（权限）、power（能力）、stuff（物品）。

具体而言，SAPS 的主要内容如下所述。

status：就是以一种等级化的机制给人以反馈，玩家付出的行为越多，则获得的等级越高，比如，各类游戏都有诸如青铜、白银、黄金和钻石的等级机制；微信运动每天根据用户朋友清单里所有人的步数排名展示，也属于这种反馈类型，如图 6-5 所示。

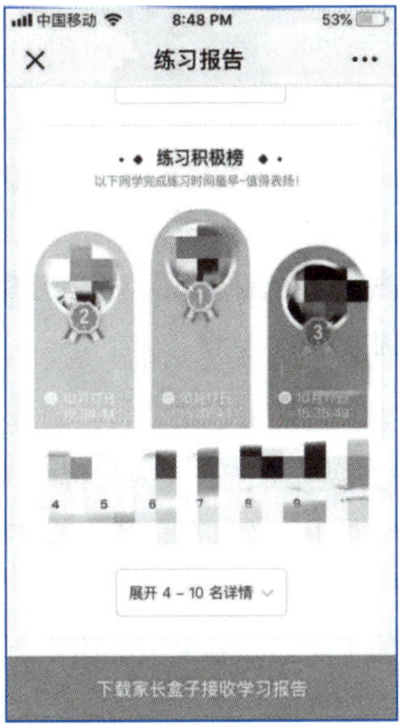


图6-4　某学习APP的游戏化反馈机制

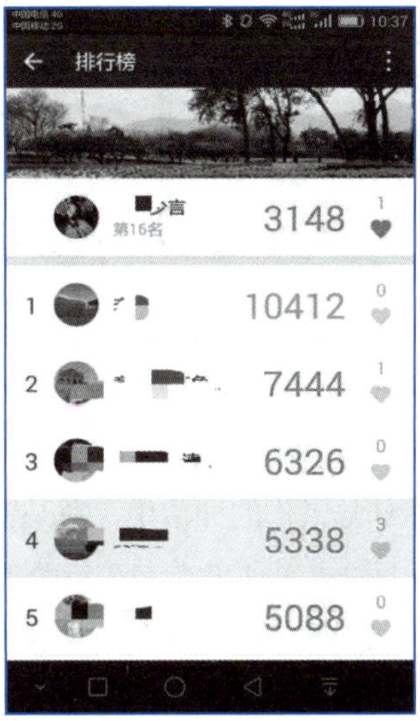


图6-5　微信运动排名

access：就是给予玩家享受一项特别服务的权限。比如，开通京东 PULS 会员的用户，可以获得享受自营商品免邮费以及专属客服等特别服务，如图 6-6 所示。

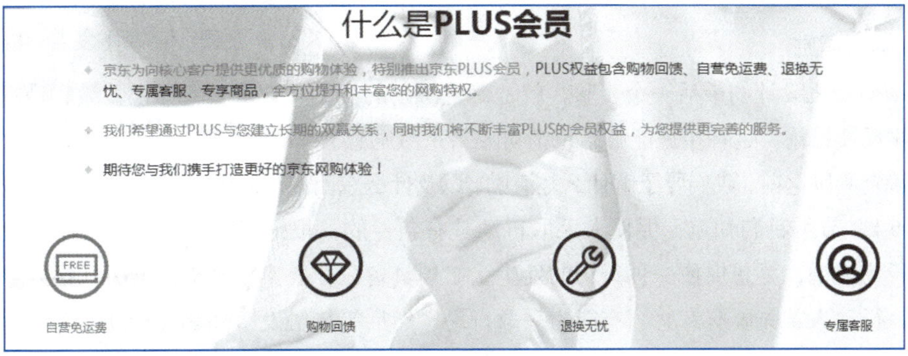


图6-6　京东PLUS会员特别服务

power：就是赋予玩家“凌驾”于其他玩家之上的能力，比如，充值购买了某个道具的人，则具备该道具所代表的超能力；比如，开通 QQ 超级会员之后，可以享受开通大群、成长加速等能力，如图 6-7 所示。

stuff：主要是指常用的物质奖励。只有当前三项的资源不足的情况下，才考虑在游戏化设计中加入这项奖励。当然，如果有足够的预算，能提供足够有吸引力的奖品，那么这种方式也是非常有效的反馈类型。但要注意，如果是一些小恩小惠式的物质奖励，则有可能适得其反，不能对玩家的行为产生足够的影响。

图6-7　QQ超级会员的额外能力

值得指出的是，这里所强调的反馈机制之所以如此有效，其关键在于及时，即及时是一切反馈奏效的首要前提，如果反馈不及时，那即便反馈的措施多有价值，其效果都将大打折扣，比如在日常工作的评估中，总是在月底发工资前才反馈每个员工工作绩效的优劣，实际上这种滞后的反馈，并不能为员工行为的改变产生太大的效果。

与此同时，我们还要强调在确定反馈机制时的一个更为重要的注意事项，那就是所有的反馈机制都应该能够启动新的触发器，促进社群成员采取新的社群所期望的行为。比如，在计算机安全软件的反馈机制中，为了触发用户进一步使用软件，当用户多次单击清理计算机垃圾后，软件会弹出“深度加速”的按钮，从而触发用户新的行为，如图 6-8 所示。

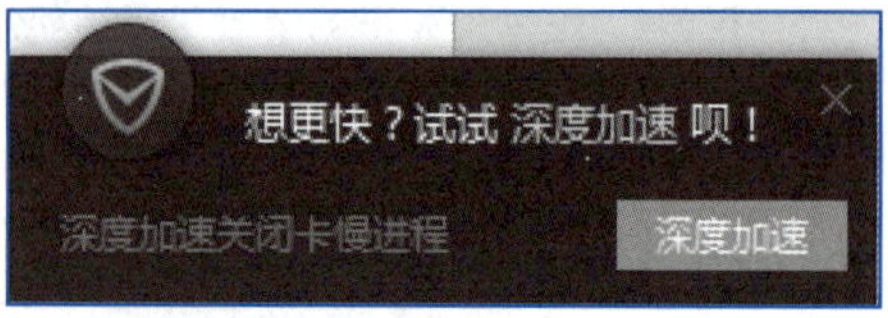


图6-8　新触发点

5. 确定激励

活动游戏化设计的最后一个步骤，就是确定激励的类型和数量。实际上，激励是反馈机制中的具体反馈措施，这种措施能够给反馈对象带来激励感。

在确定激励之前，我们要了解什么是激励，以及什么东西在什么条件下能够给人带来激励感。

在 6.1.2 节中我们知道，促使人采取行动是有条件的，根据斯坦福大学社会学家福格教授提出的行为模型，要想促使一种行为的发生，必须具备三个要素：动机、能力和触发事件。也就是说，行动人首先要有意愿、有能力采取行动，然后等待触发事件触发行动。对于游戏化活动设计者来说，最需要关注的是如何激发参与者的动机，这是行为发生的总枢纽。然后才是合理降低需要参与者付出的行为门槛，并辅以恰当的触发事件，而引发动机的过程实际上就是激励的过程。

（1）什么是激励

在《韦氏新世界英语词典》中，将激励定义为：向别人提供积极性或以积极性影响别人的“积极性”，促使一个人做事或以某种方式行事的内心的动力、冲劲或意欲。由此可见，激励涉及如何激发一个人内心深处的东西，即潜能。所以激励的出发点一定是激励对象本身，在激励设计和实施之前，一定要充分理解激励对象的需求、特点和期望，这样才能对症下药，真正起到激励的作用。

激励的关键是抓准被激励者的内在动机，针锋相对、一招致胜。有效的激励会点燃被激励对象的激情，促使他们的付出行为的动机更加强烈，让他们产生超越自我和他人的欲望，并将潜在的巨大的内驱力释放出来，为社群的远景目标奉献自己的热情。激励实施的好，能够顺利借助激励对象达成自己的期望，实现四两拨千斤的效果。有一个故事，很好地阐释了恰当激励所带来的效果。

从前有一对老年夫妇，喜欢安静，特意找了一个院落，安静地居住在那里，可好景不长，刚住不久就发现，总有一群附近的小孩来骚扰他们。他们恶作剧地往老年夫妇家的院子里扔石头，然后一窝蜂地跑掉，第二天再来扔石头，乐此不疲。老年夫妇中的老头对此十分恼火，每次都对小孩们大加斥责。

过了很久，老头凶巴巴的发火也是没用，他的老伴就另想了一个办法。有天一阵石子雨后，老头的老伴和颜悦色地出现在孩子们面前，说：“欢迎你们来玩，从今天起我会给每个扔石头的孩子10块钱。”小孩们一听都高兴极了：“玩耍还能获得钱？真是太好了！”第二天小孩们来到老头家又是一顿扔，然后每人又得到10块钱。第三天就不一样了，孩子们扔完石头后每人只得到5块钱。又过了两天更少了，老人只给每个孩子2块钱，孩子们对待遇的降低都不满意，石子也不好好扔了。接下来老头的老伴更过分了，连屋都不出，一分钱不给。孩子们气愤至极：我们这辛辛苦苦的扔石头，他们还不给钱，不给他扔了！——困扰老年夫妇已久的问题就此解除。

这个故事极好地展示了恰当的激励所带来的效果，老头对于孩子们的骚扰采取的措施是斥责，但无济于事；而老头的老伴却采取了截然不同的思路和方式。我们来分析一下这其中的奥秘。

任何行为的背后都有动机。小孩恶作剧是很单纯的内在动机，他们从中获得了极大的乐趣。老头采取的措施是斥责压制，但并未触及和满足小孩的任何动机，所以无济于事。而老头的老板则巧妙地运用了内在动机到外在动机的转化。内在动机是由活动本身产生的快乐和满足所引起的，奖励来自活动的内部，也就是活动成功了，本身就是对个人最好的奖励。老头的老伴以给钱的方式就使小孩扔石头的动机发生了改变，这时的动机被转化为外在动机，替代了内在动机。之后再将外在动机消除，使得小孩没了动机，不愿意再做。

因此，通俗地讲，激励就是让人们自己做出选择并愿意付诸行动。本来小孩来这里扔石头是为了娱乐，这其实是他们自己的事情，但老头的老伴成功地把小孩子的娱乐变成了工作，因为她付费给孩子们，付费让娱乐变成了工作。一旦是工作，那就是要讲求回报的，而且还要讲性价比、合理性，当工作报酬越来越低的时候，这些小孩就觉得自己的工作得到了不公平待遇，于是做出了选择，停止了工作。

这个故事还提醒我们，老头选择斥责孩子们并未奏效，是因为他还是站在利己的角度采取措施，这种措施对于孩子们而言是不利于他们的，他们反倒为了维护自己娱乐的利益，而变本加厉地加强他们扔石头的行为。所以，激励一定要站在激励对象的角度去做，不能从自己的角度出发。

(2) 什么能给人带来激励感

经济学家格里高利·曼昆在他著名的《经济学原理》一书中列出了经济学十大原则，其中有一条是"人会对激励做出反应"。区块链智能合约开发平台以太坊的创始人 Vitalik Buterin 也曾总结说，所谓经济激励，就是使人为了增加其余额而愿意采取行动的东西。那么，除了经济激励，还有哪些激励因素，是可以促使人做出反应并愿意采取行动呢？

组织激励领域世界级权威、美国作家迪安·R·斯皮策在《完美激励——组织生机勃勃之道》一书中认为"欲望驱动自我激励"，激发组织成员动力的因素是"欲望"，而不是"需求"。"需求"只是生存的必要条件，"欲望"则是我们主动想要得到的事物。一个人的"欲望"就是"我想要"，具有激励作用；而"需求"则是"我没有"，则没有激励作用。不满足于现状是人的本性，不满足才能产生欲望。因此，激发一个人的动力，本质上就是激发他的"欲望"。《完美激励》一书列举了人类有八种主要的欲望。

① 活动欲。活动欲反映了人类对刺激、活跃、参与、享受生活与生俱来的向往。人们希望主动和参与，希望工作多些花样。

② 占有欲。一个人拥有多少东西，已经成为其个人价值的首要尺度。占有不只限于物质的拥有，心理占有可能比物质占有更重要。人们希望"占有"他们的工作，他们希望有这样的感觉：自己对这份工作或者某个大项目负有责任。为此他们愿意工作很长时间或者接受较低的工资待遇。但是在工作场所，我们很少尝试去满足组织成员的这些潜在占有欲。

③ 权利欲。权利欲在人性之中也是根深蒂固的，人们希望自己选择，渴望掌控自己的命运。组织通过有效"授权"，就可以释放出组织成员巨大的工作动力。

④ 亲近欲。每个人都有与别人互动和交往的欲望。工作占据了一个人人生中最重要的阶段和大部分时间，工作场所是人们社会交往的主要场所。因此，在组织中构建和谐的团队，形成人和人之间相互支持和帮助的关系，增强个体对自身社会身份的认同感和归属感，是激励个体的重要途径。

⑤ 能力欲。人一出生就有能力欲，它是最基本的人类欲望，人类的生存依赖于能力，能力处于自尊的核心，人生中没有哪种感觉比获得能力更好了。拥有能力是一种深刻而持久的欲望。所有员工都希望在工作中获得更多能力，企业要为员工创造这样一种能够不断学习和成长的环境。

⑥ 成就欲。成就欲处于工作中的核心地位。从成就获得的最终满足是骄傲，或者是完成工作之后的充实感。如果人们在工作中能够获得成就感，那么任何外部的奖励都是没有必要的。甚至有时外部的奖励还会减少成就感所带来的快乐。

⑦ 被认可欲。每个人都希望被别人赞赏和理解，希望因为他们的优点和贡献而受到认可。得不到足够认可的人会变得郁闷和消极。给予认可的方式有多种，包括金钱、礼物甚至是一句

简单的“谢谢”。美国的员工关系专家 Bob Nelson 在 1999 年 9 月—2000 年 7 月期间对美国的 34 家公司的中层经理和员工所做的调查表明：认可对改善工作绩效有着非常强的联系。对于管理者，认可和赞美是最便携、最有效的激励方式。

⑧ 信仰欲。“人对意义的追寻，是其生命的第一驱动力量。”人们为了自己心中的理想和信仰，甚至可以献出自己的生命。

这些用于组织成员激励的理论总结，同样可以作为游戏化活动设计中确定激励类型和数量的依据。依照上述的能够给人带来激励感的因素的讨论，在游戏化活动的设计过程中，有助于提高人的满意度带来激励感的事情，包括社会认可、身份认知、社会地位、专业化、经济奖励、被特殊对待、在竞争中获胜、掌控感、正向强化等。从这些事情出发，结合实际激励的需要，常用的激励手段可大致分为三类。

- 认可：认可包括声誉和地位。声誉使人得到尊重，而地位则是一个个体相对于其他个体的社会位置差距。
- 特权：例如优先权、独享权、投票权、修改权。特权使人有一种与众不同、被区别对待的优越感，这是满意度和幸福感的重要来源。
- 经济价值：包括折扣、奖品、货币、免除某项开销等。经济价值代表着用户可支配的一般物质资源量，这是人类最重要的激励手段。

另外，讨论激励不能忽略内部激励与外部激励的差异。外部激励是来自外界，金钱和权力就是典型的外部激励。内部激励是源自内心的激励，比如自我认知、自我肯定、自我表现，等等。在激励设计中，一个常犯的错误是将内部激励外部化，将本来应当由自我肯定来激励的行为转而用货币激励，则效果经常适得其反。比如说，如果规定一个学生上课不得迟到，那么迟到的学生会在心理上产生一种“我是坏学生”的负激励，这会导致他努力避免迟到。但如果规定学生上课迟到就罚 5 块钱，那么他可能反而觉得自己只要掏钱就可以心安理得地迟到，这就是内部激励外部化的意外后果。

### 6.3.3　游戏化设计的方法框架总结

在前面几节中，我们从各个角度讨论了游戏化设计的原理和方法，实际上 2010 年以来，一系列专业的游戏化工具和方法框架被开发出来，并且出现了一些围绕这些框架的游戏化服务公司。其中著名华人游戏化专家 Yu-kai Chou 开发的八角行为分析法（Octalysis）尤为典型，Yu-kai Chou 在 RISE Global 的全球游戏化专家排行榜上常年名列前茅，并且曾于 2013 年登顶。接下来就对八角行为分析法进行介绍。

八角行为分析法认为，几乎每款成功的游戏都受到某些人类行为的核心驱动力支撑，因此游戏化的关键在于将这些核心驱动力分类归纳整理总结出来，并且应用于指导游戏化设计的实践。

八角行为分析法将人类行为的核心动力归纳为八个，分别是：史诗意义与使命感（meaning）、进步与成就感（accomplishment）、创意授权与反馈（empowerment）、所有权与拥有感（ownership）、社交影响与关联性（social influence）、稀缺性与渴望（scarcity）、未知性与好奇心（unpredicability）、亏损与逃避心（avoidance）。具体如图 6-9 所示。

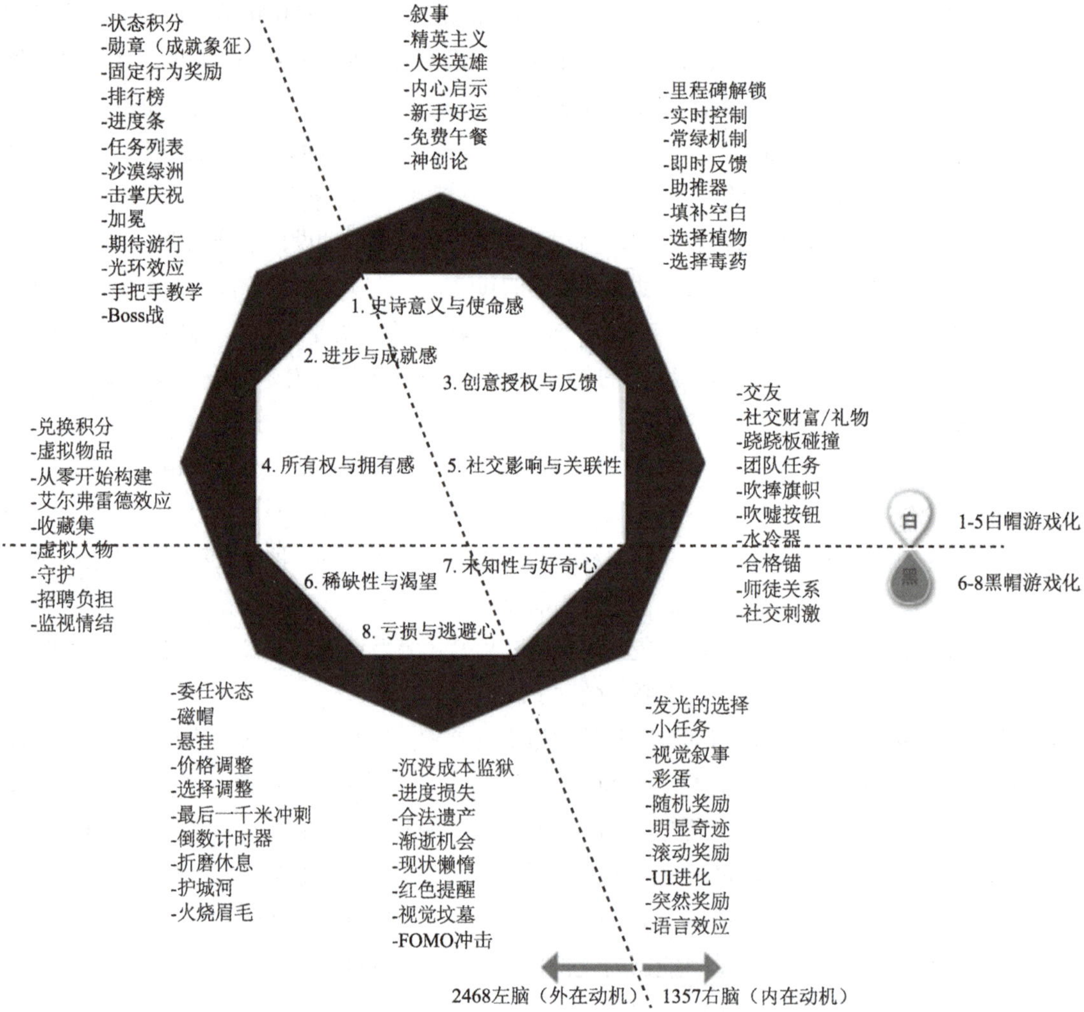


图6-9　八角行为分析法

接下来对这八项驱动力一一进行介绍。

（1）史诗意义与使命感：指玩家认为自己所做的事情意义比事情本身更重要，或者说这件事情是上天赐予他们的使命。将自己的事业与人类文明的伟大目标结合起来，为之赋予史诗般的意义，使参与者强烈的使命感油然而生。典型的案例是 1984 年苹果的著名电视广告，这个电视广告将苹果塑造为打破技术极权统治的英雄，使得苹果用户获得了一种超越消费的使命感。另一个重要的案例是各种百科网站，参与编辑百科的人们，并不是为了赚钱，而是为了共同维护人类的知识，这种使命感驱动维基百科的数万名编辑高质量、高效率地协作，在我们身边的成功案例就有百度百科，截止 2019 年 11 月，已经有近 700 万编辑总共编辑贡献了 1600 多万个词条，如图 6-10 所示。要达成这种驱动力，需要借助叙事，创建英雄主义，并且激励人们投入其中，向着伟大蓝图共同努力。

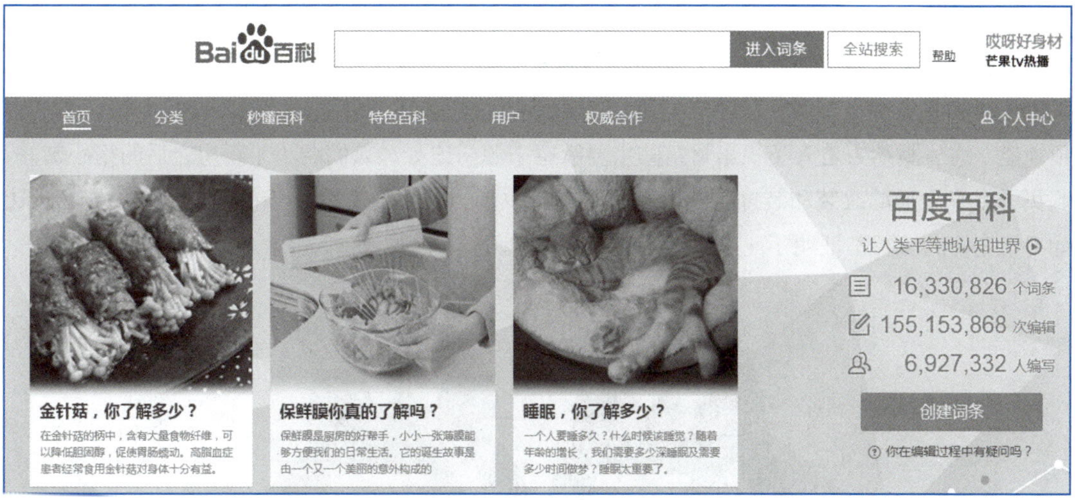


图6-10　百度百科

（2）进步与成就感：调动人们希望取得进展、完成目标、学习技能、获得成长、赢取成就的心理需求。要达成这种驱动力，特别需要设置挑战，让人们在挑战中获胜。PBL（积分、徽章和排行榜）在实现这种驱动力方面是必备工具。著名的电商网站 eBay、淘宝和京东，通过等级制度激励买家就是利用了这种驱动力；另外，像网易云音乐，也是通过设置等级标识和进阶任务，驱动用户更多地应用该软件听歌，也是实践这一驱动力的良好示范，如图 6-11 所示。

图6-11　网易云音乐的等级制

（3）创意授权与反馈：使玩家全身心投入创造性的过程，不断找出新事物，并尝试不同的组合，不但表达创造力，而且看到创造力的结果，进行即时反馈和调整。桥牌、德州扑克、七巧板、乐高游戏和著名的即时战略游戏《星际争霸》《魔兽争霸》等，鼓励玩家不断创造新的方案和玩法。使用这种驱动力，重点在于创建舞台，制定规则，让玩家自己去创新和评价，而不是设定“标准答案”。

（4）所有权与拥有感：让用户感觉他控制或拥有某样东西，因而受到激励。特别是当一个人对某样物品有拥有感时，会不自觉地提高对该物品的估值，会很自然地希望提升该物品的各项性能，这一驱动力是人类积累财富的主要欲望来源。比如，人们购买了新房之后的精心装修，购买了汽车之后的改装和装饰行为，这都是此项驱动力的体现；数十年前风靡的电子宠物，比如 QQ 宠物的流行，证明了此项驱动力的巨大商业价值，如图 6-12 所示。

图6-12　QQ电子宠物

（5）社交影响与关联性：激励人们的各种社交关系，包括感情关系、师徒关系、社会认同、社交反馈、伙伴关系，甚至是竞争和嫉妒。这是一种右脑核心驱动力，其底层动机来自于人与他人相互比较的欲望，以及从众心态。比如，像前文提到的微信朋友圈运动步数排名，还有像大家在朋友圈常见的各种晒“打卡学习”的凭证的现象，就是通过获取社交圈的认可而激励自己不断坚持的动力，如图 6-13 所示。这都是社交影响与关联性这种驱动力的典型应用。

图6-13　朋友圈晒学习“打卡”

（6）稀缺性与渴望：很多时候，人们想要获得某种东西，仅仅只是因为它太罕见，或者无法立即获得。从理性上说，人们应当根据一个物品的用途来判断它的价值，但是如果被稀缺性所迷惑、被欲望所引导，则人们会绕过理性的，追逐一个用处不大的物品，仅仅因为它稀缺。

举一个例子，2013 年风靡全球的大黄鸭到了北京，在北京园博会展出一段时间后，转战颐和园，展出一段时间后，突然有一天传出消息，大黄鸭在北京就剩最后两天的展出时间了，结果最后两天，很多原来对大黄鸭并没有多大兴趣的人们也都蜂拥而至，抢着去看大黄鸭。所以，通过统计数字你会发现，参观大黄鸭的人数在最后两天期限到来之际达到了最高峰，如图 6-14 所示，这就是本项核心驱动力的应用。

图6-14　抢看大黄鸭最后一眼

（7）未知性与好奇心：人们一直受到吸引，是因为不知道接下来会发生什么，这就是未知性与好奇心驱动力。当某样东西超出了你日常的模式识别系统，你的大脑便立刻进入高速运转模式来关注这一突如其来的事物，即便这种事物对自己并无多大价值。例如，人们参与抽奖，特别是现场的抽奖游戏，例如抓阄、转盘、抓娃娃等，明明知道从概率上说自己一定是输家，但是具体到每一轮都受好奇心驱使，想知道这一轮的抽奖结果如何。

另外，近期流行的盲盒（盲盒里面通常装的是动漫、影视作品的周边，或者设计师单独设计出来的玩偶。之所以叫盲盒，是因为盒子上没有标注，只有打开才会知道自己买到了什么），也是利用了人们对未知性的好奇心，如图 6-15 所示，这些都是本项驱动力的典型应用。

（8）亏损与逃避心：人们对于获取和失去的感受和评价是不同的，而且差异巨大。最明显的例子是，获得 100 元钱固然使人欣喜，但是与失去已经在手中的 100 元所感受的痛苦相比，往往差距是非常巨大的。虽然经济学告诉我们不要在意沉没成本（把那些已经发生不可收回的支出，如时间、金钱、精力等称为“沉没成本”），但是人们从内心来说不希望自己之前的努力白费，更不希望承认自己犯了错误，这种心理状态正是本项核心驱动力的基础。很多赌博游戏使赌徒成瘾并输掉所有家当，就是利用了人们规避亏损的心理，从而使赌博参与者不断加码，一步一步陷入其中。

图6-15 盲盒玩具

八角行为分析法将这八个核心行为动力按照两种方式进行分类。

第一种分类方式是按照左脑和右脑来分。左脑核心驱动力往往依赖于外在动机，比如获得奖励，由外部激励推动，而右脑核心驱动力大多联系到内在动机，比如发挥创造力、社交，往往不需要任何外部激励也能持续下去。左脑核心驱动力包括进步与成就感、所有权与拥有感、稀缺性与渴望。右脑核心驱动力包括创意授权与反馈、社交影响与关联性、未知性与好奇心。

第二种分类方式是白帽和黑帽分类法。这两个概念是从网络安全领域借过来的，分别代表善意的行为和恶意的行为。游戏化同样有其两面性，既可以从调动人积极向上的一面着手，也可以着眼于使人感到压力而且难以自拔。在八角行为分析法中，白帽核心驱动力包括史诗意义与使命感、进步与成就感、创意授权与反馈，使人感到充实、满足、充满力量、掌控感和使命感。黑帽核心驱动力包括稀缺性与渴望、未知性与好奇心、亏损与逃避心，使人焦虑、压力和成瘾。仅从字面上来理解，似乎我们只应该使用白帽核心驱动力，而使用黑帽核心驱动力是不道德的。实际上并非如此，白帽核心驱动力有一个很大的缺陷，就是无法给用户施加紧迫感。当活动的目标是正义的，例如为贫困地区的孩子捐款，那么使用黑帽核心驱动力来配合目标达成是一种有效的手段。

综上所述，游戏化通过其完整的能够带给参与者极大激励的机制和形式，能够引导参与者积极参与到活动的进程当中，积极付出行动。另外，还要指出的是，上文主要呈现了游戏化活动设计关于动机激发和行为触发器的原理、方法和策略，其实，在游戏化设计中还有一个被隐藏的技巧，就是将活动的行为进行小步调、低门槛化的拆解，以便于参与者能够比较容易胜任和坚持其行为，这与福格的行为设计公式是一脉相承的。

在以协同共生进行价值创造为核心主旨的新型社群活动的运营中，最为重要的活动设计与运营策略就是使用活动游戏化的方法，极大地促进和提高社群价值创造活动的效率、质量和规模。

# 第7章 社群文化仪式化的方法与策略

文化是什么？我们可以参考企业文化之父埃德加·沙因对企业文化的定义。

企业文化是一个群体在处理其外部适应和内部融合问题过程中一系列共享基本假设的集合，它们在群体中运作效果好而被认可，进而被传授给组织新成员以作为其理解、思考和感受相关问题的正确方式。

其实，社群作为互联网条件下的新型组织形态，同我们熟悉的企业组织一样，需要打造和形成属于自己的文化。

根据 3.2.4 节中对社群文化的讨论，社群文化就是指社群形成的精神信仰、环境氛围以及知识修养的外化表现，可以简单地被总结为需要社群成员共同遵守的原则、公约、章程或制度，文化最终表现为社群成员的行为习惯。文化代表了一个社群区别于其他社群的精神气质和独特风格，是一个社群强化自身吸引力、凝聚力和规范性的有效抓手。

文化具有凝聚力的作用，能够使得组织成员团结一心；它能提高社群组织的吸引力，不仅对社群内部成员，也能对外部客户、消费者、合作伙伴等产生吸引力与信任；它具有导向作用，让社群成员自愿按照社群要求做事；它也具有激励作用，让社群成员受到鼓舞，工作更加愉悦；它还具有约束作用，让社群成员自觉并积极地响应社群文化要求，从而提高社群的责任感和使命感。

由此可见，打造一套好的社群文化可以带动社群的健康发展，社群成员的积极性被调动，提高了生产效率，从而使得社群的综合效益得到提高。

每一个社群老成员不断沉淀，新成员不断涌入，只有社群具备了社群文化，才能让这个社群产生一个向心力，让成员自觉自愿去维护这个社群，让成员具有一种责任感和荣誉感，让这个社群真正做到独一无二。社群是可以有相似的，产品是可以有同类的，但是社群文化是不可复制的。比如，罗辑思维社群的社群文化在于思考、知识与独立；豆瓣网的社群文化在于文艺、清新、小情怀；小米手机的社群文化在于极致、年轻、潮流。

社群只有源源不断地带给群成员彼此惺惺相惜的归属感和独具特色的优越感，成员才会留下来，并自发传播社群文化。

社群文化的价值不言而喻，但究竟该如何打造社群文化呢？本章主要介绍社群文化打造的方法和策略。

# 7.1 社群文化构成三要素

要打造社群文化，首先要明确理想的社群文化应该表现为什么样子，也就是说，当我们说某个社群的文化很成功的时候，究竟有什么表现或状态。

根据前文对社群文化的定义及其意义的解读，当一个社群的文化表现为以下三大特征时，就可以说社群文化真正形成了，并将会发挥其应有的作用。这三大特征如下所述。

### 1. 一致的文化价值内核

一致的文化价值内核，是指社群有明确、稳定的文化内核。从社群建立之初，社群初创人员就致力于树立社群的使命、愿景和价值观，即用以界定为什么要创建社群、社群因什么而存在，要到哪里去，视什么为有意义、有价值的存在。这是社群的立根之本，也是社群的文化之根。社群文化，简单而言就是维护和促成社群使命、愿景达成的价值观以及符合价值观的互动、协作等一系列的行为方式。

一致而稳定的价值内核是社群文化存在和发展的根基，也是社群文化的根本内涵。当然，社群文化的核心价值内核并不是一成不变，也不是死板、教条的，而是随着社群价值创造活动的发展而动态发展的，但这种发展通常不会是动辄就推倒重来的跳跃式发展，而是基于社群共识而潜移默化的渐进式丰富和进化。

打造社群文化，其实就是围绕这一套核心价值内核不断、激发，从而生发出符合价值内核的精神修养、环境氛围和自觉习惯。

一致的文化价值内核是社群文化构成的第一核心要素，也是打造社群文化的根本前提。

### 2. 一致的文化品牌标识

一致的文化品牌标识，是代表社群文化价值内核的符号、语言等外化的表现形式。每个社群的文化都是独具特色和独一无二的，这种特色性需要外化成可描述、可识别的标识系统，才能够得以传播，进而被人所感知、学习和践行。

社群的文化品牌标识主要三种方式。

第一种是代表和反映社群核心文化价值内核的形象符号体系，这包括社群品牌 Logo、旗帜、吉祥物以及社群成员的徽章、特殊手势等，在互联网条件下，还有像具有社群品牌特色的聊天表情包、专属字体等。

如图 7-1 所示，就是一个以“行动出真知”为价值主张的社群的 Logo 标示；如图 7-2 所示，就是某个社群嵌入了其吉祥物标识的一个聊天表情包。

图7-1 某社群Logo

图7-2　聊天表情包

第二种是反映社群核心文化价值内核的语言符号系统，这主要包括标识社群核心价值的标签，比如，“发烧”、极致；还有社群互动沟通过程中形成的专属话语体系，比如，淘宝商圈中的人们见面打招呼互称“亲”；再就是社群成员的统一昵称，比如，著名军事专家张召忠少将打造的专注于普及军事爱国教育的学习社群中，成员们统一自称为“小橘子”。

第三种是反映社群核心文化价值内核的规则表述系统，这主要是对什么是符合社群价值观、社群提倡的行为及其激励措施的描述，以及什么是不符合社群价值观、社群不提倡的行为及其惩戒措施的描述。简而言之，就是社群的一系列的规章制度的明文表述。

### 3. 一致的文化行为表现

一致的文化行为表现，是指反映社群文化核心价值、执行社群规章的行为方式和习惯。社群文化的终极意义在于约束人、鼓舞人和发动人，而这些最终都要落实到社群成员的日常行为习惯上。社群的各种规章，也不是仅仅停留在纸面或是挂在墙上，就算完成了社群文化的建设，判断文化最终是否落地和成功的根本标志是所有的价值观体系和规范要求成为了人们自觉的行为习惯，而不是仅仅被社群成员熟知，关键是转化成外在的自觉行为。

当社群成员都表现出了一致的行为规范和习惯的时候，说明社群文化真正发挥了作用，社群文化的建设达到了既定的目标。

在实际的社群文化建设与运营中，一致的社群文化的核心价值内核的确立以及社群文化的品牌标识都比较容易构建、设计和管理，而一致的社群文化行为表现的形成，则是社群文化运营的重点和难点所在。

没有一致、自觉的社群文化行为表现，社群文化就是虚无缥缈、空洞无物的理想国，当社群文化陷于空洞、虚无时，就不能使社群成员产生足够的归属感和向心力，也就没有办法发挥其凝聚人、鼓舞人和激发人的作用。

打造一致的社群文化行为表现是社群文化建设的核心主旨目标，也是伴随社群文化建设与运营全过程的重要任务。而达到这一目标的重要策略，就是3.2.4节中提出的仪式化。通过仪式化的策略和方法，可以让社群成员对社群文化价值内核和规范要求不再只停留在纸面上或认知里，而是转化成肌肉记忆条件下的自觉行为习惯。

仪式化就像是一个触发器，其目的在于促使符合社群价值规范的行为自然、自觉、自动地发生。

下面来就社群文化仪式化的具体策略和方法展开讨论和总结。

# 7.2 仪式化的设计

根据 3.2.4 节的介绍，仪式化就是通过固定程式化的行为方式培养、自觉化的习惯，并通过仪式感激起强大的精神力量，从而达到警示人、鼓舞人、激励人的目的。

仪式化广泛应用于生活和工作之中，是促进习惯养成、规制形成和目标达成的重要手段，仪式化尤其有利于打造和形塑一种群体文化，从而影响和规范群体交往与协作。

下面对仪式化该如何设计和打造进行介绍和说明。

## 7.2.1 仪式化设计的一般要素

在了解如何进行仪式化设计之前，首先需要了解什么是构成仪式化的一般要素，换句话说，要进行仪式化的设计一般要从哪些方面入手。

观察所有的仪式化行为，都可以看到六个要素的影子，即特定的时间、场合、动作、标识、语言和声音，下面对这个六个要素具体进行介绍。

### 1. 特定的时间

将一个特定的时间赋予某种意义，每当该日期来临时，就会使人们自觉强化该意义，是进行仪式化设计的常用方法之一。简单地说，就是设定特定的日子为代表某个价值观或意义的节日，每当节日来临就是对该价值、意义的强化，并诱发人们做出符合该节日定位的行为。

比如，在人们社会生活中的各种节日，农历八月十五为中秋节，代表人们对亲朋团圆的期盼；九月十日教师节，代表人们尊师重教的价值理念，在这一天到来时，就能够提示和强化人们把尊师重教牢记心头并落实到行动上。

特定的时间不仅是指特定的某个节日，也可以是某个时间周期或某个时刻。比如，我们日常生活中的作息时间，当我们把早晨 7 点定为起床时间，最开始可能还需要闹钟叫醒，但时间长了，其实不用闹钟响，到了 7 点，我们就能自然醒了。其实它的本质就是一种时间上的仪式化慢慢促成人的行为变成了一种自动自发的习惯。

在社群文化打造的过程中，也可以通过设定一些特定的时间，促使社群成员对某些事项的发生形成稳定的预期，并引导社群成员形成符合社群预设的自动自觉的习惯。比如一个学习社群设置了这样一些固定的时间点：每天早上 8 点推送早报，用固定的具体时间让社群员形成对早报的习惯性依赖。当习惯形成后，每当 8 点来临时，社群成员就能自觉去该社群里阅读早报了。

### 2. 特定的场合

设置特定的场合，并对该场合进行特定的装饰并赋予某种特定的意义和要求，每当进入该场合，则自动驱使人们做出符合该场合的行为，这也是进行仪式化打造的重要方法。

在社群文化打造过程中，可通过设定一些特定的场合，以促使进入该场合的社群成员自动自发形成一致性的行为和习惯。当然，在互联网条件下的社群，这里的特定场合未必一定是物理上的特定场合，更多的可能是虚拟的场合。

比如一个读书社群，可以在其专属的 APP 里设置一个“打卡”的页面，如图 7-3 所示。通过让社群成员到专门页面“打卡”的仪式，可以培养其自动自发完成每日读书任务的习惯。

图7-3 “打卡”页面

同时，设置特定的时间和特定的场合还有另外一个重要作用，那就是可以把大家从时间维度和空间维度进行了统一“集合”，从而有利于大家相互示范、相互影响。人其实是社会化的高级动物，具有天生的从众心理。当某一个时间点只要有部分人被激起某个行为，其他具有相同角色或处境的人都会不自觉地模仿和追随。特定的场合更是为大家相互观察、相互模仿提供了直接的便利。

由此可见，特定的时间和特定的场合是仪式化设计必不可少的核心要素。

### 3. 特定的动作

特定的动作是将某个动作赋予特定的意义，只要当人们看到或是做出该动作时，便会触发人们对该意义的认同和强化。比如，各种礼仪的动作，像少先队礼，这些特定的动作代表着特定的意义，当人们一看到该动作时，一方面能快速识别做出该动作实施者的角色身份，另一方面也可以迅速感知到该动作所代表的意义。

特定的动作是进行仪式化打造的重要方法之一。在社群文化打造过程中，可以设计一些专属于社群的固定动作，以增强成员的身份认同，并在促进社群价值向外界传递的方便性的同时，加强外界对社群的识别度。

#### 4. 特定的标识

特定的标识是将某种特定的价值理念和意义抽象为一个标识进行表达和呈现。最常见的就是各种旗帜、徽章，以及代表组织的Logo。

一个标识能够显著地代表某个价值观或意义，相当于是将摸不着看不见的内在意义外化成一个具体的可见形象，这就相当于塑造了一个可视化的触发器，当组织成员看到该标识时，就能唤起对该标识所代表价值的回忆和强化，激发出其对该价值的拥护。同样的，特定的标识也能够方便组织向外界传递其价值主张，并加强外界对该主张的识别度。

比如，知名的办公技能学习社群“秋叶PPT”，就以其核心发起人秋叶大叔为原型设计了代表其社群的标识，如图7-4所示。该标识有助于传达其社群的核心主旨定位，同时还让用户能够对其社群建立起比较具象的感知和印象。

图7-4 某社群标识形象

#### 5. 特定的语言

特定的语言，就是将某些语言符号作为代表某组织的话语体系，只要听到该语言，就能迅速判别使用该语言的人的身份，从而显著彰显组织的魅力和特色。

特定的语言包括一些日常沟通的话语符号，比如淘宝流行的“亲”这种招呼性的语言；也包括一些特定的专属语句，比如一些组织，在加入时都要宣读和承诺誓言，这些誓言反映了该组织的价值主张，每个组织都不一样。

还有就是描述一个组织价值观、愿景、使命的语言，通常也都是相对固定和独特的，还有一些组织还设有专门的口号等。

比如，小米手机的粉丝构成的“米粉”社群，不但在每年固定的时间和场合举办“米粉节”，还专门设置了一个口号——因为米粉，所以小米，如图7-5所示。

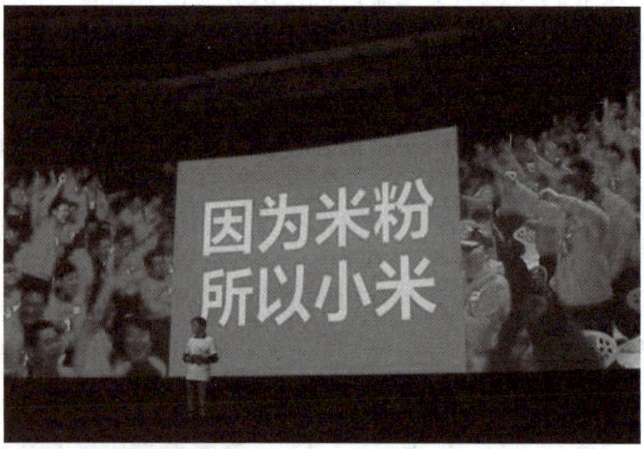


图7-5 小米社群口号

在进行社群文化仪式化打造的过程中，要通过特定的语言体系设计，彰显社群的价值主张的同时，显著加强社群组织的识别性。

### 6. 特定的声音

特定的声音，就是将某种价值和意义赋予到一些特定的声音上面，用声音去传达和强化这些价值理念和意义。当人们听到或是发出这些声音时，就能够诱发人们对这些声音背后的价值理念和意义的认同。

最常见的特定声音就是一个组织的组织歌，比如一个国家有国歌，一个学校有校歌；还有一些特定的声音，就是在某些特定场景出现的固定声音，比如 Windows 开机时的声音，用微信拨语音视频电话时的声音，只要听到这些声音，就能明白接下来将会发生什么，所以特定的声音也是触发人们自觉化动作发生的重要形式。

在社群文化的仪式化打造过程中，也可以利用特定的声音作为仪式化的重要组成要素。

## 7.2.2　仪式化设计的一般要求

仪式化的设计其实就是将仪式化设计的一般要素进行组合、搭配应用的过程，这些要素可以被用来单独打造仪式化，也可以组合起来打造仪式化。

需要强调的是，仪式化的设计不仅要注意各种仪式化构成要素的组合搭配，更要注意满足以下三个要求。

### 1. 独特别致

仪式化的目的在于打造一个有效促成某种行为发生并形成习惯的触发器，为了使得该仪式对社群成员具有吸引力，仪式化的要素设计必须独特别致，能够体现个性并与社群初心一致。

只有独特别致的东西，才能够显著地将此物与他物区分开来。一个社群文化的仪式，只有与其他社群区分开来，才能够表现出自己文化的独特性，彰显出自身的魅力和优越感。社群成员正是通过遵循和执行这些独特别致的仪式化来寻找自己的归属感，体现自己的身份认同感，从而才能激发出社群的凝聚力。

换句话说，只有独特别致的仪式化表现，才能让社群成员感觉有身份、有个性，从而更好地做出符合社群要求的行为。否则，如果一个社群的仪式总是模仿或是复制其他社群的，那会让社群成员觉得没有尊严、没有特色，从而不愿意去遵循和执行这些仪式，这就失去了仪式化最初设立的意义了。

而且如果一个社群的仪式化的要素没有独特性，也没有品质感，那极有可能会被外界认为，该社群本身缺乏清晰的价值主张和文化信仰，只是一个松散的人流汇集。这不但不能很好地团结现有的社群成员，更不能吸引外围潜在成员加入社群，实现社群的发展。

在通过仪式化打造和巩固社群文化的过程中，一定要精心设计仪式化的要素，做到新颖、独特和别致，并与社群的价值主张高度契合、一致。

### 2. 固定有程式

相对固化、稳定的结构化表现是仪式化的应有之义。可以说，仪式化的本质要求在设计仪式化的要素和样式时，需要在内在结构上具有稳固的结构和程式，即要充分让该仪式的背后的内涵与外在的仪式形成稳固支撑和印证，换句话说，就是该仪式真正地能够体现社群的文化特征和文化信仰，通过践行该仪式也确实能够促进人们对其背后的文化理念的感知和养成。否则，就容易陷入形式化的陷阱，形式化的直接表现是外在形式与内在理念松散没有严谨的匹配程式。

固定有程式是仪式化设计的重要要求之一。这主要是指仪式化的构成要素要有相对的固定性，比如固定的时间、固定的场合、固定的符号等。同时，还要求在组合、搭配仪式化的各种要素时，不能只是进行简单随意的组合，而是要按照某种次序、步骤和逻辑进行组合和搭配。程式化的意义在于让组合后的各要素依然可以给人一种相对的固化、稳定的感知，有利于获得一种确定性，以加深对人的影响。

由此可见，在进行社群文化仪式化的设计时，要做到固定有程式，避免陷入只贪图吸引眼球的形式化陷阱。始终要使得社群的仪式化设计是为社群的核心价值内核和文化信仰服务的，使得外在的仪式化表现与内在的文化内涵高度一致。

### 3. 周期重复

在一个特定周期内固定重复，是仪式化的又一个内在要求。

仪式化的目的之一就是通过仪式化的训练，能够让参与的成员形成肌肉记忆，从而养成自动、自发、自觉地符合社群价值文化要求的习惯，本质上降低社群成员协作、沟通的壁垒，增加合作共进的默契，从而提升效率。

如何才能让某种信仰形成不经大脑就自动、自发、自觉的习惯呢？关键在于重复训练，正所谓熟能生巧。而熟能生巧的逻辑是，要让代表某种价值文化理念的仪式能够多次重复，重复的多了就越来越简单、越来越容易，从而由最初的“刻意为之”变为后期的“自动自发”，所以周期重复是进行仪式化设计的又一个重要原则。

除了在一个时间周期内不断重复之外，其实周期重复还有一个维度，就是可以在空间维度实现重复，比如将社群的旗帜，在不同的场合以不同的形式展示，也可以达到一种周期重复的效果。

比如，在现实的聚会活动中，直接将社群的旗帜穿在旗杆上进行飘扬；而在社群的活动宣传网页上，可以把社群的旗帜作为一个 Logo，嵌在页面的一个角落，以显示该网页属于社群的官方宣传网页。7.2.1 节中提到的秋叶 PPT 社群的形象标识就被用在秋叶社群所推出的图书、课件和宣传页等多个场合，如图 7-8 所示。

图7-6　场合上的重复

综上所述，社群文化的仪式化设计就是设计独特别致的仪式化的要素，并进行固定有程式的组合、搭配，周期重复地进行贯彻和执行，从而引导和养成符合社群文化价值要求的自动自发自觉的行为习惯的过程。

# 7.3　社群文化仪式化的方法

通过对社群文化的构成要素以及对仪式化设计的一般要素和基本要求的分析，可以发现仪式化是推进社群文化建设的重要策略和措施。

接下来结合仪式化设计的基本要素和要求，并基于社群运营的实际过程，详细介绍一些实现社群文化仪式化的具体过程和方法。

总体而言，在社群文化建设过程中，仪式化的设计体现在社群运营全过程，具体可以分为两大方面，分别是社群品牌标识仪式化、社群运行过程仪式化。下面分别对这两个具体方法进行介绍。

## 7.3.1　社群品牌标识仪式化

品牌标识是一个社群核心价值主张和文化调性的集中体现和承载载体，否则所谓的核心价值、愿景、使命就是比较虚无的“空中楼阁”，难以落地。我们想通过仪式化的方式传达和塑造社群核心价值文化氛围，首先要对社群的品牌标识系统进行统一的策划和设计，以便于在感官上对社群文化有清晰、统一的认知。

社群的品牌标识系统主要包括社群的名称、口号、视觉标识及其他感官标识符号。下面分别对这些符号的具体设计方法进行介绍。

### 1. 社群名称

就像姓名是一个人最基本的品牌标识一样，社群名称是社群品牌标识中最为重要的符号，是所有品牌标识符号中的第一标签，是一个人初步接触社群所能留下的第一印象，也是此社群区别与他社群的第一特征。

一个好的社群名称是社群文化被社群成员认知、接受、满意乃至忠诚的前提，社群名称在很大程度上对社群文化价值观的传播及被潜在社群成员认可、加入产生直接影响。由此可见，社群名称的设计要精心策划。

一般而言，可以采用以下一些方法对社群进行命名。

#### （1）从灵魂人物出发命名

社群往往是由一个核心灵魂人物作为创始成员的核心发起的，并主导打造了社群最核心的价值主张，并成为起初社群最主要的核心价值输出者。因此，可以从社群的创始灵魂人物出发为社群命名。比如，“吴晓波频道”等社群，就是典型的按照这种方法命名的社群。

#### （2）从核心价值产品出发命名

社群的核心价值主张最终是要落实到社群的价值产品上的，社群的核心价值产品是凝聚社群成员的主要媒介，也是让社群成员体验社群价值的直接载体。因此，可以从社群的核心价值产品延伸出社群的名称，比如小米用户社群叫“米粉群”、魅族手机用户社群叫“魅友家”。

#### （3）从社群成员核心目标出发命名

社群总是要聚集志同道合或是具有相同志趣爱好的人在一起，所以也可以从社群的目标成员的核心需求和目标入手，对社群进行命名，这样一般从名称上就能看出社群的主要成员是谁，有什么诉求。比如，喜欢跳舞的人的社群可以命名为“爱舞小分队”。

（4）从社群核心价值理念出发命名

每个社群总是有一个核心的价值主张和基本的指导理念的，可以直接将社群的核心理念提炼出来作为社群的名称。比如，主张不拖延的社群可以命名为“宁早不赶晚”，主张自我挑战的社群可以命名为“Battle Me”。

（5）混合命名

混合命名就是综合应用上述几种要素进行命名，比如，综合了核心灵魂人物和社群成员核心目标两个要素的社群命名例子有“秋叶 PPT”。

除了了解上述的一些命名方法，还要注意社群命名时一些注意事项和原则。

（1）社群名称要有助于建立和保持社群在社群目标成员心目中的形象，要与社群主要成员的性格、气质相匹配和契合。

（2）社群名称要有助于使社群区别于同类社群。选择名称时，要避免使用在同类社群中已经使用过的或音义相同、相近的名称。如果不注意这点，难免会使用户对社群品牌认识不清对社群核心价值认识模糊。

（3）社群名称尽量要体现社群的属性所能给用户带来的价值和益处，从而通过视觉、认知的刺激，使目标成员产生对社群的向往。

（4）社群名称要符合大众心理，能激发目标成员的动机，比如，面向女性群体的社群命名应秀美小巧，面向男性用户群体的社群命名应雄健粗犷，针对儿童群体的社群命名应活泼可爱。

2. 社群口号

口号是供口头呼喊的有纲领性和鼓动作用的简短句子，同时在不同发展阶段，还需要与时俱进地提出新的口号，如“让每个人都能够做买卖”。

同样的道理，社群口号就是用来引领和鼓动社群成员执行社群价值观的简短语句，是社群核心文化氛围打造的重要手段，也是促进社群不断聚焦核心价值观、实现社群初衷使命的重要抓手。因为口号能够体现社群的精神内涵，好的口号甚至比社群名称更有传播力。它代表着社群的价值观，能够聚集有共性的人群，社群口号其实是社群定位最直接的体现。

社群口号可以理解为社群的一句相对长期保持稳定不动的广告词，它是社群为了加强目标成员对社群价值观、理念和核心价值产品等的一贯印象，在宣传中长期反复使用的一两句简明扼要的、口号性的、表现价值产品特性或社群理念的句子。它是基于社群长远的发展利益，向目标成员传达长期不变的观念的重要渠道。

设计好社群的口号不仅是社群文化仪式化建设的重要手段，而且好的口号能够作用于社群成员的行为，从而引导社群成员行为向着社群核心价值观靠拢。不同的社群都可以有其独特的口号，而且同一个社群在不同的时期，也可以有不同的口号。设计口号的方法总结起来大致有三种。

（1）基于社群功能设计口号

基于社群功能的口号，就是从社群有什么、能提供什么的角度，用简单直白的语言概括其能为目标成员做什么。一个社群在设计自己的口号时，也可以将自身可以提供的主要特色功能概括成口号，比如“十点读书”社群的口号是“为每一个人提供一本优质的书籍，爱上读书，读好书。”

（2）基于社群目标用户需求设计口号

基于社群目标用户需求的口号，就是从能解决社群目标用户什么问题的角度，简单直接地说明能够满足目标用户什么诉求。通过阐述社群能够满足目标用户利益点的方式，是设计社群口号的常见做法。比如，秋叶 PPT 社群的口号为“每天三分钟，进步一点点”。

（3）基于社群价值理念设计口号

基于社群价值理念的口号，就是将社群的价值主张、理念、态度、情怀以及情感等软性价值进行提炼概括，作为社群的口号。比如，某个主张女性独立价值的社群口号为“女性要有自己的活法”。

以上是我们介绍的设计社群口号的几个切入点，除此之外，在设计社群口号时要同设计社群名称一样，既要注意口号的新颖独特性，也要注意口号的易传播性，不能使用太长、太拗口的句子，读起来要朗朗上口。同时，口号的表意要清晰，能够直接反映社群的核心价值主张。

3. 社群视觉标识

对于社群来说，视觉标识是体现仪式感、统一感的重要载体，是凸显品牌形象的基本表现手法。

社群是在互联网条件下的新型组织形态，在社群的运营过程中会涉及社群成员在各个媒体平台和虚拟空间中的沟通交往，这都需要设置头像；社群在举行一些集体活动时，还需要布置会场背景，甚至在社群的一些线下活动中还需要设置社群旗帜等。

这些诸如头像、宣传海报、背景和旗帜等，都属于社群视觉标识的范畴，而这一切视觉标识的统一为一个核心，那就是 Logo。

社群 Logo 的设计大致有以下几种类型。

（1）基于核心领袖形象设计 Logo

社群在最初发起创建时，总是有某个或某几个核心的创始人员在其中起着关键作用，他们本身的理念、价值和能量附加映射到社群里，就构成了社群最原始、最核心的价值主张。而且在社群初期发展的相当一段时间里，这些核心创始成员都是社群价值的核心贡献者和社群发展的核心推动力量。

很多社群的 Logo 设计会直接借用社群核心领袖人物的形象，加以视觉化设计后确定为社群的 Logo，前面多次提到的“秋叶 PPT”社群就属于这种类型。

实际上，不管是社群 Logo 的设计，还是其他企业组织的 Logo 设计，以核心人物形象为原型进行设计都是可以采用的一种方式，比如国外的肯德基，国内的老干妈，如图 7-7 所示。

图7-7　以核心领袖形象为Logo

### （2）基于社群名称设计

除了基于社群的核心关键人物形象进行社群 Logo 设计，另一种常见的 Logo 设计方式就是基于社群名称的文字，进行变形设计作为社群 Logo。比如，有一个名叫“趁早”社群的 Logo 设计就属于这一种类型，如图 7-8 所示。

这种 Logo 设计的变形方式是把社群名称中各个字进行变形，然后整合在一起设计成 Logo，也有干脆把社群名称第一个文字的拼音的声母进行变形设计来作为 logo。

### （3）拟物化设计

拟物化设计 Logo 是目前互联网文化条件下比较流行的一种 Logo 设计方式，这种设计就是选取一种动物或植物的形象，对其进行扁平化、缩略化设计，从而确定为 Logo。有一个社群的名字叫“大熊会”，其 Logo 就属于这种类型，如图 7-9 所示。这种拟物化设计 Logo 的方式，在其他互联网企业品牌的 Logo 设计中也很流行，比如天猫、京东、腾讯 QQ 都是采取这种方式来设计 Logo。

图7-8　基于名称文字设计Logo

图7-9　拟物化Logo

以上便是目前社群 Logo 设计的常用方式，当然除此之外也有直接通过设计一个独特的图形而作为 Logo 的，在这种设计中往往会把社群最核心的理念和价值观融合，反映到 Logo 的视觉形象中去。

社群的 Logo 设定好之后，在之后的社群运营过程中基本上都会应用和体现 Logo 的视觉形象，比如社群赖以开展活动的各种平台的展位、活动的开展都要用到 Logo。

除了通过社群名称、口号、视觉标识体现社群品牌标识的仪式感，有时候还会通过其他感官标识符号的仪式化设计，来体现社群品牌的独特形象。比如通过特定声音来传达社群的核心价值和特色。通过声音体现品牌形象的通常做法有两种，一种就是设置社群的品牌音乐，这就像 QQ、苹果手机都有自己专属的一些提示音；另一种就是设置群歌，即社群组织的专属歌曲，这就像学校有校歌、企业有司歌一样，通过歌曲来传达社群的核心理念和特色。

### 7.3.2　社群运行过程仪式化

社群的本质是价值共鸣体、协同共生体和利益共通体，而这一切都是围绕社群价值产品的生产、传递和消费等动态行为过程来落实，所以社群文化也是在社群成员的集体行为过程中塑造和养成的。

要想形成独具特色的社群文化，除了要打造统一的仪式化的社群品牌标识，更要在社群运行过程的仪式化上下功夫。文化塑造的终极目的是对行为的规范和引领。

只有做到了社群运行过程的仪式化，才算是真正让社群的文化价值观入了社群成员的心和脑，也才能算是让社群文化真正落了地，变成了社群的自觉行为范式。

具体而言，社群运行过程的仪式化主要包括加入退出、交往协同、活动开展、奖惩分配等环节的仪式化。

#### 1. 加入退出仪式化

一个人加入一个社群，则意味着价值理念和身份角色的认同；一个人退出一个社群，则意味着关系的分离、身份的切割。

加入和退出是对社群核心价值理念尊崇与否最直接的体现，为了切实加强社群成员的身份认同感和集体凝聚力，需要以仪式化的方式强化加入或退出社群的仪式感和严肃性。这就像学校在入学时要举行开学典礼、毕业时要举办毕业典礼一样。从这个意义上说，实现加入退出仪式化是社群文化建设最直接、最常规的要求。

##### （1）加入仪式的类型

通常加入一个社群的仪式有以下几类。

① 书面声明。书面声明指用正式的书面文字声明自己对社群价值主张的认可，并表明自己自愿加入的意愿。这些书面声明材料会接受社群相关办事机构的审查，审查其是否是声明人的真实意思表达，如果属实，则会将其存档。这种加入某个社群的声明，等于是欲加入社群的个体的一种承诺，有过这种承诺行为之后，人们一般倾向于努力使自己的行为与其之前的承诺保持一致，这就是设置这种加入仪式的意义。

② 公开宣示。公开宣示是指在一个特定的场合面对一定的人群，公开口述宣示自己对社群主张的认可，并表明自己自愿加入的意愿。其意义与书面声明是一致的。

③ 审批加入。审批加入是指由欲加入社群的个体根据社群的相关规定和标准提交申请加入的材料，而后对其进行审核，通过后再予以公示，无异议后正式将其纳入社群的一种方式。

##### （2）退出仪式的类型

退出一个社群的仪式主要有以下一些类型。

① 自主声明退出。自主声明退出就是通过公开的声明，表示自己不再认同社群主张，不再

参与社群活动，不再履行社群义务，不再享受社群利益的意愿。

② 组织清退。组织清退是指社群组织发现一些不符合社群要求的成员需要被清退时，通过公开的通告，列举被清退人员的姓名、时间及其被清退的理由等。

退出仪式化的意义在于，及时地收回非社群成员的社群利益共享群，并提示其他社群成员注意保护社群的隐私和机密信息不被泄露。

### 2. 沟通交往仪式化

一个社群是一个协作共生体，加入社群的成员不仅仅是形式上聚集在一起，关键是社群成员通过协同合作，发挥合力，创造新价值和新产品，从而实现个体劳动附加增值效应和利益共享。协同的过程实际上更多的体现为沟通交往的过程，仪式化的沟通交往有利于统一沟通符号和规范，提高沟通效率，从而有效促进协同的效率和效益。

所以，沟通交往的仪式化是社群运行过程中不可或缺的一环。交往协同的仪式化主要包括沟通用语的仪式化和沟通形式的仪式化。

#### （1）沟通用语的仪式化

沟通用语的仪式化就是在沟通交往的过程中，使用体现社群文化特性的标识或用语，以彰显身份的一致性和亲切感。

沟通用语的仪式化最常见的做法就是称呼的统一，比如在淘宝平台上，卖家和买家之间也形成了一种固定的称呼方式，那就是相互称为“亲”。

在社群运营过程中，为了打造和谐而又具备特有凝聚力的沟通交往关系，也可以将社群成员之间的称呼固定下来、统一起来。

当然，沟通用语的仪式化还可以体现在一些特定环节对特定意涵表达的统一化，比如古代在接到皇帝的诏书或是圣旨时，表示服从时，在有的朝代统一用“遵旨”表达，而在另外的朝代可能统一用“诺”表达，这种表达就鲜明地体现了不同朝代的沟通交往风格。在社群日常沟通交往中，也可以采用一些固定的用语来表达特定的意思。

沟通用语除了语言文字符号之外，在互联网条件下的沟通还包括辅助表达的图像表情符号，所以沟通用语等仪式化还可以通过一些统一的聊天表情形象来营造一种亲切、和谐的沟通氛围和过程。

#### （2）沟通形式的仪式化

沟通形式的仪式化就是在沟通交往过程中，依据不同的沟通场景选用一致的沟通工具和沟通方式，从而形成一种固定的沟通工具选择和使用习惯。

沟通形式的仪式化主要可以从两个方面体现。一个是统一社群内部的沟通媒介工具，比如大家在正式协作沟通中统一约定使用 Foxmail 客户端 ，在临时小组讨论沟通中使用腾讯视频会议系统，就是具体规定在什么沟通场景下使用什么一致的沟通工具。另一个方面就是在书面性的沟通中，注意使用统一的媒介模板、符合社群约定的格式等。

### 3. 奖惩分配仪式化

社群既然作为一个协作组织，必然涉及社群成员表现的优劣、贡献的大小，那么在社群价值产品盈利后，社群会根据每个成员的表现和贡献进行利益分配。当然对于那些违反社群价值观、达不到社群要求的成员，还要给予必要的惩罚。

奖惩分配仪式化就是在社群进行奖优惩劣和利益分配时，以公开显性的规范程序和形式进行操作，从而保证公开透明和公平公正性。同时，奖惩分配的仪式化也能够让奖励优秀成为教育引导广大社群成员向榜样标杆看齐、学习的机会，让惩罚落后成为广大社群成员引以为戒的反面教材。

做到奖惩分配仪式化，必须要包含以下三个要素。

第一个要素是公开。公开是指无论是奖还是惩，是大宗利益分配还是点滴小利分配，都要公开进行，包括公开的场合、程序和时间。

第二个要素是程序化。程序化就是在进行奖惩分配时，必须按照预先制定和公开的程序，严格按照程序操作和执行。

第三个要素是有理有据。有理有据要求无论是奖还是惩，奖多奖少，都要有理有据，公之于众。

综合本章的内容可以看出，仪式化更多的是一种手段，一种打造自动自发行为习惯的手段，目的是培养社群成员养成符合社群价值观的文化素养和习惯。一切以此为出发点和落脚点的仪式化，才是社群按仪式化策略运营的根本目的。切不可把仪式化当形式化，只图形式花哨，但背后没有价值追求背书的形式化，可能就只是劳民伤财、妄图虚名。

# 第8章　社群运营数据化的方法与工具

社群是数字化时代催生的新组织、新协作方式，社群运营过程中的设计、生产、运营以及社群协作过程中的沟通交往过程，都高度依赖于数据的支撑。所有的行为过程都将以数据的形式记录下来，所有的数据都可以被采集和处理，从而从对数据的分析中获得洞察，反过来指导下一步的行动。

社群运营数据化就是在社群运营过程中对数据进行有效的采集、分析处理以及应用，从而使得社群运营更高效、更顺畅。

本章将介绍社群数据化运营的基本方法和工具，主要包括社群运营中常见数据类型与指标、数据的获取方法和工具、数据的分析处理及应用方法。

## 8.1　数据规划与指标体系搭建

数据是指对客观事件进行记录并可以鉴别的符号，是对客观事物的性质、状态以及相互关系等进行记载的物理符号或这些物理符号的组合。它是可识别的、抽象的符号。它不仅指狭义上的数字，还可以是具有一定意义的文字、字母、数字符号的组合、图形、图像、视频、音频等，也是客观事物的属性、数量、位置及其相互关系的抽象表示。例如，“0、1、2……”“阴、雨、下降、气温”“学生的档案记录、货物的运输情况”等都是数据。数据经过加工后就成为信息。

在计算机科学中，数据是指所有能输入到计算机并被计算机程序处理的符号介质的总称，是用于输入电子计算机进行处理，具有一定意义的数字、字母、符号和模拟量等的通称。现在计算机存储和处理的对象十分广泛，表示这些对象的数据也随之变得越来越复杂。

在社群运营中所讲的数据其本质同上述关于数据的科学定义是一致的，只是在具体形态和范围上是指有关社群运营、价值流转和用户行为等方面的一切数据，它是反映社群最真实状态的一种方式，社群运营师通过数据来验证取得了什么样的效果，决定做出什么样的决策。唯有数据，能够清晰地告诉社群运营师已经和正在发生什么，从而为下一步决策提供依据。

数据规划是整个数据运营体系的基础，在采集和分析数据之前，首先要明确规划采集什么数据、确立数据指标和反映指标细分属性的维度。

### 8.1.1　常见的数据指标

进行数据指标体系的规划前提是知道社群运营过程中有哪些基本的数据指标。下面分别介绍一些在社群运营实践过程中时常用到的运营数据，这是进行数据规划必须掌握的基本知识。

#### 1. 用户类的数据指标

在采集和分析数据之前，首先要明确规划我们要采集什么数据，确立数据指标和反映指标细分属性的维度。

在社群运营的过程中，是不断地有人加入或退出的，除此之外，在社群举办的各种活动中说到底都涉及的是人的行为。我们把社群的成员状态、变化相关的数据称为用户类的数据。用户类的数据主要涉及社群新成员的吸纳以及老成员的活跃和留存。

社群新成员的吸纳，首先取决于社群在哪些渠道去展示宣传自己，从而覆盖潜在的目标人群。同时，社群本身是一个协同生产组织，它还会推出自己的价值产品，这些价值产品要被推广到需要的用户那里，也需要渠道的拓展。当然，后续还有一个转化的过程。

下面主要介绍与此相关的一些数据指标。

##### （1）渠道触达量

一个社群诞生或是一个社群推出了自己的价值产品，需要推广到一定渠道才能让更多的人知道。所谓渠道触达量就是指社群或是社群价值产品信息在推广渠道中的曝光量，即相关推广页中有多少用户浏览。推广渠道可以在应用商店，可以在朋友圈，可以在搜索引擎，只要有流量的地方，都可以作为曝光的渠道。

对于社群价值产品来说，它在渠道中的曝光，一方面是想直接引来用户关注使用，另一方面还具有提升品牌热度的作用。用户虽没有点击或和产品交互，但是用户知道有这么一个东西，它会潜移默化地影响用户未来的决策。

##### （2）渠道转化率

既然社群或是社群价值产品信息已经在渠道中曝光，一部分用户可能无动于衷，一部分用户应该被吸引去关注或申请加入社群，或者是关注产品或注册，我们通常用转化率这个指标衡量一个渠道带来的对所推广物的关注量，比如在一条微博中发布一个社群的广告信息，这条信息的总计阅读量是 50 000，带来的对社群的新增申请量为 500，那么这条微博的转化率就是 500/50 000*100%=1%。

当然，在使用转化率这个指标时还要考虑成本，并不是转化率越高越好，因为有的渠道虽然转化率很高，但相应的成本可能却是难以承受的。关注转化率的时候更多的是要关注转化性价比，性价比越高越好。业界将转化率和成本结合，衍生出 CPM、CPC、CPS、CPD、CPT 等指标。

CPM(cost per mille) 指每千人成本，它按多少人看到广告信息计费，传统媒介比较倾向采用。CPM 推广效果取决于印象，用户可能浏览也可能忽略，所以它适合在各类门户或者大流量平台采用 Banner 形式展现社群或社群价值产品的品牌。

CPC(cost per click) 指每用户点击成本，按点击计价，对广告主来说，这个与 CPM 不同的是只有用户点击了才付费，不点击则不付费。也有很多人会认为，CPC 不公平，用户虽然没有点击，但是曝光带来了品牌隐形价值，这对广告位供应方是损失。

CPA（cost per action）指每行动成本，按用户行为计价，行为可以是咨询申请加入社群，也可以是订单购买社群所推出的价值产品。CPA 收益高于前两者，风险也大得多，它对需求方有利，对供应方不利。

以上三种是常见的推广方式，还有 CPT 是指按时间付费，CPS 是按销售付费，CPS 可以归到 CPA 的范围内。

#### （3）日新增用户数

新增用户数是社群新成员获取过程中的核心指标。新增用户可以进一步分为自然增长的用户和推广增长的用户，自然增长通常是用户邀请或用户搜索等带来的用户，而推广增长是社群运营师干预控制下增长的用户量。

#### （4）用户获客成本

“酒香也怕巷子深”，社群在招纳更多志同道合的成员加入时，新成员的获取必然涉及成本，这是不可忽略的重要因素。社群运营师在求得用户稳步增长的同时，还要考虑成本因素，必须是在能够承受的成本范围内实现可观的用户增长。用户获客成本即指所有花在用户获取上的成本。

### 2. 活跃类的数据指标

如果说活跃数和活跃率反映的是产品的市场大小和健康程度的话，那么用户留存就是产品能够可持续发展的基本前提。

#### （1）用户留存率

用户在某段时间使用产品，过了一段时间后，仍旧继续使用的用户，被称为留存用户。那么，用户留存率 = 持续使用的用户 / 总用户注册量。

在今天的互联网行业，留存是比新增和活跃提到次数更多的指标，因为移动互联网时代，越来越多的用户注意力被几个大型 APP（如微信、今日头条等）占据，用户越来越难获取，竞争也越来越激烈，如何留住用户比获得用户就显得更为重要。

假设产品某天新增用户 1 000 个，第二天仍旧活跃的用户有 350 个，那么称次日留存率有 35%，如果第七天仍旧活跃的用户有 100 个，那么称七日留存率为 10%。

上面的案例都是围绕新用户展开的，还有一种留存率是活跃用户留存率，或者老用户活跃率，即某时间活跃的用户在之后仍旧活跃的比率。

新增留存率和活跃留存率是不同的，新增留存率涉及产品运营中的新手引导，各类福利，而活跃留存率和产品氛围、运营策略、营销方式等有关，更考验运营的策略体系建构。

#### （2）用户流失率

用户流失率和留存率恰好相反。如果某产品新用户的次日留存率为 30%，那么反过来说明有 70% 的用户流失了。

流失率在一定程度能预测产品的发展，如果产品某阶段有用户 15 万，月流失率为 30%，在不考虑新增用户等因素的情况下，简单粗略推测，5 个月后产品将失去所有的用户。

当然，产品的流失率过高就说明产品有问题吗？这取决于产品的功用及形态，某产品主打婚礼管理工具，它的留存率肯定低，大多数用户结婚后就不用。旅游类的应用也是，用户一年也打开不了几次，毕竟天天在旅游的人是少数。

（3）退出率

退出率是网页端产品的一个指标。网页端追求访问深度，用户在一次会话中浏览多少页面，当用户关闭网页时，可认为用户没有被留住。退出率公式：从该页退出的页面访问数 / 进入该页的页面访问数，某商品页进入的 PV 是 1 000，该页直接关闭的访问数有 300，则退出率为 30%。

跳出率是退出率的特殊形式，有且仅浏览一个页面就退出的次数 / 访问次数，仅浏览一个页面意味着这是用户进入网站的第一个页面，然后接着就退出了。

退出率用于网页结构优化和内容优化。跳出率常用于推广和运营活动的分析。

### 3. 活动运营相关的数据指标

活动是社群运营中的核心环节，一方面社群本身就是一个有着其使命的组织，而这种使命的达成必须要通过活动生产出社群的价值产品，同时在社群的价值产品的运营推广中也要广泛地通过活动来获客、盈利。一次运营活动的策划、实施和传播效果如何，也需要通过一些数据进行表征。

（1）K 因子

K 因子（K-factor）是指每位用户平均向多少用户发出邀请，发出的邀请又有多少有效的转化率，即每一个用户能够带来几个新用户，当 K 因子大于 1 时，每位用户至少能带来一个新用户，用户量会像滚雪球般变大，最终达成自传播。当 K 因子足够大时，就属于指数级增长的病毒传播了。

在社群运营过程中，社群成员的聚集与吸纳其实主要是来自于社群内部成员在受社群的价值主张和文化感染并深刻认可后的口碑推荐，所以 K 因子是社群运营过程中的一个重要指标，直接反映社群的凝聚力和影响力。

（2）病毒传播周期

活动、广告、营销等任何能称之为传播的形式都会有传播周期。病毒性营销的波峰往往只持续两三天，这是用户拉新的黄金周期。

另外一种传播周期是围绕产品的邀请机制，它指种子用户经过一定周期所能邀请的用户。因为大部分用户在邀请完后均会失去再邀请的动力，那么传播周期能大大简化成：假设 1 000 位种子用户在 10 天邀请了 1 500 位用户，那么传播周期为 10 天，K 因子为 1.5，这 1 500 位用户在未来的 10 天内将再邀请 2 250 位用户。

（3）用户分享率

当下基于互联网的产品都会内嵌分享功能，对内容型平台或者传播依赖型的产品，用户分享率是较为重要的指标，它又可以细分为微信好友 / 群、微信朋友圈、微博等渠道的单独分享率。社群价值产品的推广主要就是基于社群种子用户的社交分享而完成的。

（4）活动曝光量 / 浏览量

线上活动对传播的诉求是比较高的，社群策划一次活动，首先需要传播出去，广泛曝光，才能引来一定的参与量。活动曝光量 / 浏览量就是表征活动传播广度的一个指标，可以通过一些技术手段进行数据监测和收集。

（5）活动参与率

活动参与率即是指参与活动的用户数与浏览活动的总用户数。

一个活动的参于人数（活跃数）多少？有多少社群成员参与了这个活动？又有多少新增用户因为这个活动来，传播类的活动分享数据怎么样？活动中的各个流程转化如何？活动带来多少新订单？其实，运营活动可以看作一个短生命周期的产品，产品的一切指标都能应用于其中。

4. 商务类的数据指标

社群除了是一个价值共鸣体、协作共生体，也是一个利益共通体，人们聚集在一个社群里，最终是为了合作共赢，使得价值最大化的同时，也能够按照贡献获得社群价值产品转化后的收益。

社群的价值主张最终都会以社群成员协作生产的价值产品来承载，这些价值产品是需要社群组织群策群力，基于互联网运营推广让更多的目标用户使用，从而获得更多的转化收益。

对社群价值产品运营各类指标的追逐，最终目的还是要实现商业价值，即实现营收获取利润，所以社群运营过程中也要时刻关注一些关于营收的数据指标。

（1）活跃交易用户数

在一个用户使用产品的全过程中，从产品曝光到用户下载，从用户打开活跃到产生收入，产品的指标在一步步往商业靠拢，活跃交易用户则是核心指标。整个流程呈现漏斗状。

和活跃用户一样，活跃交易用户也可以区分成首单用户（第一次消费）、忠诚消费用户、流失消费用户等。细分交易数据和指标，关系到产品商业化的进展，所以是有必要的。

活跃用户交易率是用来统计交易用户在活跃用户中的占比。当产品活跃用户足够多，但是交易用户少，此时的商业化是有问题的，即俗称的盈利困难。

（2）GMV

GMV（gross merchandise volume）是指一段时间内的成交总金额，只要用户下单，生成订单号，便可以算在 GMV 里，不管用户是否真的购买了。成交金额对应的是实际流水，是用户购买后的消费金额。销售收入则是成交金额减去退款金额。

把上述的成交金额、销售收入和退款金额三个指标看作用户支付的动态环节，则能再产生两个新指标：成交金额与 GMV 的比率，实际能换算成订单支付率；根据销售收入和成交金额，可以换算出退款率。

（3）客单价

传统行业，客单价是一位消费者每一次到场消费的平均金额。在互联网中，则是指每一笔用户订单的收入，其计算公式是：总收入 / 订单数。

（4）复购率

复购率即用户重复购买率，指消费者在单位时间内对该品牌产品或者服务的重复购买次数，重复购买率越多，则反映出消费者对品牌的忠诚度就越高，反之则越低。

重复购买率有两种计算方法：一种是所有购买过产品的顾客，以每个人为独立单位重复购买产品的次数，比如有 10 个客户购买了产品，5 个产生了重复购买，则重复购买率为 50%；第二种，按交易计算，即重复购买交易次数与总交易次数的比值，如某月内，一共产生了 100 笔交易，其中有 20 个人有了二次购买，这 20 人中的 10 个人又有了三次购买，则重复购买次数为 30 次，重复购买率为 30%。

由此可以引出另一个相关指标——回购率，指的是上一个时间窗口内的交易用户，在下一个时间窗口内仍旧消费的比率。例如某电商 4 月的消费用户数 1 000，其中 600 位在 5 月继续消费，则回购率为 60%。600 位中有 300 位消费了两次以上，则复购率是 50%。

（5）退货率

退货率是指产品售出后由于各种原因被退回的数量与同期售出的产品总数量之间的比率。退货率是一个风险指标，越低的退货率一定越好，它不仅直接反应财务水平的好坏，也关系用户体验和用户关系的维护。

### 8.1.2　数据指标体系搭建

上一节介绍了社群运营过程中常见的一些数据指标，那么在具体到某个实际的运营项目分析中，究竟应该确立和分析哪些指标呢？这就需要在数据分析的一开始就确立数据指标体系。

所谓数据指标就是指用具体的数据表示的衡量目标的指数、规格、标准等参数，用来对事物进行确定性的描述。在实际的工作中，一个问题并不是单一的，往往有很多方面，只用一个指标不能充分说明该问题。这就需要一组有逻辑的数据指标来描述，这就是数据指标体系。

#### 1. 数据指标体系的要素

一般而言，一套数据指标体系由以下五个基本要素构成。

（1）主指标

主指标也叫一级指标，是用来评价一个事物到底如何的最核心的指标。比如当说“产品卖得好”，直观想到的是用“销售金额”这个指标来衡量，即销售收入多，就是卖得好。

每个指标需包含以下要素。

业务含义：在业务上它的意义是指什么。

数据来源：哪个系统采集原始数据，即数据从哪里获取。

统计时间：在哪个时间周期内产生该数据。

计算公式：有些数据是统计计算后的数据，比如销售利润率，如果有比例、比率，得描述清楚哪个数是分子哪个数是分母；如果是汇总，得描述清楚哪个数加哪个数。

需要注意的是，有可能需要多个主指标来做综合评价从而得出结论。比如说“产品卖得好”，只看销售金额还不够，可能还要关注毛利，这才是真正赚到的钱。可能还得看销售数量，因为销售数量和库存直接挂钩，得防止积压太多导致库存成本畸高。这样就至少有了三个主指标：销售金额、销售件数、销售毛利。

（2）子指标

主指标不一定就是一个直接采集的指标，而可能由几个子部分构成，这就涉及子指标，即构成主指标、支撑主指标的下级指标。

举个例子：销售金额 = 用户数 × 转化率 × 客单价

在上面这个数据公式中，如果销售金额没达标，我们就要弄清楚：到底是购买的客户少了，还是推广覆盖的人不够多，还是说价格设置的太便宜了，了解细节有利于找到真正的问题，这时候就得对主指标进行拆解，拆解出构成主指标的子指标，如图 8-1 所示。

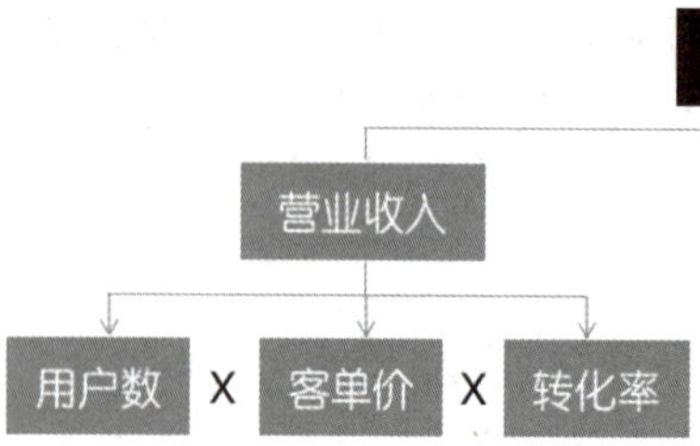


图8-1 主指标拆解示意图

需要指出的是，选择的主指标不同，拆解子指标的方式也就不同。比如，在图 8-1 所示的拆解过程中，如果选择的主指标是毛利，则子指标为营业收入和经营成本；如果选择的主指标是营业收入，则子指标是用户数。

(3) 过程指标

主指标一般衡量的是一个最终结果，但在运营实践中，实际上某个最终结果的取得是通过一系列的过程达成的，比如在电商平台运营过程中，一个用户从访问网店到最终形成销售，中间至少要经历筛选商品、进入详情页、加入购物车、下单、支付等一系列的过程，在这个过程中会遵循在第 3 章所讲的漏斗模型。在数据分析的时候，不仅要分析最终的结果数据，得出符合预期还是不符合预期的结论，更多的时候是需要考察问题出在了哪个环节，这就需要根据最终指标的达成过程，设置一些用于监督、改进的指标，这些指标就是过程性指标。比如主指标是销售量，过程性指标可以是搜索数、进入详情页人数、下单数等，而且在这些过程性指标之间还可以计算转化率这样的指标。

(4) 分类维度

在运营实践中，一个结果是一个团队在一定时间内通过一系列环节达成的。当为了更细致地分情况、分条件了解一些情况时，可以把数据指标按照某种维度进行分类分析和考查。比如，想知道总销售金额是怎么构成的，每个地区、每个团队分别完成多少，可以增加分类维度。通过分类维度，把主指标切成若干块，这样能避免平均数陷阱，把整体和局部一起看清楚，如图 8-2 所示。

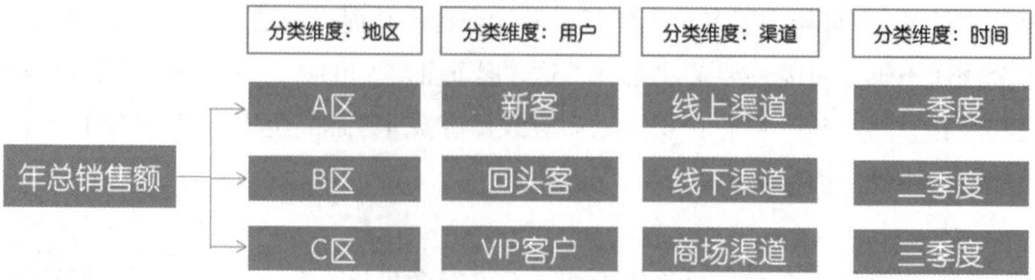


图8-2 分类维度示意图

(5) 判断标准

即使有了上述主指标、子指标、过程指标和分类维度这些要素，我们还是不能轻易做出“A产品卖得好”这样的结论。因为好是个形容词，是个相对的概念。那这时就需要一个参照物来对比，这个确定了的参照物就是数据指标体系的判断标准。在构造指标体系的时候，往往这些判断标准是和当前数据一起呈现的。这样在看数据的时候，可以直观地做出判断，使用起来就很方便了。

### 2. 数据指标体系的应用

按照上述五个要素搭建数据指标体系之后，就可以对其加以应用从而指导运营实践了。有了上述这五个要素，就能很轻松地对一些问题进行诊断，具体来说，应用这些要素可以按照下面这样一个基本过程得出相应的判断和结论。

首先，可以通过主指标 + 判断标准，得出总的结论，比如主指标是：销售金额，先看本月是否达标了，没达标差多少达标。再看年累计达标没有，有多少亏空 / 盈余。这样很容易看清楚：知道问题是什么，有多大。

其次，再通过分类维度看哪些方面做得好、哪些方面做得不好。比如哪些区域没有做好，是不是一贯做不好；哪些区域做得好，是勉强完成还是持续上涨。

最后，通过观察子指标 / 过程指标看哪个环节没做好。比如是线索太少了，得加大推广力度；还是跟进成功率低，得提升销售能力；还是报价太高，得增加一些折扣。

由此可见，通过搭建数据指标体系，不仅可以考查宏观层面的问题，还可以考查微观细节的问题，不仅可以了解总体的情况，也可以了解分类的情况。这样使得我们的数据分析有的放矢、精准清晰，而且全面、立体地反映问题的点、线和面。

### 3. 数据指标体系的搭建步骤

确定数据指标体系五个基本要素的过程就是搭建数据指标体系的过程。具体而言，可通过以下五个步骤进行数据指标体系的搭建。

(1) 明确运营目标，确立主指标

每一个运营项目都有其核心诉求和预期达成的目标，找出如何衡量这个主目标的指标，就是主指标了。确立主指标是搭建数据指标体系最重要的一步，把主指标梳理清楚、确立起来，然后才能确定子指标怎么拆解、过程指标怎么划分，同时指标的判断标准也要先知道指标是什么。

(2) 确定判断标准

既然已经找到了主指标，就得为它建立配套的判断标准。这样才能解读数据的含义，进而才能得出结论。

一般常见的判断标准有四类，包括 KPI 达成率法、竞品对标法、生命周期法和自然周期法。

KPI 达成率法：如果主指标直接是从 KPI 中确立的，那直接用 KPI 指标要求的数量作为判断标准即可，直接计算 KPI 的达成率。

竞品对标法：以竞品或行业的水平作为参照物，超过就说明做得好，未达到就说明做得不好。

生命周期法：主要是通过环比数据来判断好坏，假设业务运行有一个明显的周期性，那么选一个标杆周期的水平作为判断标准，超过标杆说明做得好，未超过说明做得不好。

自然周期法：主要是通过同比数据来判断好坏，假设业务每年有一个正常走势，那么符合往年走势且数据表现同比比往年还好，那说明做得好，否则说明做得不好。

（3）了解业务运作模式，拆解子指标

有了主指标和主指标的判断标准以后，可以进一步梳理子指标。子指标和业务运作方式有直接关系。比如销售金额,既能以分公司为单位进行指标拆解,也能以用户为单位进行指标拆解。

具体怎么拆解，要看业务具体是怎么运作这件事的。比如销售一般按区域管理，那就按分公司拆。市场一般按用户管理，就按用户拆。总之，指标的拆解是帮助业务、支撑业务、方便业务的。

（4）梳理业务流程，设定过程指标

过程指标理论上越多越好，越多的过程指标，可以越细地追踪流程，发现问题。但在具体工作过程中，不见得每个动作节点都可以做数据采集，因此要结合具体业务流程来确定指标，在关键节点加以控制。在梳理过程指标过程中，究竟要梳理到何种详细的程度取决于两点：第一是该节点在过程中的重要程度，第二是数据的采集难度。

（5）添加分类维度

分类维度的添加主要取决于具体运营过程中想要从哪些方面了解情况，可以按照业务的需要灵活地添加分类维度。比如，想要了解哪个区域的产品销量好或是差，那就按地域分类；想要了解哪些用户需要发优惠券促销时，那就可以按客户层级进行维度分类。

总之，数据指标体系的搭建要基于对业务的充分了解，紧密结合业务的需要，站在业务的角度去思考。数据指标体系的搭建到最终的应用，是为了支撑业务和为业务服务的，不能为业务服务的数据指标体系都是无效和徒劳的。

## 8.2 数据的获取

要对数据进行分析处理，前提是要有数据。数据采集是否丰富，采集的数据是否准确，采集是否及时，都直接影响整个数据后续的应用效果。在确立了数据分析的指标体系之后，如何能够客观、全面、有效地采集到第一手的数据原料，就成为需要解决的关键问题。

在社群运营实践中，一些数据需要通过调查获取，一些数据通过社群活动开展所依赖的一些基础设施系统可以自动获取。像一些涉及主观态度的数据或是个体专属事实性的数据、外部大环境数据，都需要通过调查研究来获取；而一些社群活动开展过程中产生的行为过程以及结果数据，都可以通过自动化的方式进行采集。

### 8.2.1 调查获取

在社群运营过程中，需要通过调查获取的数据主要包括两类，一类是有关个体专属的事实性数据或态度数据，比如用户的年龄、性别、身高这些数据就属于事实性数据，像对一个事情是赞同还是不赞同就属于态度数据，这些数据如果用户个体不授权或主动提供是得不到的。另一类是一些宏观的综合研究数据，比如关于某个群体的消费记录数据。

### 1. 个体专属事实数据或态度数据获取

个体专属事实或态度数据一般需要通过问卷调查的方式获取。

在展开问卷调查之前，需要明确问卷调查目标——即要调研的是什么，要明确调研的所有目标，因为再次投放调查问卷会消耗大量的成本，所以要尽可能列出所有可能的潜在情况。同时还要明确调研对象——即目标用户模型，需要明确这个目标用户模型投射到现实场景是哪些用户，哪些群体。同时还要明确投放方式——线上多一些还是线下多一些？一般都是线上多一些，使用线上的方式无疑是性价比最高的。

线上问卷调查的基本过程一般包括以下三个步骤。

（1）设计线上调查问卷目的和内容

调查问卷的内容要做到条理化、具体化和可操作化，以使访谈者可以详细地了解本项问卷的目的和内容，配合问卷调查，这样我们才能获取有效的信息。

（2）线上实施调查过程

按照问卷设计要求，线上投放问卷，比如，可以在微信公众平台和微博或是一些社区论坛等平台进行线上投放。投放问卷一段时间后，然后进行回收，进行下一步工作。

（3）数据处理分析，撰写调查报告

通过回收用户反馈的问卷，在最大可能保证准确率和可靠性的情况下，对问卷资料进行分析研究，并撰写调查报告。调查报告整体从探讨的问题开始，到研究所得到的结论和意义都要完整表达，并做好调查工作的评估和总结。

目前，基于互联网的线上调查工具特别多，尤其是随着微信小程序的出现，有很多线上调查工具是可以以小程序的方式方便地通过微信进行点对点分享，并可以很方便地填写。同时对于调查方来说，使用起来也非常方便。由于线上问卷工具现在操作越来越简单化，具体的使用方法就不再这里赘述了。

### 2. 宏观市场数据获取

社群是依赖于互联网条件而运行的，社群的运营需要置身于互联网大环境进行策划和实施。在社群运营实践中，经常需要对一些宏观的市场数据进行研究，比如互联网用户整体规模和特性、互联网终端设备应用情况等。

在开展社群运营工作过程中，经常需要结合一些社会及市场热点事件进行运营策略的制定或运营活动的策划。然而，社会信息瞬息万变，海量信息呈指数级涌现，作为一个精力有限的社群运营师，如何才能实时获取和了解各行各业的热点事件的现状及发展趋势呢？通常可以通过查询一些第三方行业数据调查与分析机构的行业信息统计报告了解相关行业正在发生和将要发生的热点事件信息。

（1）互联网产业数据查询

如果想了解中国互联网产业发展情况，可以通过中国互联网络信息中心（CNNIC）发起并运行的中国互联网数据平台（http:// http://www.cnidp.cn）查询，如图 8-3 所示。

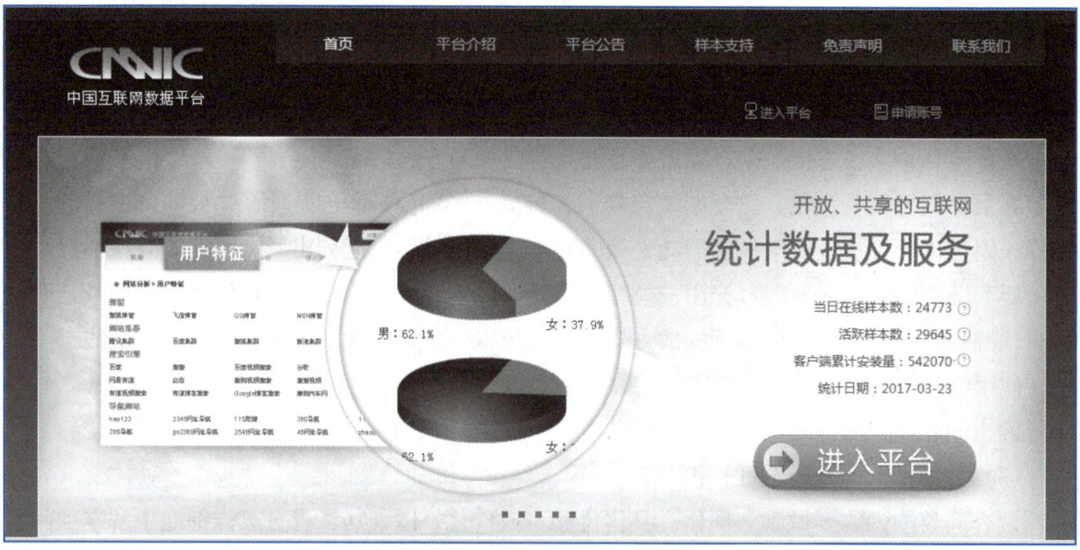


图8-3 中国互联网数据平台首页

该平台采用固定样本组的研究方法，通过调查客户端实时、连续采集中国网民样本的互联网使用行为数据，并对数据进行统计分析，从而客观、及时地反映中国互联网发展的宏观和微观状况，为互联网行业参与者提供多方面决策支持。

使用中国互联网数据平台，可以得到以下信息。

① 了解中国互联网以及细分领域的宏观发展状况和市场格局。

② 了解自身和竞争对手的访问情况和用户特征。

③ 了解特定人群的互联网行为特征。

④ 制定网络广告投放计划和平台运作模式。

该平台由国家政府机构及其领导的公益性组织运营，其发布的数据报告具有较高的权威性，对于了解中国互联网技术和市场整体格局及发展情况十分有用。

(2) 互联网热点查询

如果想了解互联网上人们正在搜索的热门事件，可以通过百度搜索风云榜（http://top.baidu.com)获得相关信息，如图 8-4 所示。百度风云榜以数亿网民的每日搜索行为作为数据基础，建立权威全面的各类关键词排行榜，可以分门别类地查询各行各业的热点事件。

(3) 新媒体热点查询

如今以微博为代表的新媒体已成为热点事件讨论和发酵的重要阵地，如果想了解在微博上正在发生的热点事件，可以通过微博数据中心提供的微指数（http://data.weibo.com/index）和微报告（http://data.weibo.com/report/）获取，如图 8-5 和图 8-6 所示。

还有几乎人人都使用的微信也推出了微信指数查询功能，微信指数整合了微信上的搜索和浏览行为数据，基于对海量云数据的分析，从而形成当日、7 日内、30 日内以及 90 日内的“关键词”的动态指数变化情况，方便人们看到某个词语在一段时间内的热度趋势和最新指数动态。

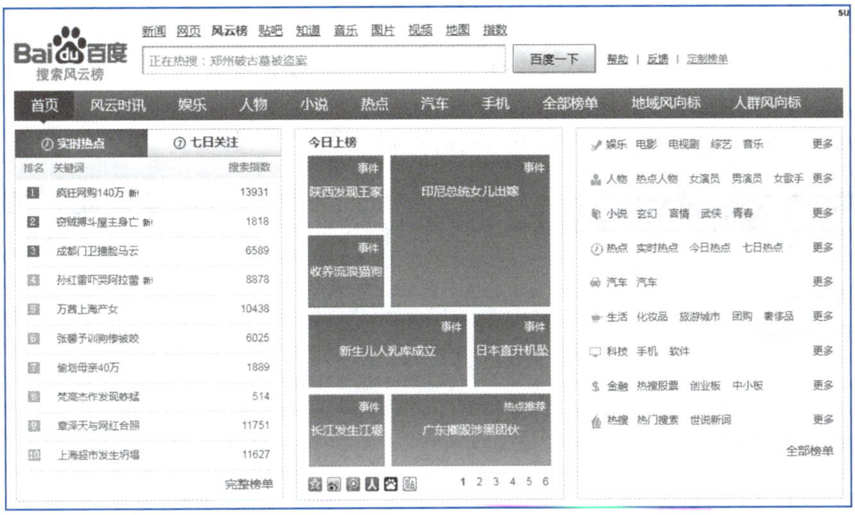


图8-4　百度风云榜首页

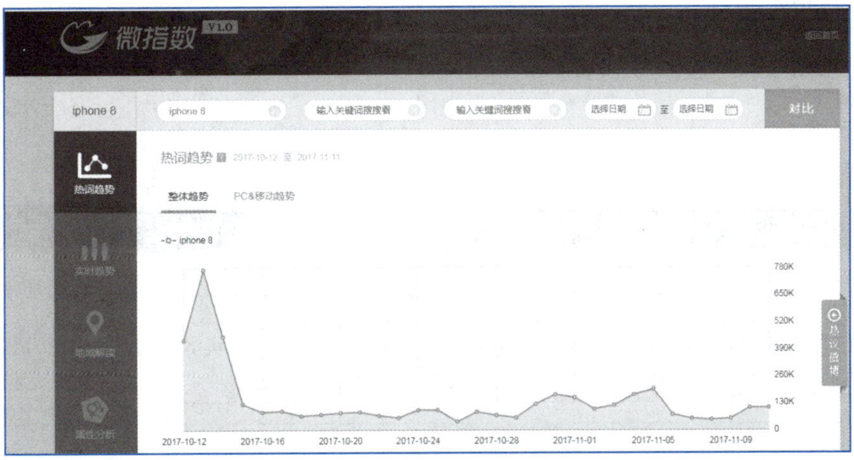


图8-5　微指数查询

图8-6　微报告首页

微信指数目前是通过微信小程序的形式为用户服务的，首次使用时，需要通过微信搜索“微信指数”，然后就会出现“微信指数”小程序，如图 8-7 所示。

然后单击“微信指数”小程序，即可进入微信指数查询界面，此时即可输入某个关键词查询其微信指数，比如输入“运营”，其微信指数如图 8-8 所示。

图8-7　进入微信指数

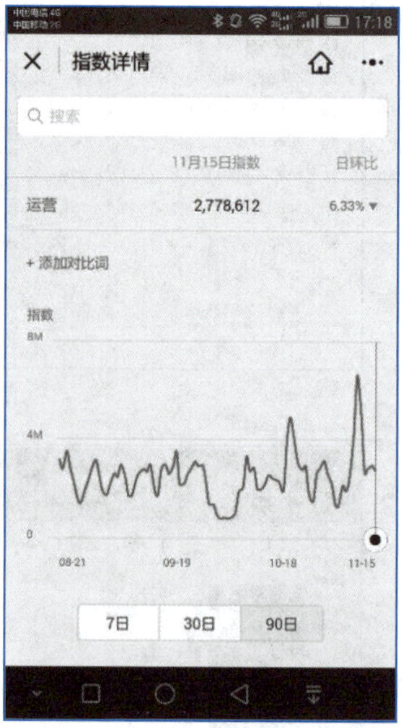


图8-8　“运营”的微信指数

与微信指数一样，近年比较流行的新媒体今日头条也提供头条指数（http://index.toutiao.com），用于查询在头条平台上传播和热议的事件，如图 8-9 所示。

图8-9　头条指数首页

类似的行业数据统计工具还有很多，社群运营师在运营实践过程中如果想获取哪方面的数据，可以先去查询是否有相关数据的专门统计平台，直接获取现成的数据统计结果。这些数据为运营人员全面掌握市场动态，做出正确有效运营决策提供了有力保证。

### 8.2.2　自动化获取

在社群运营实践中，社群的一些活动或是社群推出的价值产品的推广和运行是基于互联网的 Web 或是 APP，这时候就可以通过植入一些数据采集的代码或接口，自动化获取相关数据。

目前常见的运营数据采集方案有三种，分别是埋点采集、可视化埋点采集和无埋点采集。

#### 1. 埋点采集

埋点是基于互联网的产品运营过程中进行数据分析的一种常用数据采集方法。埋点也称打点，是通过在网页或 APP 中手动添加统计代码收集需要的数据。打点又可以细分为前端打点和服务器端打点。比如，要收集用户注册数，就需要在“注册”按钮处加载相应的统计代码。

数据埋点分为初级、中级、高级三种方式，具体操作如下。

（1）初级：在产品、服务转化关键点植入统计代码，根据用户独立 ID 采集，确保数据采集不重复（如“注册”按钮点击率）。

（2）中级：植入多段代码，追踪用户在产品系统每个界面上的一系列行为（如打开商品详情页——选择商品型号——加入购物车——下订单——购买完成）。

（3）高级：尽可能采集分析用户全部行为数据，建立用户画像，还原出用户行为模型，作为产品分析、优化的基础。

数据埋点是一种良好的私有化部署数据采集方式。数据采集准确，满足了产品运营方去粗取精，实现产品、服务快速优化迭代的需求。

当然，数据埋点的应用也有一些劣势。首先，埋点代价比较大，每一个控件的埋点都需要添加相应的代码，不仅工作量大，而且限定了必须是有一定技术基础的技术人员才能完成；其次是更新的代价比较大，每一次更新埋点方案，都必须修改代码，对于 APP 产品来说，修改代码后就需要通过各个应用市场进行分发，并且总会有相当多数量的用户不喜欢更新 APP，这样埋点代码也就得不到更新了；最后，就是所有前端埋点方案都会面临数据传输时效性和可靠性的问题，这个问题就只能通过在后端收集数据来解决。

通常有两种埋点的技术实现途径：第一种是产品运营者自己在产品中注入代码统计，并搭建起相应的后台查询统计系统；第二种是利用第三方统计工具进行埋点，比如友盟、百度移动、魔方、APP Annie、talking data 等第三方工具都提供了功能强大的数据埋点解决方案。

#### 2. 可视化埋点采集

可视化埋点也称框架式埋点，是指用框架式交互手段来代替纯手工写代码，固化相应代码作为 SDK（software development kit，软件开发工具包），方便直接调用，这就类似于用一个集成开发框架将许多需要手工完成的代码工作固化下来，供自动化调用，这极大地减少了手工写代码的工作量和复杂度。

举个例子，就像最早的时候人们开发设计一个网页，都需要通过写一行一行的代码去实现，后来随着技术的发展，一些公司开发出了诸如 FrontPage、Dreamweaver 这样的网页设计软件，这些软件可以通过可视化的方式直接进行网页设计，很多基础代码都可以由软件自动生成，用户只要进行布局、内容的设计就可以了，这样就大大降低了操作的工作量和难度，所谓可视化埋点技术就是如同用 Dreamweaver 软件替代手工编写网页一样的道理。

可视化埋点技术很好地解决了代码埋点的埋点代价大和更新代价大两个问题。在国外，以 Mixpanel 为首的数据分析服务商都相继提供了可视化埋点的方案，Mixpanel 将之称为 codeless。而国内的 TalkingData、诸葛 IO 等也都提供了类似的技术手段。

### 3. 无埋点采集

虽然可视化埋点省时省力，但它也有应用的局限。可视化埋点能够覆盖的功能是有限的，并不是所有的控件操作都可以通过这种方案来完成，所以就进一步发展出了既省时省力又能比较全面地收集数据的无埋点技术。

“无埋点”是先尽可能收集所有控件的操作数据，然后再通过界面配置哪些数据需要在系统里面进行分析。“无埋点”相比框架式埋点的优点，一方面是解决了数据“回溯”的问题，另一方面“无埋点”方案也可以自动获取很多启发性的信息。

无埋点工具会利用它部署在网站页面（或者 APP）上的基础代码对网站（或 APP）上所有的可交互事件元素进行解析，获取它们的 DOM path。采集用户行为时，监测工具也会通过它的基础代码对页面上所有 DOM 上的用户操作行为进行监听，当有操作行为（交互事件）发生时，监测工具会进行记录，并且同时记录对应的 cookie（或 device ID）信息，将与用户设置的信息关联起来。所以这也是为什么页面上所有的交互（包括基于 http 的链接交互）都可以通过这一方式可视化地被监测的原因。

无埋点大大减少了开发人员的开发成本及技术和业务人员的沟通成本。可以说无埋点技术的出现，最大化地提升了数据收集的速度，大幅缩短了数据收集周期，使得原来不敢想的事情现在敢做了，原来碍于必须有时效性不敢收集的数据也可以迅速进行分析了，在这点上，无埋点技术比传统埋点技术的优势巨大。

当然，无埋点技术也有一些局限，由于这部分知识涉及一些技术原理，相对有一定难度，一般需要专业的技术工程师或数据分析工程师进行操作和应用，初学者只要了解其基本的原理就可以了。学有余力的读者，可以通过互联网或其他书籍资源进一步深入学习相关知识。

## 8.3 数据分析与应用

有了数据之后，就可以对数据进行分析和应用了，从而为运营决策提供依据。在数据运营过程中，数据分析及应用是核心所在。前述的数据规划和数据采集都是为数据分析服务的。数据运营的最终目的是通过数据分析的方法发掘并定位问题，从而提出解决方案，促进业务增长。

关于数据分析的意义，可以用一个经典的案例来说明。那就是沃尔玛超市通过数据分析发现的“尿布与啤酒”的故事。

故事发生于 20 世纪 90 年代，在美国沃尔玛超市中，沃尔玛的超市管理人员分析销售数据时发现了一个令人难以理解的现象：在某些特定的情况下，“啤酒”与“尿布”两件看上去毫无关系的商品会经常出现在同一个购物篮中，这种独特的销售现象引起了管理人员的注意，经过后续调查发现，这种现象出现在年轻的父亲身上。因为在美国有婴儿的家庭中，一般是母亲在家中照看婴儿，年轻的父亲前去超市购买尿布。父亲在购买尿布的同时，往往会顺便为自己购买啤酒，这样就会出现啤酒与尿布这两件看上去不相干的商品经常会出现在同一个购物篮的现象。如果这个年轻的父亲在卖场只能买到两件商品之一，则他很有可能会放弃购物而到另一家商店，直到可以一次同时买到啤酒与尿布为止。沃尔玛发现了这一独特的现象，开始在卖场尝试将啤酒与尿布摆放在相同的区域，让年轻的父亲可以同时找到这两件商品，并很快地完成购物；而沃尔玛超市也可以让这些客户一次购买两件商品、而不是一件，从而获得了很好的商品销售收入，这就是“啤酒与尿布”故事的由来。

### 8.3.1　运营数据分析的步骤

数据分析是指用适当的统计分析方法对收集来的大量数据进行分析，提取有用信息和形成结论从而对数据加以详细研究和概括总结的过程。具体到运营实践中，运营数据分析应用的基本流程主要包括以下几个步骤。

#### 1. 明确目标，确定问题

在社群运营实践中，数据分析本身并不是目的，而是为实现某个特定目的而存在的，数据收集、数据处理和数据建模都要围绕数据分析的目的展开。明确数据分析目标是数据分析的出发点。明确数据分析目标就是要明确本次数据分析要研究的主要问题和预期的分析目标等，简单地说就是定义问题，即确定数据分析是为了要解决什么具体的问题。

#### 2. 数据收集

数据收集是按照确定的数据分析框架，收集相关数据的过程，它为数据分析提供了素材和依据。这里的数据包括一手数据与二手数据，一手数据主要指可直接获取的数据，如公司内部的数据库、市场调查取得的数据等；二手数据主要指经过加工整理后得到的数据，如统计局在互联网上发布的数据、公开出版物中的数据等。

#### 3. 数据处理

数据处理是指对采集到的数据进行加工整理，形成适合数据分析的样式，保证数据的一致性和有效性。它是数据分析前必不可少的阶段。

数据处理的基本目的是从大量的、可能杂乱无章、难以理解的数据中抽取并推导出对解决问题有价值、有意义的数据。如果数据本身存在错误，那么即使采用最先进的数据分析方法，得到的结果也是错误的，不具备任何参考价值，甚至还会误导决策。

数据处理主要包括数据清洗、数据转化、数据抽取、数据合并、数据计算等处理方法。一般的数据都需要进行一定的处理才能用于后续的数据分析工作，即使再“干净”的原始数据也需要先进行一定的处理才能使用。

### 4. 数据统计分析

数据分析是指用适当的分析方法及工具，对收集来的数据进行分析，提取有价值的信息，形成有效结论的过程。

在确定数据分析思路阶段，数据分析师就应当为需要分析的内容确定适合的数据分析方法。一般的数据分析可以通过 Excel 完成，而高级的数据分析就要采用专业的分析软件进行，如数据分析工具 SPSS、SAS、Python、R 语言等。

### 5. 数据可视化呈现

通过数据分析，隐藏在数据内部的关系和规律就会逐渐浮现出来，那么通过什么方式展现出这些关系和规律，才能让别人一目了然呢？一般情况下，数据是通过表格和图形的方式来呈现的，即用图表说话。

常用的数据图表包括饼图、柱形图、条形图、折线图、散点图、雷达图等，也可以对这些图表进一步整理加工，使之变为所需要的图形，例如金字塔图、矩阵图、瀑布图、漏斗图、帕雷托图等，如图 8-10 所示。

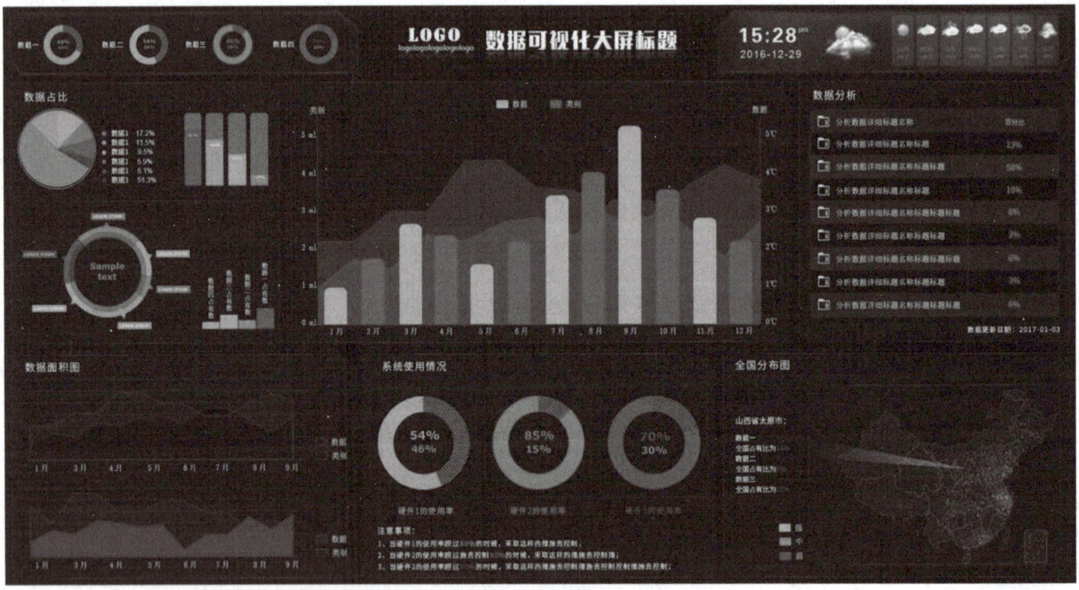


图8-10 数据可视化呈现示例

多数情况下，人们更愿意接受图形这种数据展现方式，因为它能更加有效、直观地传递出分析师所要表达的观点。一般情况下，能用图说明问题的就不用表格，能用表格说明问题的就不用文字。

### 6. 撰写分析报告

数据分析报告其实是对整个数据分析过程的一个总结与呈现。通过报告，把数据分析的起因、过程、结果及建议完整地呈现出来，以供运营决策者参考。产品运营数据分析报告是通过对数据全方位的科学分析来评估产品运营质量，为运营决策者提供科学、严谨的决策依据，以降低产品运营风险，提高产品核心竞争力。

一份好的分析报告，首先需要有一个好的分析框架，并且层次清晰，图文并茂，能够让读者一目了然。层次清晰、主次分明可以使阅读对象正确理解报告内容；图文并茂，可以令数据更加生动活泼，提高视觉冲击力，有助于读者更形象、直观地看清楚问题和结论，从而产生思考。

其次，需要有明确的结论，没有明确结论的分析称不上分析，同时也失去了报告的意义，因为最初就是为寻找或者求证一个结论才进行分析的，所以千万不要舍本求末。

第三，一定要有建议或解决方案，作为决策者，需要的不仅仅是找出问题，更重要的是建议或解决方案，以便他们在决策时参考。所以，数据分析师不但需要掌握数据分析方法，而且还要了解和熟悉业务，这样才能根据发现的业务问题，提出具有可行性的建议或解决方案。

## 8.3.2　运营数据分析的常见应用

通过分析数据能够得到一些已有结果中的规律，也能够用于预测未来的一些趋势。在互联网产品运营的实践中，数据分析主要应用在以下一些方面。

### 1. 趋势分析

趋势分析是互联网产品运营过程中最简单、最基础，也是最常见的数据监测与数据分析方法。趋势分析就是对某个数据指标在一定周期内的变化趋势进行统计和分析，比如，分析一款APP 产品的 DAU（daily active user，日活跃用户）的变化趋势，通常是将一定周期内的 DAU 数据进行统计整理，建立一张 DAU 数据指标数值变化的折线图或柱状图，然后持续观察图形的变化趋势，如图 8-11 所示。在这个过程中，重点要关注的就是异常值，在不同的数据分析情景中异常值的表现和定义不同。在 DAU 趋势图中，如果某个时间段内的 DAU 明显下降，这就属于异常值了，说明产品的用户活跃度出现了明显低落的问题。

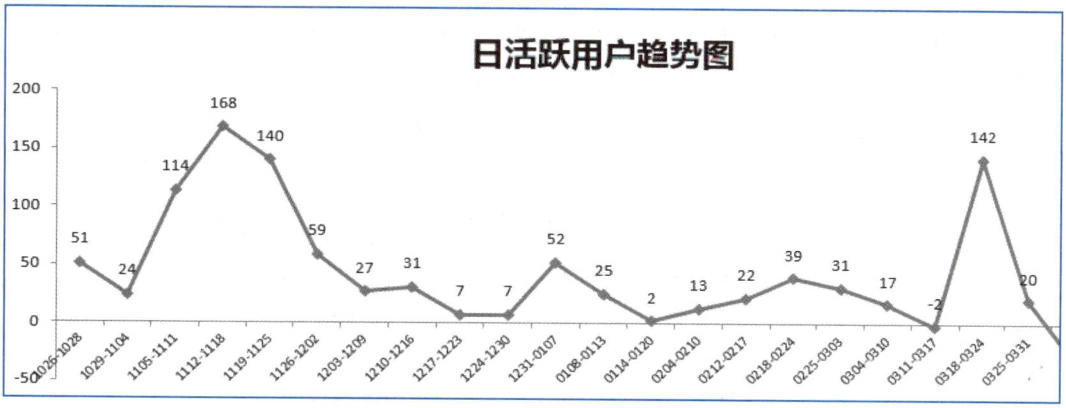


图8-11　趋势图示例

### 2. 多维度拆解分析

在很多情况下，单纯监测和观察一个数据指标值并不能找出什么问题和规律，需要按照不同的维度对数据进行拆解分析，这样很多细节就可能会呈现出来。多维度分解分析就是指从业务需求出发，将指标从多个维度进行拆分解读，从而发现规律。在这个分析框架下，需要一层一层拆解，具体到每一个维度对某个指标值进行分析。多维度拆解分析类似于人们常说的从多个方面和角度观察事物，就会对事物的认识更全面和具体。

例如，某个网站的资讯内容频道主要提供一些前沿 IT 技术解读的文章，该频道的网站跳出率是 0.51、平均访问深度是 3.97、平均访问时长是 0.53 分钟。如果要提升该频道用户的参与度，显然单纯只有这样的单维度数据会让人无从下手；但是如果对这些指标进行拆解之后就会发现很多新的思路。通过访问来源分析发现，相比于其他渠道，从 CSDN、51CTO（比较有名的技术学习社区网站）等渠道过来的用户的参与度明显比通过微博、今日头条等渠道过来的用户要高，从 CSDN、51CTO 渠道过来的用户跳出率是 0.27，平均访问深度是 4.58，平均访问时长是 2.4 分钟；而从微博等新媒体渠道过来的用户跳出率达到 0.86，平均访问深度是 1.75，平均访问时间是 0.14 分钟。由此可以判断，对于该频道而言，从 CSDN、51CTO 等技术社区过来的用户质量更高，后续在推广渠道选择上要对这类渠道有所侧重。

### 3. 用户归类分析

用户归类分析就是将用户根据一定的属性进行归类分群，便于再进一步研究细分群体的特征和规律。主要有两种归类的方法：第一种是根据用户的维度进行归类，比如从来源维度分，可以分为来自线下地推、主动搜索、竞价推广等来源的用户；从用户登录平台进行归类，有 PC 端、平板端和手机移动端用户；从用户身份可以分为学生、白领等。第二种是根据用户行为组合进行归类，比如说每周在 QQ 空间签到 3 次的用户与每周在 QQ 空间签到少于 3 次的用户；电商网站的用户有直接单击“立即购物”直接支付购买的用户和加入“购物车”再选择结算的用户。

### 4. 典型用户细查分析

用户行为数据是一种重要的运营数据，观察用户在所运营产品内的行为路径是一种非常直观的用户动向分析方法。在用户归类分群的基础上，一般可以抽取 3 ~ 5 个典型用户进行细查分析，即仔细深入地分析用户的全部“蛛丝马迹”，从中找出一些潜在的问题和规律，通常从个别典型用户的行为中涌现出的规律，可代表该类用户群体的大部分行为规律。

例如，观察某社群维护的一个阅读产品的一个用户在登录其账户时的用户行为数据，如图 8-12 所示。

| 用户动作/行为 | 时间 |
|---|---|
| 访问 平台首页 | 13:34:36 |
| 单击 登录按钮 | 13:34:51 |
| 输入 wxfy | 13:35:14 |
| 输入 ******* | 13:35:24 |
| 单击 获取验证短信 | 13:35:34 |
| 单击 获取验证短信 | 13:36:38 |
| 单击 获取验证短信 | 13:37:45 |
| 退出 | 13:38:23 |

图8-12　用户登录行为痕迹数据

仔细观察该用户的登录过程，经历了如下的操作流程：“访问首页”→“单击登录”→“输入用户名”→“输入密码”→“获取验证短信”→“退出”。本来整个流程符合产品设定的业务流程，操作也是比较流畅的。但是，却发现该用户连续单击了 3 次“获取验证短信”，三次单击之间时间间隔均达 60 秒以上，最后并没有出现我们期待的“登录成功”，而是直接选择“退出”了。这就需要引起疑问了，用户为什么会多次单击“获取验证短信”呢？用户为什么最后没有登录成功而退出了呢？

这个时候就提示运营人群去亲自体验一下产品，体验一遍产品的登录流程。然后可能会发现，单击“获取验证短信”后，经常迟迟收不到短信，就会不断单击“获取验证短信”，所以就出现了上面显示的用户行为轨迹所记录的情况。这时候就要对产品进行优化，查看迟迟收不到短信的原因是什么并予以解决，或者更进一步地审视，在登录环节设置短信验证码的环节是否确实必要？因为这成为影响用户登录成功的关键障碍。

很多基于互联网的产品或多或少都存在一些不合人性的设计或者 BUG，通过典型用户细查分析可以很好地发现产品中存在的问题并且及时解决。

### 5. 用户留存分析

提升用户留存即让用户留下来持续使用产品，是运营人员的重要职责，所以对留存情况的分析始终贯穿在社群价值产品运营工作的全过程。衡量用户留存的常见指标有：次日留存率、7 日留存率、30 日留存率等，这在 7.2 节中已有所介绍，这里不再赘述。对于用户留存率的分析，一方面是分析留存率的变化趋势，另一方面是结合用户行为或用户群体进行关联性分析。

比如，某社群维护社区论坛平台，当新用户注册后，一些用户注册后就发了至少一个帖子；一些用户注册后没有发任何帖子。按照这两种不同的行为可将新用户进一步分为两个用户群，一个是注册有发帖用户群，一个是注册未发帖用户群。对这两个新用户群体的留存情况进行分析，如图 8-13 所示。

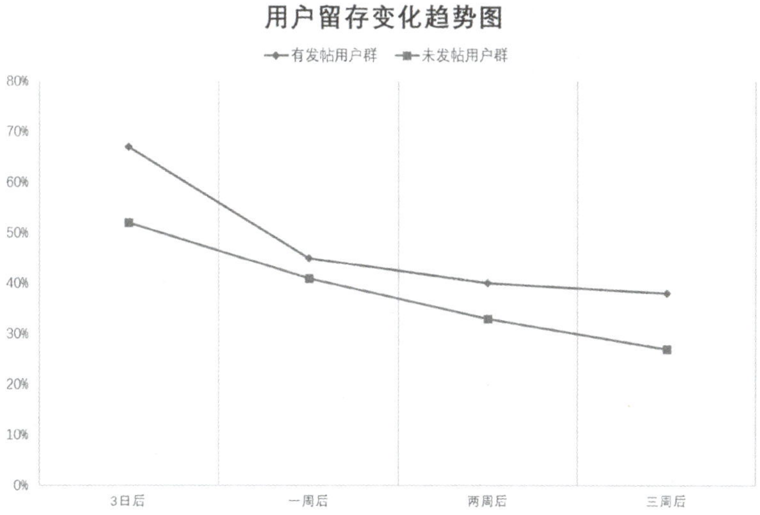


图8-13　用户留存率趋势图

从图中可以很明显地看出，“注册有发帖”的用户留存率明显高于“注册未发帖的”的用户。据此，可以为产品功能的设计和优化提供一些启示：既然用户新注册后如果能够发一个帖子，其后续留存率会明显提高，那么在产品功能设计和运营上，可以增加一些鼓励新注册用户发帖的功能和措施，从而提高用户后续留存率，比如，新用户注册完成后，立马弹出引导用户发帖的提示，并给予积分奖励。

#### 6. 漏斗分析

漏斗是用于衡量转化效率的工具，因为从开始到结束的模型类似一个漏斗形状，因而得名。漏斗分析要注意的两个要点：第一，不但要看总体的转化率，还要关注转化过程每一步的转化率；第二，漏斗分析也需要进行多维度拆解，拆解之后可能会发现不同维度下的转化率也有很大差异。

比如，对某社群推出的电子商务网站用户购物过程中各环节的转化率进行漏斗分析，结果如图 8-14 所示。

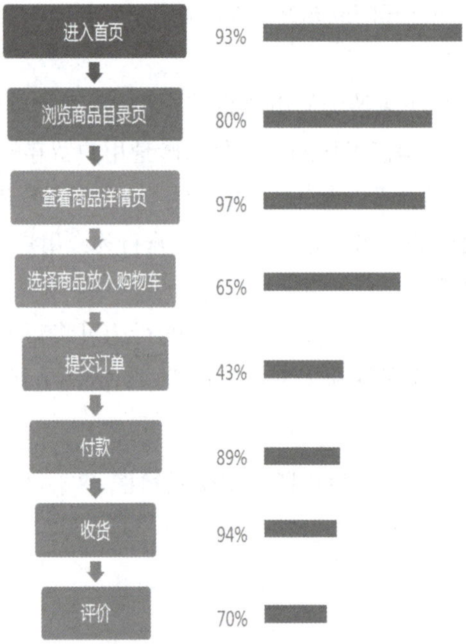


图8-14　购物转化率

通过漏斗分析不难发现，在整个购物流程中，用户流失最主要的环节是“提交订单”，这就提示运营人员，着力策划和实施针对该环节的刺激提升措施。

### 8.3.3　数据可视化的方法与工具

我们采集了所需要的数据，并按照数据分析的目的和相应的方法进行分析，最终是要从数据中发现规律，从而获得洞见。

为了更直观、更好地发现数据中蕴藏的规律，常常需要把数据进行可视化处理，一般称之为数据可视化。

具体而言，数据可视化是指用图形的方式来展现数据，从而更加清晰有效地传递信息，主要包括图表类型的选择和图表设计的准则。

### 1. 数据可视化的图表类型与应用

在做数据分析可视化呈现时，常见的图表类型基本包括以下六种，涵盖了绝大部分的使用场景。

柱状图：用来反映分类项目之间的比较，也可以用来反映时间趋势。

折线图：用来反映时间变化趋势。

条形图：用来反映项目之间的比较。

饼图：用来反映构成，即部分占总体的比例。

散点图：用来反映相关性或分布关系。

地图：用来反映区域之间的分类比较。

下面对上述图表类型分别做一些介绍。

（1）柱状图

柱状图可以显示一段时间内的数据变化或显示各项之间的比较情况，主要使用颜色进行类型区分 X、Y 轴的二维空间体现。柱状图适合用来显示在连续间隔或特定时间段内的数据分布，有助于估计数值集中位置、上下限值以及确定是否存在差距或异常值，也可粗略显示概率分布。

柱状图主要用于比较各组数据之间的差别或数据变化情况，如图 8-15 所示。

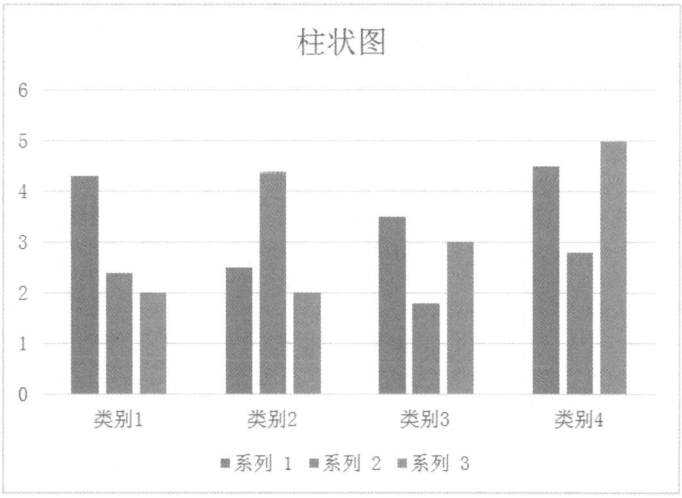


图8-15　柱状图

（2）折线图

折线图展示数据随时间或有序类别的波动情况的趋势变化。折线图有其适用的场景，主要用于有序的类别的变化趋势展示，比如不同时间下的价格变化。它也有局限，就是无序的类别无法展示出数据的特点。折线图如图 8-16 所示。

（3）条形图

条形图是用宽度相同的条形的高度或长短来表示数据多少的图形。条形图可以横置或纵置，纵置时就是指柱状图了。此外，条形图有简单条形图、复式条形图等形式。

条形图是统计图资料分析中最常用的图形，主要有两个特点：第一是能够使人们一眼看出各个数据的大小，第二是易于比较数据之间的差别，如图 8-17 所示。

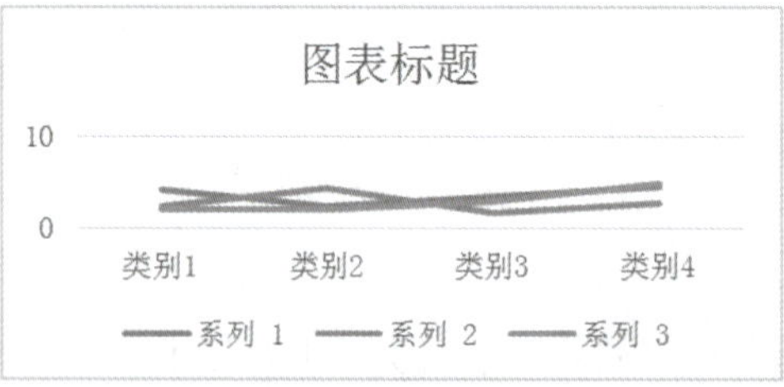


图8-16 折线图

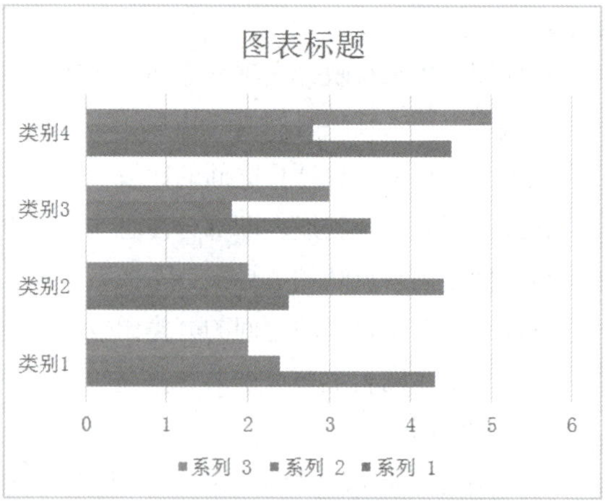


图8-17 条形图

（4）饼图

饼图显示一个数据系列中各项的大小与各项占总和的比例。饼图中的数据点显示为整个饼图的百分比。在现实应用中，饼图还分二维饼图和复杂的三维饼图。二维饼图如图 8-18 所示。

饼图在使用时有以下要求：仅有一个要绘制的数据系列；要绘制的数值没有负值；要绘制的数值几乎没有零值；类别数目无限制；各类别分别代表整个饼图的一部分；各个部分需要标注百分比。

（5）散点图

散点图是指在回归分析中，数据点在直角坐标系平面上的分布图，散点图表示因变量随自变量而变化的大致趋势，据此可以选择合适的函数对数据点进行拟合，如图 8-19 所示。

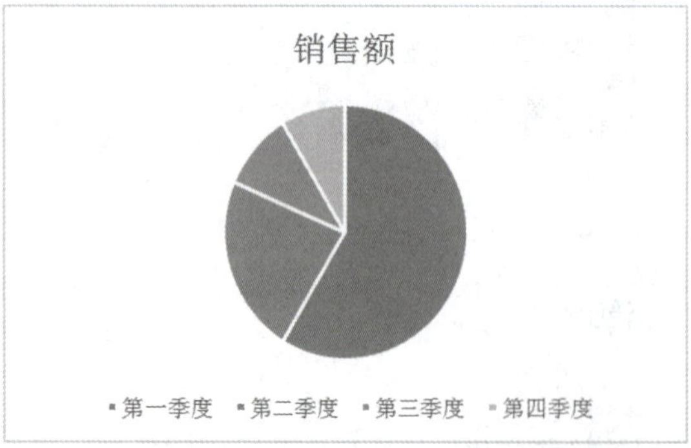


图8-18 二维饼图

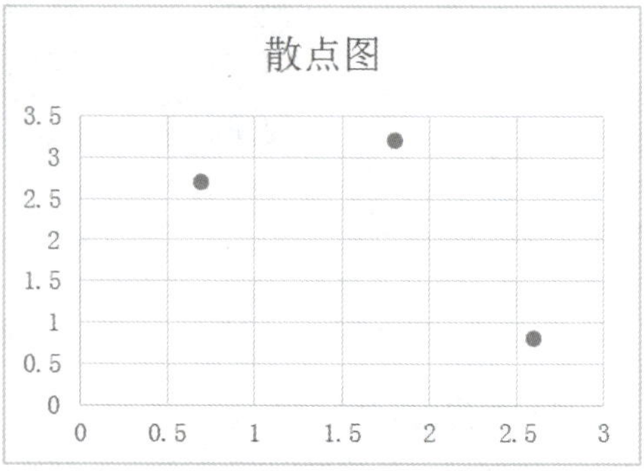


图8-19 散点图

用两组数据构成多个坐标点，考察坐标点的分布，判断两变量之间是否存在某种关联或总结坐标点的分布模式。散点图将序列显示为一组点。值由点在图表中的位置表示。类别由图表中的不同标记表示。散点图通常用于比较跨类别的聚合数据。

（6）地图

地图是在分类分析中，通过对不同区域的数据进行对比和呈现，从而观察不同区域的表现，进一步发觉哪些地区做得好，哪些地区存在问题。某些情况下，用地图来展示数据更直观，更容易理解。比如，想更直观展现移动路线，想更直观易懂地展现商品都卖到哪些地区去，想从全国地图上快速切换展示某个省的门店分布情况，使用地图展示就会比较直观。

### 2. 数据可视化的工具

目前，在数据处理和数据可视化方面有很多专门的工具可以帮助人们进行数据的分析和可视化呈现。

最简单的可以使用 Excel 进行基本的数据处理与呈现。Excel 是传统的数据可视化工具，也一直在迭代更新，图表也是越来越丰富美观，比较普及，适合普通的业务数据记录和简单的可视化。

同时，还有一些专门的数据可视化的工具软件，比如 Tableau。Tableau 将数据运算与美观的图表完美地嫁接在一起，它很容易上手，用它将大量数据拖放到数字“画布”上，就能快速创建好各种图表，如图 8-20 所示。更多关于 Tableau 的功能和应用方法可以登录其官网（www.tableau.com ）进一步学习和了解。

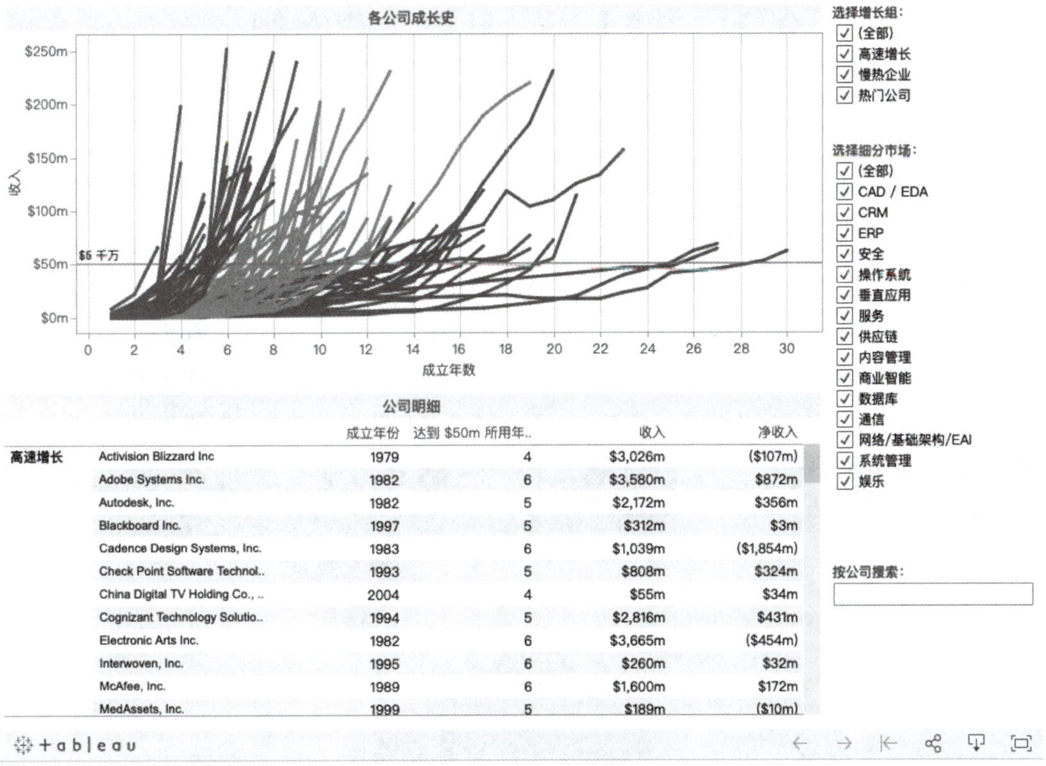


图8-20　Tableau数据可视化示例

总之，在社群运营的实践中，运营人员可以根据自身的产品特性、运营需求，结合各家提供的数据分析服务工具平台的能力及特色，灵活选择和应用适合的工具为日常的数据分析服务。

# 第9章　社群运营之商业应用实践案例

通过前面几章知道社群将引发未来新的产品生产方式和商业增长方式，即便回归到当下的商业实践领域里，社群运营已然在拉新获客、转化成交、私域流量构建等方面发挥着十分重要的作用。

下面通过复盘和拆解一些互联网条件下的社群运营实践案例，来透析和理解社群以及社群运营的思维和方法在当前商业运作中所发挥的重要作用。

## 9.1 “钱大妈”社群运营案例

### 9.1.1 案例还原

#### 1. 钱大妈简介

钱大妈是一家生鲜零售品牌，其官网如图9-1所示。在广州多个小区都可以看到这样的景象，在一家叫钱大妈的社区生鲜超市里都会上演一场市民排队抢购肉菜的奇观。

秉承“不卖隔夜肉”经营理念的钱大妈推行“定时打折”机制，当天所有商品当日销售清空，保证每日肉菜的新鲜与健康，正因如此吸引了不少社区居民按点“扫货”。短短数年时间，钱大妈也迅速发展成为华南社区生鲜行业的领军品牌，成为市民喜爱的餐桌“新鲜担当”。

图9-1 “钱大妈”官网

钱大妈推行新型“定时打折”清货机制，将新鲜二字真正落到实处。每晚 7 点开始打 9 折，每隔半小时打低 1 折，时间越晚，折扣越低，优惠越大，直至当天晚上 11 点半，全场未卖出的商品免费派送，门店当日上架的所有商品当日清货，绝不过夜。其实每晚不到 22:00 门店的肉菜都已经销售一空，这种打折策略加速了肉菜的销售。

#### 2. “钱大妈”社群运营

##### (1) 社群拉新

开业之前：

① 店门口横幅宣传 +X 展架海报免费领取活动：加门店员工个人微信并拉入群，即送一袋面条 / 其他商品，每天限时限量，领取赠品之后在群中晒单（真正到门店领取福利的人，说明是门店附近的消费者，属于门店精准用户群）。

② 门店员工个人朋友圈发布 X 展架免费领取活动（上面有个人微信号，扫描加好友，需要到店领取福利），同时发布领取福利礼品的火爆场面。抓住小区老人家占便宜心理，这样的领取福利活动，晚上 2 ～ 3 个小时就可以把 500 人群拉满。这个免费赠送活动一直持续到开业前一天晚上。

③ 门店员工个人朋友圈发开业海报发布当天进店免费领什么，以及爆品特价优惠活动。

开业当天：

拍照、视频发朋友圈、发微信群营造人多气氛，领取福利气氛！

##### (2) 社群裂变

① 首次到店买单时候，加微信后发朋友圈或者微信群即免单 5 元。

② 老客户带新客户到店购买产品，新客户可以获得购物减免 5 元，老客户可以获得 5 元红包，老客户仅限一次机会。

③ 店内现场购物满 100 元，现场抽奖一次：奖品是生活必需品！获奖后拍照发群发圈。

##### (3) 日常运营

① 早上：定时问候红包，天气预报 + 发本地新闻早报 + 发布当天菜品图 + 折扣秒杀团购链接。

② 中午：饭点前发做菜小视频，美食等内容。

③ 下午：发生活常识，小孩教育等内容。

④ 晚上：19 点开始群内每半小时公布打折消息、根据门店所剩菜品数量拍照发布群包场价多少钱全部拿走、每晚固定 22 点发三个红包，每个红包最佳手气者将获得第二天购买指定菜品折扣或者送某菜品或者抵用相应金额。

⑤ 一天当中群内会穿插活动：猜谜语、猜车、成语接龙等。

⑥ 群里只要有用户说菜不好或者有异味，店长或者店员第一时间会在群里 @ 那位用户，道歉并直接免费换菜品，且马上派店员送货上门。

### 9.1.2　案例拆解分析

下面按照第 3 章讲的社群构建的“三体”逻辑——即价值体系、激励体系和治理体系对“钱大妈”社群的运营加以分析。

#### 1. 价值体系

##### （1）价值主张

“钱大妈”社群建立了统一的价值观共识，那就是——不卖隔夜肉。聚集的人群都是对该价值主张认同的人群，而且所有后续的社群文化氛围、活动策略都是围绕这个根本的核心价值展开的。

##### （2）价值表现

“钱大妈”社群在平时的运营中，在早、中、晚会固定为社群成员输出一系列价值，包括生活常识、做菜知识、问候红包、小孩教育、休闲游戏等，这些都是针对目标人群特点和需要的价值，可以增加社群成员的活跃度以及对社群的认可。如果只是单纯地就是促销卖菜，则社群会沦为一个销售卖场，那社群就不会有特别大的凝聚力。

#### 2. 激励体系

从“钱大妈”社群运营的一系列措施里可以看出，在初次拉新和日常运营过程中，都穿插着各种激励措施，以驱动社群规模的扩大和社群价值主张的展示与渗透。

#### 3. 治理体系

“钱大妈”社群目前看还只是一个以商家为主运营的一个中心化社群，社群治理目前还比较简单，后期可以考虑进一步围绕社群的核心价值主张，拉动一些核心成员参与社群的治理和维护。

## 9.2 “霸蛮社”社群案例

### 9.2.1 案例还原

#### 1. 霸蛮社简介

霸蛮社是米粉餐饮品牌伏牛堂旗下经营的一个优质的在京湖南人社群，该社群的主流用户是80后、90后湖南青年人，这些人共同追求的理念是“漂泊不改辣本色”。该社群的机制十分苛刻，加入社群要经过一个复杂的仪式，审核条件非常多，群管理者会和每个群成员聊天，通过聊天了解你的真实情况，了解你是不是能够认同社群文化等，只有认同人员最后才会通过审核。

霸蛮社社群的承载方式是微信，建立的微信群高达几千个，该社群只做小群不做大群，一般的群不会超过 100 人，其中 50 人左右的群居多。其目的是希望每一个微信群内部的人“至少见过面”，这样保证社群成员相互存有一定的黏性。在日常运营中，除了线上社群的活动之外，霸蛮社还经常根据用户的兴趣爱好分组，组织一些线下活动，这种做法让社群互动愈加频繁，从线上延伸到线下，从语言交流拓展至社交活动。

通过霸蛮社社群的运营，既打造了聚集优质在京漂泊湖南青年人群的优质社群，捎带着还传播了伏牛堂正宗湖南辣米粉的品牌价值和形象。

### 2. 霸蛮社运营过程

霸蛮社的运营完全超越了市面上绝大多少所谓社群只是用来拉人促销的局限（实际上只是圈人促销的微信群，并不是严格意义上的社群），而是通过一系列的运营手段使得社群成员具有共同的价值观、共同的参与感、归属感，并且能够各取所需，各有所得。

#### （1）社群嘉宾分享会

霸蛮社会举办各类社群分享会，邀请行业意见领袖或社群内有一定话语权的用户，以嘉宾形式进行相关知识的分享。每次分享都会围绕一个核心主题展开，以干货案例为主，并会设置社群人员互动碰撞环节，如此一来不仅能让社群人员感受到社群的价值，而且能衍生出社群价值曝光扩散所需要的内容素材。

#### （2）组织粉丝线下免费试吃

组织“免费试吃”活动，这类“免费馅饼”式的方法能快速激活社群内潜水寡言的粉丝，虽然简单而粗暴，却能将社区内用户从线上吸引到线下，再从线下体验延伸到线上的信息扩散，因为大多数享受免费试吃的用户通常会很乐意用微信、微博等自媒体帮助餐厅免费传播，这样就形成了一个完整的社群互动闭环，不仅能活跃社群传播品牌，更能为餐厅引流。

#### （3）定期举行线上福利活动

在餐厅推出新品时，有针对性地发放单品优惠券，能提高消费频次；定期针对粉丝消费习惯，发放粉丝常点餐品优惠券，可以提高回购率等。总之，线上福利活动的核心目的就是吸引更多线上的用户进店消费。

此外，另一种线上福利形式就是发红包，恰逢新店开业、销售业绩超标、周年庆、餐厅喜获某项荣誉时，可直接向社群人员进行线上“发红包”福利活动，这样一方面可提高群内用户的活跃性，进一步增强社群成员的价值获得感，另一方面也是对餐厅营业信息和品牌价值的宣传。

#### （4）向粉丝征集各类素材

如今，越来越多的年轻消费者钟情于“晒幸福、秀恩爱”等刷存在感的行为。对此，餐厅可面向社群粉丝发起类似“晒与亲人、爱人一起用餐的照片”“随手拍下美食瞬间”“讲述与美食相关的小故事”等征集活动，而照片与故事可以是餐厅、美食，也可以是用户日常生活的点滴，再设置一定的奖品鼓励用户积极参与，并通过投票、点赞、排名等方式，让参与的用户乐于发动朋友一起关注活动。

#### （5）品牌“形象代言人”征集令

比征集素材更高一级的社群互动方式，便是面向社群征集“品牌代言人”，基于粉丝对社群价值充分认同这一基础，这会比“广撒网”式征集代言人的参与度更高。从前期预热推广到正式发出征集令，从定期活动推送到拉选票，一场完整的“形象代言人”选拔下来，足够让社群的活跃度上升到一个新的高度。而整个过程就像一场品牌表演秀，由选手、选手亲友团、参与投票粉丝团组成的宣传阵容，对餐厅品牌宣传的价值不可估量。

### 9.2.2 案例拆解分析

霸蛮社还是一个由商业品牌方强势引导的一个中心化组织的社群，但在运营过程中已经有意识地加强了对社群成员行为的调动，以提升社群成员的参与感。下面依据社群的本质定义简单对该案例做一个拆解分析。

#### 1. 价值共鸣

根据我们对社群的定义，社群首先是一个价值共鸣体，社群成员必须是因对某一个价值主张具有高度共鸣和认同才聚集在一起。霸蛮社社群在创立之初，就明确了社群的价值观定位——漂泊不改辣本色。而且通过严格的社群加入机制及其仪式流程的建立，确保加入的成员确实都是高度认同社群价值主张的。

霸蛮社社群是以矩阵式的微信群组织的，以这种方式确保社群成员充分互动的同时，也便于集中管理。这种方式能够更好地增强社群成员的凝聚力和归属感，甚至会因为这种小而美的组织而有一种优越感，这样以来社群的文化价值观就更容易被强化并深入每一个成员的思想深处。

#### 2. 协作共生

根据我们对社群的定义，社群还是一个协作共生体。霸蛮社在运营过程中组织了各种充分调动社群成员参与的活动，为社群成员提供了广泛的参与社群事务的机会，这样可以增强社群成员的参与感、协作性，使得社群能够具备自组织、自驱动的属性，不断朝着协同共生的方向发展。

#### 3. 利益共通

根据我们对社群本质的定义，社群还是一个利益共通体，即社群成员共同创造的价值最终要让每个成员都受益。在霸蛮社这个社群中，主要成员就两类角色，一个是伏牛堂餐厅，一类是爱吃辣的湖南个体青年，从社群的一系列活动可以看出，在该社群中，一方面社群成员可以获得诸如免费试吃、优惠券、知识等收益，同时伏牛堂餐厅作为社群的一员，也获得了品牌提升和销售促进的收益。最终，让该社群成为一个协作共赢、利益共享的社群。

## 9.3 去中心化社群运营案例

前面两个社群运营的案例，从本质上来讲，都还是由强中心节点和组织主导下的社群，尽管这些案例中所展示的社群，初步具备了我们所讲社群的基本特征，但还不是真正意义上符合我们所定义的社群——即价值共鸣体、协同共生体和利益共通体。符合此定义的社群，最主要的特征是基于去中心化的共识来组织，真正靠共通的价值观来凝结，靠科学有效的治理和激励体系来运转，这是将来社群发展的终极目标。

其实，这并不是虚无缥缈的理想，实际上目前已经诞生了此类社群的案例。这里就不得不提及近两年兴起的前沿技术或叫新技术应用模式——区块链了。提起区块链就不得不提比特币和以太坊，他们是区块链技术支撑下的最基本、最底层的应用。这个牵涉到比较复杂的背景知识和技术逻辑，这里暂且不去赘述什么是区块链，什么是比特币和以太坊。但要提出一点，比特币和以太坊都是由一个社群维护、运营和发展的产物，这个社群里的成员来自世界各地，可能互不相识，但大家为了追求共同的价值目标，共同遵守一个共识规则，协作分工，维持着比特币和区块链网络的运行和发展。

## 9.3.1 案例还原

### 1. 比特币社群

在比特币网络中，就是采用 P2P（peer-to-peer）网络架构构建了一个去中心的可信交易网络，使得全网中的所有节点拥有对等参与记账的机会，对于具有优质算力的节点（每一个节点背后就是一个社群成员），系统依照 POW 共识算法（价值主张）给予其记账（价值产出）权限并给予其"挖矿"奖励（激励），这样网络中所有的节点都被激励着进行协同合作，共同维护网络共识，从而使整个网络节点的数据最终保持一致，保障网络持续有序的运行。据统计数据显示，比特币网络节点已达到 10 432 个（截至 2020 年 6 月底，数据来源：https://bitnodes.earn.com/），而这些节点在完全相互对等没有一个中心权威机构管治协调的情况下，在区块链的分布式技术机制下进行着大规模的密切协同，共同维护比特币网络的有效运行。

### 2. 以太坊社群

以太坊是一个开源的有智能合约功能的公共区块链平台，通过其专用加密货币以太币（Ether）提供去中心化的以太虚拟机（ethereum virtual machine）来处理点对点合约。实际上，以太坊是建立在区块链和数字资产的概念之上的一个全新开放的区块链平台。它允许任何人在平台中建立和通过使用区块链技术运行去中心化的应用。

在致力于打造下一代智能合约和去中心化应用平台的以太坊网络中，通过区块链技术及通证激励机制，在去中心化的条件下，依然可以维系 7 500 个节点（截至 2020 年 6 月底，数据来源：https://www.ethernodes.org/network/1）进行协同工作，共同维护一个拥有近 3 000（截至 2020 年 6 月底，数据来源：https://www.stateofthedapps.com）个分布式应用（DApp）的公有链网络的数据能够有效得到记录和验证，保障运行在其上的 DAPP 有效运转。

我们不用深究到底什么是比特币和以太坊网络，我们只要知道这两个东西背后的设计、开发以及运营维护不是由一个传统意义上的企业组织完成的，而是由分布在世界各地的人群通过分布式协作而完成的，他们所组成的协作组织就是我们所定义的社群。

## 9.3.2 案例拆解分析

在未来区块链技术的不断发展和应用之下，社群会逐渐摆脱由灵魂人物背书的中心化组织的形式，向一种是由机制或基础协议本身形成共识基础的分布式社群转变，或者可能是灵魂人物作为冷启动的共识基础，最后由基础协议来实现多中心的分布式社群。这时我们所定义的具有价值共鸣、协作共生、利益共通的社群将越来越多的普及，而且只有遵循这"三共"理念所搭建和运营的社群，才能够真正具有持久发展的生命力。

下面简要拆解一下区块链技术机制下的社群组织形态。

### 1. 共识——价值体系

无论是比特币还是以太坊背后的社群，社群中所有的参与者，首先是都认可和遵循一个共识机制的（比如POW，即工作量证明），这个共识统一了加入社群的人群的目标，也表示加入的人群都愿意自觉遵守这个目标。这个共识其实就相当于社群的一个价值观和价值主张，所有参与社群的人群都是因为认同该价值而加入的。

2. 基础协议——治理体系

在比特币和以太坊的社群组织中，所有成员是严格按照一个基础的规则行事的，它规定了在什么条件下谁可以“记账”，谁可以获得“挖矿”奖励，以及谁做出了哪些行为是需要被惩罚的（扣除一定数量的“挖矿”所得）。这相当于构建了社群成员相互协作的机制，也就是社群治理的规章制度。

基础协议和规则让每一个社群成员明确了自己在这个社群中实现目标的路径。就像游戏里游戏玩家对于如何实现游戏目标有了规则上的限制，整个游戏也就有了可玩性，玩家也开始有自己的策略思维、探索未知的可能空间。

由此可见，比特币和以太坊的社群构建了完善的社群治理机制，以确保社群成为一个协作共生体。

3. 通证——激励体系

在比特币和以太坊网络体系中，社群成员在其中的行为是可以用一个叫通证（token）的东西量化表征的，当你做出了社群鼓励的行为时就可以获得通证，如果做出了不符合社群价值体系的行为，则会消耗通证。而这个通证也是区块链网络中人们进行交易的一个介质，比如一个人想要使用以太坊网络发行一个应用，那他就需要消耗通证，同时拥有通证还代表着拥有权利，比如参与社群规则修改投票的权利。这样以来，让通证成了一种激励的符号，也成为一种价值的表征。

此时每一个成员再也不是单纯的消费者思维，而会有股东思维，会有真正的主人思维，从而他的每一项决策、每一项社群内的沟通和交易，都会有不一样的策略和行为逻辑，最后会形成完全不同于消费者逻辑构建的社群。社群成员的黏性、参与度、良性互动甚至产出价值依托于这个逻辑也将有机会达到不一样的高度。

而且在上述比特币和以太坊的网络中，当行为一旦做出和完成时，要么获得通证，要么就要扣除通证，这实际上是一种即时的激励和反馈机制，这进一步促进了社群中成员的活跃。

这样以来，比特币和以太坊社群实际上构建了一套非常有效的激励体系，让社群成员切实成为一个利益共通体。

需要说明的是，区块链技术下的社群由于牵涉区块链这个复杂的技术，初学者可能理解起来比较复杂，一方面，读者如果有兴趣，可以通过其他渠道进一步了解区块链网络和社群运行的机制、原理；另一方面，读者只要抓住一个本质，就是真正的社群运营，是要搭建具有持久生命力的社群，那就要按照我们所讲的社群构建的“三体”逻辑，切实从价值体系、治理体系和激励体系三个方面去搭建和运营社群。一定要清楚地意识到，当前很多拉个微信群就言必称“社群”的人群，还只是流量逻辑和思维下的一个流量聚集的虚拟围栏而言，并不是真正的社群，这种流量围栏也不会有持久的生命力，转眼就沦为“僵尸群”了。